(사)한국어문회 주관
국가공인 한자능력검정시험

자꾸 공부 하고픈 책

2級 2355字

羅鍾述 엮음
金道蓮

어문출판사

머 리 말

    漢字는 하면 할수록 재밌습니다.
뜻을 알고 익힐 경우 그 속에 禮가 있고 그 속에 自然의 理致가 담겨져 있습니다. 漢字 하나 하나를 익히는 것이 아니라, 이런 眞正한 뜻의 漢字 工夫를 많이 함으로써 思考力과 理解力, 남을 配慮하는 마음을 길러 자라나는 아이들의 世上이 보다 따뜻해지고, 다른 學問을 하는데도 土臺가 되도록 自習하기 좋고, 指導하기 便利하도록 이 冊을 心血을 기울여 만들었습니다.

    아무쪼록 이 冊을 通하여, 初等學校때 부터 段階的인 漢字工夫를 하여 人性에도 도움이 되며 他 科目에도 두루 影響을 끼치는 漢字로 거듭 나기를 바라면서, 더불어 漢字級數資格證까지 取得한다면 그 동안 忍耐하면서 漢字에 努力을 기울인 것에 대한 보람과 自信感을 가지게 될 것입니다.

    이 冊으로 工夫하신 모든 분들의 合格을 祈願합니다.

編著者 씀

次 例

- Ⅰ. 배정한자 : 급수별 (8級~2級) …………… 9
  - ▶부수일람표 …………………… 10
  - ▶2급 일람표 …………………… 35
- Ⅱ. 본　　문 : 2級 신출한자 538字 ………… 39
  - ▶인명·지명자 설명 ………… 79
  - ▶쓰기범위복습 ……………… 86
- Ⅲ. 필수부분 : ⑴ 훈음테스트 …………………… 83
  - ⑵ 한자테스트 …………………… 86
  - ⑶ 일자다음자 …………………… 95
  - ⑷ 독음테스트 …………………… 99
    - ▶틀리기 쉬운 독음 ……… 100
    - ▶독음연습 ………………… 105
  - ⑸ 반대자[어]·유의자[어] …… 113
  - ⑹ 약자 ………………………… 131
  - ⑺ 단어공부 : 단　　문 ……… 136
    -                신문사설 ……… 143
    -                생활한자 ……… 150
  - ⑻ 순우리말 ………………………… 156
  - ⑼ 틀리기 쉬운 부수 …………… 157
  - ⑽ 동음이의어·장단음 ………… 160
  - ⑾ 고사성어 …………………… 171
- Ⅳ. 기출·예상 문제 ……………………………… 199

□□ 附錄(부록) □□

| 字音索引 8級~2級 2,355字 | … 221 |

한자능력검정시험 출제기준

문제유형	8급	7Ⅱ	7급	6Ⅱ	6급	5Ⅱ	5급	4Ⅱ	4급	3Ⅱ	3급	2급	1급	특Ⅱ	특급
배정한자수	50	100	150	225	300	400	500	750	1,000	1,500	1,817	2,355	3,500	4,918	5,978
출제문항수	50	60	70	80	90	100	100	100	100	150	150	150	200	200	200
합격점	35	42	49	56	63	70	70	70	70	105	105	105	160	160	160
독음테스트	24	22	32	32	33	35	35	35	32	45	45	45	50	45	45
훈음테스트	24	30	30	29	22	23	23	22	22	27	27	27	32	27	27
한자쓰기	0	0	0	10	20	20	20	20	20	30	30	30	40	40	40
반대어	0	2	2	2	3	3	3	3	3	10	10	10	10	10	10
유의어	0	0	0	0	2	3	3	3	3	5	5	5	10	10	10
뜻풀이	0	2	2	2	2	3	3	3	3	5	5	5	10	5	5
필순	2	2	2	3	3	3	3	0	0	0	0	0	0	0	0
완성형(성어)	0	2	2	2	3	4	4	5	5	10	10	10	15	10	10
약자	0	0	0	0	0	3	3	3	3	3	3	3	3	3	3
부수	0	0	0	0	0	0	0	3	3	5	5	5	10	10	10
동음이의어	0	0	0	0	2	3	3	3	3	5	5	5	10	10	10
장단음	0	0	0	0	0	0	0	0	3	5	5	5	10	10	10
한문	0	0	0	0	0	0	0	0	0	0	0	0	0	20	20
쓰기범위	0	0	0	50	150	225	300	400	500	750	1,000	1,817	2,005	2,355	3,500
시험시간	50분									60분			90분	100분	

- **한자능력검정시험 년4회** : (공인급수 특급~3Ⅱ) ┐ 2월, 5월, 8월, 11월 시행
  (교육급수 4급 ~ 8급) ┘ (교육급수 11時, 공인급수 15時)
  접수기간: 대략 시험일의 2개월前 www.hanja.re.kr

- **한자능력검정시험 국가 재공인 확정** (2008년 2월 10일)
  ▷2005학년도 대입 수능 제2외국어로 한문 채택
  ▷특급~3Ⅱ는 교육부훈령 제607호 제11조에 의거 학생 생활 기록부 '자격증'란에 기재하고
   4급~8급은 동령 제18조의 규정에 따라 '세부능력, 특기사항'란에 기재됩니다.

- **한자능력검정자격증의 특혜**
  ▷부산대,경상대,경북대,중앙대,경북과학대,한세대등 한자와 관련학과 수시모집 특별 전형
  ▷대학 교양과목이수와 졸업시 자격증 인정   ▷육군 간부 승진에 공식 반영
  ▷조선일보 기자채용시 우대   ▷각 기업체 입사, 승진시 반영

접수방법   ① 접수처방문   ② 인터넷접수

① 접수처방문 · 준비물: 사진2매(3×4)/한자성명/주민등록번호/전화번호/주소/우편번호
· 고사장수용인원초과시 조기마감 될 수 있습니다.
· 전국고사장 및 시험문의: 한국어문회 1566-1400 www.hanja.re.kr

② 인터넷접수 www.hangum.re.kr

◆2003년도 인터넷 원서 접수부터는 이용자약관에 동의하여 회원가입한 분만 인터넷 원서 접수가 가능.

◆인터넷회원가입준비물 : 이름, 한자이름, 전화번호, 주소등의 인적사항과 스캔된 본인의 사진이미지

◆먼저 회원가입을 해 놓은 응시자는 인터넷접수일자에 본인의 개인정보 및 사진 정보등록 없이 로그인만 하면 바로 접수하기가 가능합니다.

◆회원가입을 하면서의 응시자 인적 정보는 본회의 시험 응시에만 사용 되고 다른 어떠한 용도로도 사용 되지 않음을 밝힙니다.

한국어문회 2003. 2. 7 발표 인용

(사)한국어문회 · 한국한자능력검정회

서울특별시 서초구 서초동 1627-1 교대벤처타워 401호
02) 525-4951,   02) 6003-1400

http://www.hanja.re.kr
http://www.klls.or.kr

地名	年齡名		江,嶺,島	山	國名, 都市名	
서울特別市	10세	沖年	錦江	伽倻山	希臘	그리스
釜山廣域市	15세	志學	洛東江	迦智山	和蘭	네덜란드
大邱廣域市	20세	弱冠	大同江	鷄龍山	丁抹	덴마크
仁川廣域市		芳年	豆滿江	冠岳山	獨逸	독일
光州廣域市	30세	而立	蟾津江	金剛山	羅馬	로마
大田廣域市	40세	不惑	鴨綠江	金烏山	羅城	로스엔젤레스
蔚山廣域市	48세	桑壽	榮山江	內藏山	伯林	베르린
京畿道	50세	知命	禮成江	德裕山	越南	베트남
江原道	60세	耳順	臨津江	摩尼山	桑港	샌프란시스코
忠淸南道	61세	回甲	淸川江	馬耳山	瑞西	스위스
忠淸北道		還甲	漢江	妙香山	瑞典	스웨덴
全羅南道	62세	進甲	大關嶺	無等山	星港	싱가포르
全羅北道	70세	古稀	摩天嶺	白頭山	埃及	이집트
慶尙南道		從心	彌矢嶺	蓬萊山	印度	인디아
慶尙北道	77세	喜壽	六十嶺	北漢山	泰國	타일랜드
濟州道	80세	傘壽	秋風嶺	雪嶽山	巴里	파리
平安南道	81세	望九	寒溪嶺	小白山	波蘭	폴란드
平安北道	88세	米壽	江華島	俗離山	香港	홍콩
咸鏡南道	90세	卒壽	巨濟島	五臺山	濠洲	오스트레일리아
咸鏡北道	91세	望百	南海島	月岳山	露西亞	러시아
黃海道	99세	白壽	獨島	月出山	白耳義	벨기에
	100세	上壽	白翎島	周王山	西班牙	스페인
			安眠島	智異山	歐羅巴	유럽
			梧桐島	雉岳山	伊太利	이탈리아
			莞島	太白山	墺地利	오스트리아
			鬱陵島	吐含山	土耳其	터어키
			濟州島	八空山	葡萄牙	포르투갈
			珍島	漢拏山	佛蘭西	프랑스

漢字와 漢字語의 짜임

漢字의 짜임 (육서)	1. 상형문자 (象形文字) 사물의 모양을 본떠 만든 한자	日 月 火 水 山 川
	2. 지사문자 (指事文字) 볼 수 없는 추상적인 생각이나 뜻 나타낸 한자	一 上 中 下 本 末
	3. 회의문자 (會意文字) 두 글자의 뜻을 모아 새로운 뜻을 나타낸 한자	東 先 安 休 農 明
	4. 형성문자 (形聲文字) 한 글자는 뜻을, 다른 글자는 음으로 만든 한자	村 空 記 問 少 字
	5. 전주문자 (轉注文字) 세월이 지나면서 새로이 뜻이 부여된 한자	樂 復 說
	6. 가차문자 (假借文字) 외래어의 음을 한자로 바꾼 한자	巴里(파리)
漢字語의 짜임	1. 유사관계 (비슷한자) ～과(와)	土=地 海=洋 樹=木
	2. 대립관계 (반대자) ～과(와)	大↔小 內↔外 前↔後
	3. 수식관계 (꾸며주는 말) ～의, ～한(은)	國語　　高山　　明月 나라의 말　높은 산　밝은 달
	4. 대등관계 (동등한 말) ～과(와)	衣-食　　仁-義　　言-行 옷과 밥　어짊과 옳음　말과 행동
	5. 주술관계 (주어^1+서술어^2) ～은(는), 이, 가, 께서 ～다.	山^1‖高^2　月^1‖明^2　水^1‖深^2 산이 높다　달이 밝다　물이 깊다
	6. 술목관계 (서술어^2+목적어^1) ～을(를)～다.	讀^2｜書^1　交^2｜友^1　問^2｜安^1 글을 읽다　벗을 사귀다　안부를 여쭤보다
	7. 술보관계 (서술어^2+보어^1) ～에게,～에서,～에(장소),보다, 있다, 없다, 쉽다, 어렵다의 주체	入^2/學^1　登^2/校^1　出^2/席^1 배움에 들어가다　학교에 가다　자리에 나아가다 有/口　　無/言 입이 있다　말이 없다

Ⅰ. 配定漢字

8級 ············ 50字

7Ⅱ ············ 50字

7級 ············ 50字

6Ⅱ ············ 75字

6級 ············ 75字

5Ⅱ ············ 100字

5級 ············ 100字

4Ⅱ ············ 250字

4級 ············ 250字

3Ⅱ ············ 500字

3級 ············ 317字

2級 ············ 538字

總　2,355 字

부수(部首) : 모든 漢字의 基礎이며, 漢字의 主된 뜻을 나타냅니다.

1획
- 一 한 일
-丨 뚫을 세울 곤
- 丶 불똥 점 주
- 丿 삐침 별
- 乙 새 을
- 亅 갈고리 궐

2획
- 二 두 이
- 亠 뜻없는토두 (돼지해머리)
- 人(亻) 사람 인
- 儿 어진사람인
- 入 들 입
- 八 여덟 팔
- 冂 멀 경
- 冖 덮을 멱
- 冫(氷) 얼음 빙
- 几 자리 궤
- 凵 입벌릴 감
- 刀(刂) 칼 도
- 力 힘 력
- 勹 감쌀 포
- 匕 비수(칼)비 숟가락비
- 匚 상자 방
- 匸 감출 혜
- 十 열 십
- 卜 점칠 복
- 卩(㔾) 병부절(벼슬) 알릴 복
- 厂 언덕 엄
- 厶 마늘모(크다)
- 又 또 우

3획
- 口 입구,사람구
- 囗 큰입 구 (에울위.나라국)
- 土 흙토.땅토
- 士 선비 사
- 夂 천천히걸을쇠
- 夕 저녁 석
- 大 큰 대
- 女 계집 녀
- 子 아들 자
- 宀 집 면
- 寸 마디 촌
- 小 작을 소
- 尢 절름발이왕
- 尸 주검 시
- 屮 싹날 철
- 山 메 산
- 川(巛) 내 천
- 工 장인 공
- 己 몸 기
- 巾 수건건(재물)
- 干 방패 간 막을 간
- 幺 작을 요
- 广 집 엄 당길 인
- 廴 멀리갈 인
- 廾 스물입(많다) 팔짱낄공
- 弋 주살 익
- 弓 활 궁
- 彐(彑) 돼지머리계 터진가로왈
- 彡 터럭 삼 자축거릴척 (많은사람)
- 彳 우부방(邑) 좌부방(阜)
- 阝阝

4획
- 礻(示) 보일시 (조상)귀신시
- 心(忄)(㣺) 마음 심
- 戈 창 과
- 戶(戸) 집 호
- 手(扌) 손 수
- 支 지탱할 지 나누어질지
- 攵(攴) 힘쓸복.칠복
- 文 글월 문
- 斗 말 두
- 斤 도끼 근
- 方 방

- 无 없을 무
- 日 날 일 말할 왈
- 曰 가로 왈
- 月 달 월
- 木 나무 목
- 欠 하품 흠 (입벌리다)
- 止 그칠 지
- 歹(歺) 죽을사변 뼈앙상할알
- 殳 창 수
- 毋 없을무.말무
- 比 견줄 비
- 毛 터럭 모
- 氏 성씨 씨 (많은사람)
- 气 기운 기
- 艹(艸) 풀 초
- 水(氵) 물 수
- 火(灬) 불 화
- 爪(爫) 손톱 조
- 父 아비 부
- 爻 본받을효
- 爿 조각 장
- 片 조각 편
- 牙 어금니 아
- 牛(牜) 소 우
- 犬(犭) 개 견
- 辶(辵) 길을가다 쉬엄쉬엄갈착

5획
- 衤(衣) 옷 의
- 玄 검을 현
- 玉(王) 구슬 옥
- 瓜 오이 과
- 瓦 기와 와
- 甘 달 감
- 生 날 생
- 用 쓸 용
- 田 밭 전
- 疋 필 필
- 疒 병들어기댈녁
- 癶 필 발
- 白 흰 백

- 皮 가죽 피
- 皿 그릇 명
- 目 눈 목
- 矛 창 모
- 矢 화살 시
- 石 돌 석
- 示(礻) 보일시 (조상)귀신시
- 内 짐승 유
- 禾 벼화(곡식)
- 穴 구멍 혈
- 立 설 립
- 罒 그물망.법망

6획
- 竹 대 죽(책)
- 米 쌀 미
- 糸 실 사 (다스리다)
- 缶 장군부(그릇)
- 羊 양 양
- 羽(羽) 깃 우
- 而 말이을 이
- 耒 쟁기 뢰
- 耳 귀 이
- 聿 붓율.오직율
- 肉(月) 육달월 고기 육
- 臣 신하 신
- 自 스스로자
- 至 이를 지
- 臼 절구 구
- 舌 혀 설
- 舛 어길 천
- 舟 배 주
- 艮 그칠 간(산)
- 色 빛 색
- 虍 범 호
- 虫 벌레 충
- 血 피 혈
- 行 다닐 행
- 衣(衤) 옷 의
- 襾(西) 덮을 아

7획
- 見 볼 견
- 角 뿔 각
- 言 말씀 언
- 谷 골 곡
- 豆 콩 두
- 豕 돼지 시
- 豸 벌레 치
- 貝 조개패(재물)
- 赤 붉을 적
- 走 달릴 주
- 足 발 족
- 身 몸 신
- 車 수레차(거)
- 辛 매울 신
- 辰 별진.용진
- 邑 고을 읍 술유.닭유
- 酉 술유.닭유
- 采 분별할변
- 里 마을 리

8획
- 金 쇠금 긴 장문
- 長 긴 장
- 門 문 문
- 阜 언덕 부
- 隶 미칠 이 근본 이
- 隹 새 추
- 雨 비 우
- 非 아닐 비 푸를 청
- 青 푸를 청

9획
- 面 얼굴 면
- 革 가죽 혁
- 韋 가죽 위
- 韭 부추 구
- 音 소리 음
- 頁 머리 혈
- 風 바람 풍
- 飛 날 비
- 食 밥 식
- 首 머리 수

- 香 향기 향

10획
- 馬 말 마
- 骨 뼈 골
- 高 높을 고
- 髟 머리희끗할표
- 鬥 싸울 투
- 鬯 울창주 창
- 鬲 오지병 격
- 鬼 귀신 귀

11획
- 魚 물고기 어
- 鳥 새 조
- 鹵 짠땅 로
- 鹿 사슴 록
- 麥 보리 맥
- 麻 삼 마

12획
- 黃 누를 황
- 黍 기장 서
- 黑 검을 흑
- 黹 바느질할치

13획
- 黽 맹꽁이 맹
- 鼎 솥 정
- 鼓 북 고
- 鼠 쥐 서

14획
- 鼻 코 비
- 齊 가지런할제

15획
- 齒 이 치

16획
- 龍 용 룡
- 龜 거북 귀

17획
- 龠 피리 약

7급 II 배정한자 (신출한자 50字)

한자	훈	음	부수
不	아닐	불	[一]
事	일	사	[亅]
上	위	상	[一]
姓	성	성	[女]
世	인간	세	[一]
手	손	수	[手]
時	때	시	[日]
市	저자	시	[巾]
食	먹을	식	[食]
安	편안	안	[宀]
午	낮	오	[十]
右	오른	우	[口]
自	스스로	자	[自]
子	아들	자	[子]
場	마당	장	[土]
電	번개	전	[雨]
前	앞	전	[刀]
全	온전	전	[入]
正	바를	정	[止]
足	발	족	[足]
左	왼	좌	[工]
直	곧을	직	[目]
平	평평할	평	[干]
下	아래	하	[一]
漢	한수	한	[水]
海	바다	해	[水]
話	말씀	화	[言]
活	살	활	[水]
孝	효도	효	[子]
後	뒤	후	[彳]
家	집	가	[宀]
間	사이	간	[門]
江	강	강	[水]
車	수레	차(거)	[車]
空	빌	공	[穴]
工	장인	공	[工]
記	기록할	기	[言]
氣	기운	기	[气]
男	사내	남	[田]
內	안	내	[入]
農	농사	농	[辰]
答	대답	답	[竹]
道	길	도	[辶]
動	움직일	동	[力]
力	힘	력	[力]
立	설	립	[立]
每	매양	매	[毋]
名	이름	명	[口]
物	물건	물	[牛]
方	모	방	[方]

8급 배정한자 (신출한자 50字)

한자	훈	음	부수
四	넉	사	[口]
山	메	산	[山]
三	석	삼	[一]
生	날	생	[生]
西	서녘	서	[襾]
先	먼저	선	[儿]
小	작을	소	[小]
水	물	수	[水]
室	집	실	[宀]
十	열	십	[十]
五	다섯	오	[二]
王	임금	왕	[玉]
外	바깥	외	[夕]
月	달	월	[月]
二	두	이	[二]
人	사람	인	[人]
日	날	일	[日]
一	한	일	[一]
長	긴	장	[長]
弟	아우	제	[弓]
中	가운데	중	[丨]
靑	푸를	청	[靑]
寸	마디	촌	[寸]
七	일곱	칠	[一]
土	흙	토	[土]
八	여덟	팔	[八]
學	배울	학	[子]
韓	나라	한	[韋]
兄	형	형	[儿]
火	불	화	[火]
敎	가르칠	교	[攵]
校	학교	교	[木]
九	아홉	구	[乙]
國	나라	국	[口]
軍	군사	군	[車]
金	쇠	금	[金]
南	남녘	남	[十]
女	계집	녀	[女]
年	해	년	[干]
大	큰	대	[大]
東	동녘	동	[木]
六	여섯	륙	[八]
萬	일만	만	[艹]
母	어미	모	[母]
木	나무	목	[木]
門	문	문	[門]
民	백성	민	[氏]
白	흰	백	[白]
父	아비	부	[父]
北	북녘	북	[匕]

6급Ⅱ 배정한자 (신출한자 75字)

한자	훈	음	부수
各	각각	각	[口]
角	뿔	각	[角]
計	셀	계	[言]
界	지경	계	[田]
高	높을	고	[高]
功	공	공	[力]
公	공평할	공	[八]
共	한가지	공	[八]
科	과목	과	[禾]
果	실과	과	[木]
光	빛	광	[儿]
球	공	구	[玉]
今	이제	금	[人]
急	급할	급	[心]
短	짧을	단	[矢]
堂	집	당	[土]
代	대신	대	[人]
對	대할	대	[寸]
圖	그림	도	[口]
讀	읽을	독	[言]
童	아이	동	[立]
等	무리	등	[竹]
樂	즐길	락	[木]
利	이할	리	[刀]
理	다스릴	리	[玉]
明	밝을	명	[日]
聞	들을	문	[耳]
班	나눌	반	[玉]
反	돌아올	반	[又]
半	반	반	[十]
發	필	발	[癶]
放	놓을	방	[攵]
部	떼	부	[邑]
分	나눌	분	[刀]
社	모일	사	[示]
書	글	서	[曰]
線	줄	선	[糸]
雪	눈	설	[雨]
省	살필	성	[目]
成	이룰	성	[戈]
消	사라질	소	[水]
術	재주	술	[行]
始	비로소	시	[女]
神	귀신	신	[示]
身	몸	신	[身]
信	믿을	신	[人]
新	새	신	[斤]
藥	약	약	[艹]
弱	약할	약	[弓]
業	업	업	[木]
所	바	소	[戶]
少	적을	소	[小]
數	셈	수	[攵]
植	심을	식	[木]
心	마음	심	[心]
語	말씀	어	[言]
然	그럴	연	[火]
有	있을	유	[月]
育	기를	육	[肉]
邑	고을	읍	[邑]
入	들	입	[入]
字	글자	자	[子]
祖	할아비	조	[示]
住	살	주	[人]
主	주인	주	[丶]
重	무거울	중	[里]
地	땅	지	[土]
紙	종이	지	[糸]
川	내	천	[川]
千	일천	천	[十]
天	하늘	천	[大]
草	풀	초	[艹]
村	마을	촌	[木]
秋	가을	추	[禾]
春	봄	춘	[日]
出	날	출	[山]
便	편할	편	[人]
夏	여름	하	[夊]
花	꽃	화	[艹]
休	쉴	휴	[人]

7급 배정한자 (신출한자 50字)

한자	훈	음	부수
歌	노래	가	[欠]
口	입	구	[口]
旗	기	기	[方]
冬	겨울	동	[冫]
洞	골	동	[水]
同	한가지	동	[口]
登	오를	등	[癶]
來	올	래	[人]
老	늙을	로	[耂]
里	마을	리	[里]
林	수풀	림	[木]
面	낯	면	[面]
命	목숨	명	[口]
文	글월	문	[文]
問	물을	문	[口]
百	일백	백	[白]
夫	지아비	부	[大]
算	셈	산	[竹]
色	빛	색	[色]
夕	저녁	석	[夕]

- 12 -

6급 배정한자

신출한자 75字

漢字	訓	音	部首
勇	날랠	용	[力]
用	쓸	용	[用]
運	옮길	운	[辶]
飮	마실	음	[食]
音	소리	음	[音]
意	뜻	의	[心]
昨	어제	작	[日]
作	지을	작	[人]
才	재주	재	[手]
戰	싸울	전	[戈]
庭	뜰	정	[广]
題	제목	제	[頁]
第	차례	제	[竹]
注	부을	주	[水]
集	모을	집	[隹]
窓	창	창	[穴]
淸	맑을	청	[水]
體	몸	체	[骨]
表	겉	표	[衣]
風	바람	풍	[風]
幸	다행	행	[干]
現	나타날	현	[玉]
形	모양	형	[彡]
和	화할	화	[口]
會	모일	회	[曰]

[신출한자 75자]

漢字	訓	音	部首
感	느낄	감	[心]
强	강할	강	[弓]
開	열	개	[門]
京	서울	경	[亠]
苦	쓸	고	[艹]
古	예	고	[口]
交	사귈	교	[亠]
區	구분할	구	[匚]
郡	고을	군	[邑]
近	가까울	근	[辶]
根	뿌리	근	[木]
級	등급	급	[糸]
多	많을	다	[夕]
待	기다릴	대	[彳]
度	법도	도	[广]
頭	머리	두	[頁]
例	법식	례	[人]
禮	예도	례	[示]
路	길	로	[足]
綠	푸를	록	[糸]

漢字	訓	音	部首
李	오얏	리	[木]
目	눈	목	[目]
米	쌀	미	[米]
美	아름다울	미	[羊]
朴	성	박	[木]
番	차례	번	[田]
別	다를	별	[刀]
病	병	병	[疒]
服	옷	복	[月]
本	근본	본	[木]
死	죽을	사	[歹]
使	하여금	사	[人]
石	돌	석	[石]
席	자리	석	[巾]
速	빠를	속	[辶]
孫	손자	손	[子]
樹	나무	수	[木]
習	익힐	습	[羽]
勝	이길	승	[力]
式	법	식	[弋]
失	잃을	실	[大]
愛	사랑	애	[心]
野	들	야	[里]
夜	밤	야	[夕]
陽	볕	양	[阜]
洋	큰바다	양	[水]
言	말씀	언	[言]
永	길	영	[水]
英	꽃부리	영	[艹]
溫	따뜻할	온	[水]

漢字	訓	音	部首
園	동산	원	[囗]
遠	멀	원	[辶]
油	기름	유	[水]
由	말미암을	유	[田]
銀	은	은	[金]
衣	옷	의	[衣]
醫	의원	의	[酉]
者	놈	자	[老]
章	글	장	[立]
在	있을	재	[土]
定	정할	정	[宀]
朝	아침	조	[月]
族	겨레	족	[方]
晝	낮	주	[日]
親	친할	친	[見]
太	클	태	[大]
通	통할	통	[辶]
特	특별할	특	[牛]
合	합할	합	[口]
行	다닐	행	[行]
向	향할	향	[口]
號	이름	호	[虍]
畫	그림	화	[田]
黃	누를	황	[黃]
訓	가르칠	훈	[言]

[신출한자 75자]

5급Ⅱ 배정한자

신출한자 100字

한자	훈	음	부수
價	값	가	[人]
客	손	객	[宀]
格	격식	격	[木]
見	볼	견	[見]
決	결단할	결	[水]
結	맺을	결	[糸]
敬	공경	경	[攵]
告	고할	고	[口]
課	공부할	과	[言]
過	지날	과	[辶]
關	관계할	관	[門]
觀	볼	관	[見]
廣	넓을	광	[广]
具	갖출	구	[八]
舊	예	구	[臼]
局	판	국	[尸]
己	몸	기	[己]
基	터	기	[土]
念	생각	념	[心]
能	능할	능	[肉]
團	둥글	단	[囗]
當	마땅	당	[田]
德	큰	덕	[彳]
到	이를	도	[刀]
獨	홀로	독	[犬]
朗	밝을	랑	[月]
良	어질	량	[艮]
旅	나그네	려	[方]
歷	지날	력	[止]
練	익힐	련	[糸]
勞	일할	로	[力]
類	무리	류	[頁]
流	흐를	류	[水]
陸	뭍	륙	[阜]
望	바랄	망	[月]
法	법	법	[水]
變	변할	변	[言]
兵	병사	병	[八]
福	복	복	[示]
奉	받들	봉	[大]
史	사기	사	[口]
士	선비	사	[士]
仕	섬길	사	[人]
産	낳을	산	[生]
相	서로	상	[目]
商	장사	상	[口]
鮮	고울	선	[魚]
仙	신선	선	[人]
說	말씀	설	[言]
性	성품	성	[心]
洗	씻을	세	[水]
歲	해	세	[止]
束	묶을	속	[木]
首	머리	수	[首]
宿	잘	숙	[宀]
順	순할	순	[頁]
識	알	식	[言]
臣	신하	신	[臣]
實	열매	실	[宀]
兒	아이	아	[儿]
惡	악할	악	[心]
約	맺을	약	[糸]
養	기를	양	[食]
要	요긴할	요	[襾]
友	벗	우	[又]
雨	비	우	[雨]
雲	구름	운	[雨]
元	으뜸	원	[儿]
偉	클	위	[人]
以	써	이	[人]
任	맡길	임	[人]
材	재목	재	[木]
財	재물	재	[貝]
的	과녁	적	[白]
典	법	전	[八]
傳	전할	전	[人]
展	펼	전	[尸]
切	끊을절.온통체		[刀]
節	마디	절	[竹]
店	가게	점	[广]
情	뜻	정	[心]
調	고를	조	[言]
卒	마칠	졸	[十]
種	씨	종	[禾]
週	주일	주	[辶]
州	고을	주	[川]
知	알	지	[矢]
質	바탕	질	[貝]
着	붙을	착	[目]
參	참여할	참	[厶]
責	꾸짖을	책	[貝]
充	채울	충	[儿]
宅	집	택	[宀]
品	물건	품	[口]
必	반드시	필	[心]
筆	붓	필	[竹]
害	해할	해	[宀]
化	될	화	[匕]
效	본받을	효	[攵]
凶	흉할	흉	[凵]

[신출한자 100자]

8급~5급Ⅱ 까지는
총 400자입니다.

5급 배정한자

신출한자 100字

加	더할 가 [力]
可	옳을 가 [口]
改	고칠 개 [攴]
去	갈 거 [厶]
擧	들 거 [手]
健	굳셀 건 [人]
件	물건 건 [人]
建	세울 건 [廴]
輕	가벼울경 [車]
競	다툴 경 [立]
景	볕 경 [日]
固	굳을 고 [口]
考	생각할고 [耂]
曲	굽을 곡 [曰]
橋	다리 교 [木]
救	구원할구 [攴]
貴	귀할 귀 [貝]
規	법 규 [見]
給	줄 급 [糸]
汽	물끓는김기 [水]

期	기약할기 [月]
技	재주 기 [手]
吉	길할 길 [口]
壇	단 단 [土]
談	말씀 담 [言]
都	도읍 도 [邑]
島	섬 도 [山]
落	떨어질락 [艹]
冷	찰 랭 [冫]
量	헤아릴량 [里]
領	거느릴령 [頁]
令	하여금령 [人]
料	헤아릴료 [斗]
馬	말 마 [馬]
末	끝 말 [木]
亡	망할 망 [亠]
買	살 매 [貝]
賣	팔 매 [貝]
無	없을 무 [火]
倍	곱 배 [人]
費	쓸 비 [貝]
比	견줄 비 [比]
鼻	코 비 [鼻]
氷	얼음 빙 [水]
寫	베낄 사 [宀]
査	조사할사 [木]
思	생각 사 [心]
賞	상줄 상 [貝]
序	차례 서 [广]
選	가릴 선 [辶]

船	배 선 [舟]
善	착할 선 [口]
示	보일 시 [示]
案	책상 안 [木]
魚	고기 어 [魚]
漁	고기잡을어 [水]
億	억 억 [人]
熱	더울 열 [火]
葉	잎 엽 [艹]
屋	집 옥 [尸]
完	완전할완 [宀]
曜	빛날 요 [日]
浴	목욕할욕 [水]
牛	소 우 [牛]
雄	수컷 웅 [隹]
院	집 원 [阜]
原	언덕 원 [厂]
願	원할 원 [頁]
位	자리 위 [人]
耳	귀 이 [耳]
因	인할 인 [口]
災	재앙 재 [火]
再	두 재 [冂]
爭	다툴 쟁 [爪]
貯	쌓을 저 [貝]
赤	붉을 적 [赤]
停	머무를정 [人]
操	잡을 조 [手]
終	마칠 종 [糸]
罪	허물 죄 [罒]

5급

止	그칠 지 [止]
唱	부를 창 [口]
鐵	쇠 철 [金]
初	처음 초 [刀]
最	가장 최 [曰]
祝	빌 축 [示]
致	이를 치 [至]
則	법칙 칙 [刀]
他	다를 타 [人]
打	칠 타 [手]
卓	높을 탁 [十]
炭	숯 탄 [火]
板	널 판 [木]
敗	패할 패 [攴]
河	물 하 [水]
寒	찰 한 [宀]
許	허락 허 [言]
湖	호수 호 [水]
患	근심 환 [心]
黑	검을 흑 [黑]

[신출한자 100자]

8급~5급까지는
총 500자입니다.

4급 II 배정한자

신출한자 250字

漢字	訓音	部首
街	거리 가	[行]
假	거짓 가	[人]
減	덜 감	[水]
監	볼 감	[皿]
康	편안 강	[广]
講	욀 강	[言]
個	낱 개	[人]
檢	검사할 검	[木]
潔	깨끗할 결	[水]
缺	이지러질 결	[缶]
慶	경사 경	[心]
警	깨우칠 경	[言]
境	지경 경	[土]
經	지날 경	[糸]
係	맬 계	[人]
故	연고 고	[攵]
官	벼슬 관	[宀]
求	구할 구	[水]
句	글귀 구	[口]
究	연구할 구	[穴]
宮	집 궁	[宀]
權	권세 권	[木]
極	극진할 극	[木]
禁	금할 금	[示]
器	그릇 기	[口]
起	일어날 기	[走]
暖	따뜻할 난	[日]
難	어려울 난	[隹]
怒	성낼 노	[心]
努	힘쓸 노	[力]
斷	끊을 단	[斤]
端	끝 단	[立]
檀	박달나무 단	[木]
單	홀 단	[口]
達	통달할 달	[辶]
擔	멜 담	[手]
黨	무리 당	[黑]
帶	띠 대	[巾]
隊	무리 대	[阜]
導	인도할 도	[寸]
督	감독할 독	[目]
毒	독 독	[毋]
銅	구리 동	[金]
斗	말 두	[斗]
豆	콩 두	[豆]
得	얻을 득	[彳]
燈	등 등	[火]
羅	벌릴 라	[罒]
兩	두 량	[入]
麗	고울 려	[鹿]
連	이을 련	[辶]
列	벌릴 렬	[刀]
錄	기록할 록	[金]
論	논할 론	[言]
留	머무를 류	[田]
律	법칙 률	[彳]
滿	찰 만	[水]
脈	줄기 맥	[肉]
毛	터럭 모	[毛]
牧	칠 목	[牛]
武	호반 무	[止]
務	힘쓸 무	[力]
味	맛 미	[口]
未	아닐 미	[木]
密	빽빽할 밀	[宀]
博	넓을 박	[十]
防	막을 방	[阜]
房	방 방	[戶]
訪	찾을 방	[言]
配	나눌 배	[酉]
背	등 배	[肉]
拜	절 배	[手]
罰	벌할 벌	[罒]
伐	칠 벌	[人]
壁	벽 벽	[土]
邊	가 변	[辶]
報	갚을 보	[土]
步	걸음 보	[止]
寶	보배 보	[宀]
保	지킬 보	[人]
復	회복할 복	[彳]
府	마을 부	[广]
婦	며느리 부	[女]
副	버금 부	[刀]
富	부자 부	[宀]
佛	부처 불	[人]
備	갖출 비	[人]
飛	날 비	[飛]
悲	슬플 비	[心]
非	아닐 비	[非]

- 16 -

製	지을 제 [衣]
助	도울 조 [力]
鳥	새 조 [鳥]
早	이를 조 [日]
造	지을 조 [辶]
尊	높을 존 [寸]
宗	마루 종 [宀]
走	달릴 주 [走]
竹	대 죽 [竹]
準	준할 준 [水]

衆	무리 중 [血]
增	더할 증 [土]
指	가리킬지 [手]
志	뜻 지 [心]
至	이를 지 [至]
支	지탱할지 [支]
職	직분 직 [耳]
進	나아갈진 [辶]
眞	참 진 [目]
次	버금 차 [欠]

察	살필 찰 [宀]
創	비롯할창 [刀]
處	곳 처 [虍]
請	청할 청 [言]
總	다 총 [糸]
銃	총 총 [金]
蓄	모을 축 [艹]
築	쌓을 축 [竹]
蟲	벌레 충 [虫]
忠	충성 충 [心]

員	인원 원 [口]
衛	지킬 위 [行]
爲	할 위 [爪]
肉	고기 육 [肉]
恩	은혜 은 [心]
陰	그늘 음 [阜]
應	응할 응 [心]
義	옳을 의 [羊]
議	의논할의 [言]
移	옮길 이 [禾]

益	더할 익 [皿]
引	끌 인 [弓]
印	도장 인 [卩]
認	알 인 [言]
障	막을 장 [阜]
將	장수 장 [寸]
低	낮을 저 [人]
敵	대적할적 [攵]
田	밭 전 [田]
絶	끊을 절 [糸]

接	이을 접 [手]
程	길 정 [禾]
政	정사 정 [攵]
精	정할 정 [米]
濟	건널 제 [水]
提	끌 제 [手]
制	절제할제 [刀]
際	즈음 제 [阜]
除	덜 제 [阜]
祭	제사 제 [示]

守	지킬 수 [宀]
純	순수할순 [糸]
承	이을 승 [手]
施	베풀 시 [方]
視	볼 시 [見]
詩	시 시 [言]
試	시험 시 [言]
是	이 시 [日]
息	쉴 식 [心]
申	납 신 [田]

深	깊을 심 [水]
眼	눈 안 [目]
暗	어두울암 [日]
壓	누를 압 [土]
液	진 액 [水]
羊	양 양 [羊]
如	같을 여 [女]
餘	남을 여 [食]
逆	거스릴역 [辶]
演	펼 연 [水]

硏	갈 연 [石]
煙	연기 연 [火]
榮	영화 영 [木]
藝	재주 예 [艹]
誤	그르칠오 [言]
玉	구슬 옥 [玉]
往	갈 왕 [彳]
謠	노래 요 [言]
容	얼굴 용 [宀]
圓	둥글 원 [口]

貧	가난할빈 [貝]
謝	사례할사 [言]
師	스승 사 [巾]
寺	절 사 [寸]
舍	집 사 [舌]
殺	죽일 살 [殳]
狀	형상 상 [犬]
常	떳떳할상 [巾]
床	상 상 [广]
想	생각 상 [心]

設	베풀 설 [言]
星	별 성 [日]
聖	성인 성 [耳]
盛	성할 성 [皿]
聲	소리 성 [耳]
城	재 성 [土]
誠	정성 성 [言]
細	가늘 세 [糸]
稅	세금 세 [禾]
勢	형세 세 [力]

素	본디 소 [糸]
掃	쓸 소 [手]
笑	웃음 소 [竹]
續	이을 속 [糸]
俗	풍속 속 [人]
送	보낼 송 [辶]
收	거둘 수 [攵]
修	닦을 수 [人]
受	받을 수 [又]
授	줄 수 [手]

4급 배정한자

신출한자 250字

暇	겨를 가	[日]
覺	깨달을 각	[見]
刻	새길 각	[刀]
簡	간략할 간	[竹]
干	방패 간	[干]
看	볼 간	[目]
敢	감히 감	[攵]
甘	달 감	[甘]
甲	갑옷 갑	[田]
降	내릴 강	[阜]
更	다시 갱	[曰]
據	근거 거	[手]
拒	막을 거	[手]
居	살 거	[尸]
巨	클 거	[工]
傑	뛰어날 걸	[人]
儉	검소할 검	[人]
激	격할 격	[水]
擊	칠 격	[手]
犬	개 견	[犬]
堅	굳을 견	[土]
鏡	거울 경	[金]
傾	기울 경	[人]
驚	놀랄 경	[馬]
戒	경계할 계	[戈]
季	계절 계	[子]
鷄	닭 계	[鳥]
階	섬돌 계	[阜]
系	이어맬 계	[糸]
繼	이을 계	[糸]

▷4Ⅱ

取	가질 취	[又]
測	헤아릴 측	[水]
治	다스릴 치	[水]
置	둘 치	[罒]
齒	이 치	[齒]
侵	침노할 침	[人]
快	쾌할 쾌	[心]
態	모습 태	[心]
統	거느릴 통	[糸]
退	물러날 퇴	[辶]
破	깨뜨릴 파	[石]
波	물결 파	[水]
砲	대포 포	[石]
布	베 포	[巾]
包	쌀 [감쌀] 포	[勹]
暴	사나울 폭	[日]
票	표 표	[示]
豊	풍년 풍	[豆]
限	한할 한	[阜]
航	배 항	[舟]
港	항구 항	[水]
解	풀 해	[角]
鄕	시골 향	[邑]
香	향기 향	[香]
虛	빌 허	[虍]
驗	시험할 험	[馬]
賢	어질 현	[貝]
血	피 혈	[血]
協	화할 협	[十]
惠	은혜 혜	[心]

好	좋을 호	[女]
護	도울 호	[言]
呼	부를 호	[口]
戶	집 호	[戶]
貨	재물 화	[貝]
確	굳을 확	[石]
回	돌아올 회	[口]
吸	마실 흡	[口]
興	일 흥	[臼]
希	바랄 희	[巾]

[신출한자 250자]

8급~4급Ⅱ까지는
總 750字입니다.

4급

庫 곳집 고 [广]	徒 무리 도 [彳]	粉 가루 분 [米]	延 늘일 연 [廴]
孤 외로울고 [子]	卵 알 란 [卩]	憤 분할 분 [心]	緣 인연 연 [糸]
穀 곡식 곡 [禾]	亂 어지러울란 [乙]	碑 비석 비 [石]	燃 탈 연 [火]
困 곤할 곤 [口]	覽 볼 람 [見]	批 비평할비 [手]	營 경영할영 [火]
骨 뼈 골 [骨]	略 간략할략 [田]	祕 숨길 비 [示]	迎 맞을 영 [辶]
攻 칠 공 [攴]	糧 양식 량 [米]	辭 말씀 사 [辛]	映 비칠 영 [日]
孔 구멍 공 [子]	慮 생각할려 [心]	私 사사 사 [禾]	豫 미리 예 [豕]
管 대롱 관 [竹]	烈 매울 렬 [火]	絲 실 사 [糸]	優 넉넉할우 [人]
鑛 쇳돌 광 [金]	龍 용 룡 [龍]	射 쏠 사 [寸]	遇 만날 우 [辶]
構 얽을 구 [木]	柳 버들 류 [木]	散 흩을 산 [攴]	郵 우편 우 [邑]
群 무리 군 [羊]	輪 바퀴 륜 [車]	傷 다칠 상 [人]	源 근원 원 [水]
君 임금 군 [口]	離 떠날 리 [隹]	象 코끼리상 [豕]	援 도울 원 [手]
屈 굽힐 굴 [尸]	妹 누이 매 [女]	宣 베풀 선 [宀]	怨 원망할원 [心]
窮 다할 궁 [穴]	勉 힘쓸 면 [力]	舌 혀 설 [舌]	委 맡길 위 [女]
勸 권할 권 [力]	鳴 울 명 [鳥]	屬 붙일 속 [尸]	圍 에워쌀위 [口]
券 문서 권 [刀]	模 본뜰 모 [木]	損 덜 손 [手]	慰 위로할위 [心]
卷 책 권 [卩]	妙 묘할 묘 [女]	松 소나무송 [木]	威 위엄 위 [女]
歸 돌아갈귀 [止]	墓 무덤 묘 [土]	頌 칭송할송 [頁]	危 위태할위 [卩]
均 고를 균 [土]	舞 춤출 무 [舛]	秀 빼어날수 [禾]	遺 남길 유 [辶]
劇 심할 극 [刀]	拍 칠 박 [手]	叔 아재비숙 [又]	遊 놀 유 [辶]
勤 부지런할근 [力]	髮 터럭 발 [髟]	肅 엄숙할숙 [聿]	儒 선비 유 [人]
筋 힘줄 근 [竹]	妨 방해할방 [女]	崇 높을 숭 [山]	乳 젖 유 [乙]
奇 기특할기 [大]	犯 범할 범 [犬]	氏 각씨 씨 [氏]	隱 숨을 은 [阜]
紀 벼리 기 [糸]	範 법 범 [竹]	額 이마 액 [頁]	儀 거동 의 [人]
寄 부칠 기 [宀]	辯 말씀 변 [辛]	樣 모양 양 [木]	疑 의심할의 [疋]
機 틀 기 [木]	普 넓을 보 [日]	嚴 엄할 엄 [口]	依 의지할의 [人]
納 들일 납 [糸]	複 겹칠 복 [衣]	與 더불 여 [臼]	異 다를 이 [田]
段 층계 단 [殳]	伏 엎드릴복 [人]	易 바꿀 역 [日]	仁 어질 인 [人]
盜 도둑 도 [皿]	否 아닐 부 [口]	域 지경 역 [土]	姿 모양 자 [女]
逃 도망할도 [辶]	負 질 부 [貝]	鉛 납 연 [金]	姉 손위누이자 [女]

- 19 -

▷ 4급

資 재물 자 [貝]	從 좇을 종 [彳]	彈 탄알 탄 [弓]	紅 붉을 홍 [糸]
殘 남을 잔 [歹]	座 자리 좌 [广]	脫 벗을 탈 [肉]	華 빛날 화 [艹]
雜 섞일 잡 [隹]	周 두루 주 [口]	探 찾을 탐 [手]	環 고리 환 [玉]
裝 꾸밀 장 [衣]	朱 붉을 주 [木]	擇 가릴 택 [手]	歡 기쁠 환 [欠]
張 베풀 장 [弓]	酒 술 주 [酉]	討 칠 토 [言]	況 상황 황 [水]
奬 장려할장 [大]	證 증거 증 [言]	痛 아플 통 [疒]	灰 재 회 [火]
帳 장막 장 [巾]	持 가질 지 [手]	投 던질 투 [手]	候 기후 후 [人]
壯 장할 장 [士]	誌 기록할지 [言]	鬪 싸움 투 [鬥]	厚 두터울후 [厂]
腸 창자 장 [肉]	智 지혜 지 [日]	派 갈래 파 [水]	揮 휘두를휘 [手]
底 밑 저 [广]	織 짤 직 [糸]	判 판단할판 [刀]	喜 기쁠 희 [口]
績 길쌈 적 [糸]	盡 다할 진 [皿]	篇 책 편 [竹]	
賊 도둑 적 [貝]	珍 보배 진 [玉]	評 평할 평 [言]	[신출한자 250자]
適 맞을 적 [辶]	陣 진칠 진 [阜]	閉 닫을 폐 [門]	
籍 문서 적 [竹]	差 다를 차 [工]	胞 세포 포 [肉]	.
積 쌓을 적 [禾]	讚 기릴 찬 [言]	爆 불터질폭 [火]	.
轉 구를 전 [車]	採 캘 채 [手]	標 표할 표 [木]	.
錢 돈 전 [金]	冊 책 책 [冂]	疲 피곤할피 [疒]	.
專 오로지전 [寸]	泉 샘 천 [水]	避 피할 피 [辶]	.
折 꺾을 절 [手]	廳 관청 청 [广]	恨 한 한 [心]	.
點 점 점 [黑]	聽 들을 청 [耳]	閑 한가할한 [門]	.
占 점령할점 [卜]	招 부를 초 [手]	抗 겨룰 항 [手]	.
整 가지런할정 [攵]	推 밀추,밀퇴 [手]	核 씨 핵 [木]	.
靜 고요할정 [靑]	縮 줄일 축 [糸]	憲 법 헌 [心]	.
丁 장정 정 [一]	就 나아갈취 [尢]	險 험할 험 [阜]	.
帝 임금 제 [巾]	趣 뜻 취 [走]	革 가죽 혁 [革]	.
條 가지 조 [木]	層 층 층 [尸]	顯 나타날현 [頁]	.
潮 조수 조 [水]	針 바늘 침 [金]	刑 형벌 형 [刀]	.
組 짤 조 [糸]	寢 잘 침 [宀]	或 혹 혹 [戈]	.
存 있을 존 [子]	稱 일컬을칭 [禾]	混 섞을 혼 [水]	8급~4급까지는
鍾 쇠북 종 [金]	歎 탄식할탄 [欠]	婚 혼인할혼 [女]	總 1,000字입니다.

- 20 -

3급 II 배정한자

신출한자 500字

한자	훈음	부수
佳	아름다울가	[人]
架	시렁 가	[木]
閣	집 각	[門]
脚	다리 각	[肉]
肝	간 간	[肉]
懇	간절할간	[心]
刊	새길 간	[刀]
幹	줄기 간	[干]
鑑	거울 감	[金]
剛	굳셀 강	[刀]
綱	벼리 강	[糸]
鋼	강철 강	[金]
介	낄 개	[人]
槪	대개 개	[木]
蓋	덮을 개	[艹]
距	상거할거	[足]
乾	하늘 건	[乙]
劍	칼 검	[刀]
隔	사이뜰격	[阜]
訣	이별할결	[言]
謙	겸손할겸	[言]
兼	겸할 겸	[八]
頃	이랑 경	[頁]
耕	밭갈 경	[耒]
徑	지름길경	[彳]
硬	굳을 경	[石]
械	기계 계	[木]
契	맺을 계	[大]
啓	열 계	[口]
溪	시내 계	[水]
桂	계수나무계	[木]
鼓	북 고	[鼓]
姑	시어미고	[女]
稿	원고 고	[禾]
哭	울 곡	[口]
谷	골 곡	[谷]
恭	공손할공	[心]
恐	두려울공	[心]
貢	바칠 공	[貝]
供	이바지할공	[人]
誇	자랑할과	[言]
寡	적을 과	[宀]
冠	갓 관	[冖]
貫	꿸 관	[貝]
寬	너그러울관	[宀]
慣	익숙할관	[心]
館	집 관	[食]
狂	미칠 광	[犬]
怪	괴이할괴	[心]
壞	무너질괴	[土]
較	비교 교	[車]
巧	공교할교	[工]
拘	잡을 구	[手]
久	오랠 구	[丿]
丘	언덕 구	[一]
菊	국화 국	[艹]
弓	활 궁	[弓]
拳	주먹 권	[手]
鬼	귀신 귀	[鬼]
菌	버섯 균	[艹]
克	이길 극	[儿]
琴	거문고금	[玉]
錦	비단 금	[金]
禽	새 금	[内]
及	미칠 급	[又]
畿	경기 기	[田]
企	꾀할 기	[人]
祈	빌 기	[示]
其	그 기	[八]
騎	말탈 기	[馬]
緊	긴할 긴	[糸]
諾	허락할낙	[言]
娘	계집 낭	[女]
耐	견딜 내	[而]
寧	편안 녕	[宀]
奴	종 노	[女]
腦	골 뇌	[肉]
泥	진흙 니	[水]
茶	차다,차차	[艹]
旦	아침 단	[日]
但	다만 단	[人]
丹	붉을 단	[丶]
淡	맑을 담	[水]
踏	밟을 답	[足]
唐	당나라당	[口]
糖	엿당,엿탕	[米]
臺	대(집) 대	[至]
貸	빌릴 대	[貝]
途	길[行中] 도	[辶]
陶	질그릇도	[阜]

▷³Ⅱ

刀	칼 도	[刀]
倒	넘어질도	[人]
桃	복숭아도	[木]
渡	건널 도	[水]
突	갑자기돌	[穴]
凍	얼 동	[冫]
絡	이을 락	[糸]
欄	난간 란	[木]
蘭	난초 란	[艹]
廊	사랑채랑	[广]
浪	물결 랑	[水]
郞	사내 랑	[邑]
凉	서늘할량	[水]
梁	들보 량	[木]
勵	힘쓸 려	[力]
曆	책력 력	[日]
戀	그리워할련	[心]
鍊	쇠불릴련	[金]
聯	연이을련	[耳]
蓮	연꽃 련	[艹]
裂	찢어질렬	[衣]
嶺	고개 령	[山]
靈	신령 령	[雨]
爐	화로 로	[火]
露	이슬 로	[雨]
祿	녹 록	[示]
弄	희롱할롱	[廾]
賴	의뢰할뢰	[貝]
雷	우레 뢰	[雨]
樓	다락 루	[木]

累	자주 루	[糸]
漏	샐 루	[水]
倫	인륜 륜	[人]
栗	밤 률	[木]
率	비율 률	[玄]
隆	높을 륭	[阜]
陵	언덕 릉	[阜]
吏	관리 리	[口]
履	밟을 리	[尸]
裏	속 리	[衣]
臨	임할 림	[臣]
麻	삼 마	[麻]
磨	갈 마	[石]
漠	넓을 막	[水]
幕	장막 막	[巾]
莫	없을 막	[艹]
晩	늦을 만	[日]
妄	망령될망	[女]
梅	매화 매	[木]
媒	중매 매	[女]
麥	보리 맥	[麥]
孟	맏 맹	[子]
盟	맹세 맹	[皿]
猛	사나울맹	[犬]
盲	소경 맹	[目]
綿	솜 면	[糸]
眠	잘 면	[目]
免	면할 면	[儿]
滅	멸할 멸	[水]
銘	새길 명	[金]

慕	그릴 모	[心]
謀	꾀 모	[言]
貌	모양 모	[豸]
睦	화목할목	[目]
沒	빠질 몰	[水]
夢	꿈 몽	[夕]
蒙	어두울몽	[艹]
貿	무역할무	[貝]
茂	무성할무	[艹]
默	잠잠할묵	[黑]
墨	먹 묵	[土]
紋	무늬 문	[糸]
勿	말 물	[勹]
微	작을 미	[彳]
尾	꼬리 미	[尸]
薄	엷을 박	[艹]
迫	핍박할박	[辶]
般	가지 반	[舟]
盤	소반 반	[皿]
飯	밥 반	[食]
拔	뽑을 발	[手]
芳	꽃다울방	[艹]
輩	무리 배	[車]
排	밀칠 배	[手]
培	북돋을배	[土]
伯	맏 백	[人]
繁	번성할번	[糸]
凡	무릇 범	[几]
碧	푸를 벽	[石]
丙	남녘 병	[一]

補	기울 보	[衣]
譜	족보 보	[言]
腹	배 복	[肉]
覆	덮을 복	[襾]
峯	봉우리봉	[山]
封	봉할 봉	[寸]
逢	만날 봉	[辶]
鳳	새 봉	[鳥]
簿	문서 부	[竹]
付	부칠 부	[人]
符	부호 부	[竹]
附	붙을 부	[阜]
扶	도울 부	[手]
浮	뜰 부	[水]
腐	썩을 부	[肉]
賦	부세 부	[貝]
奔	달릴 분	[大]
奮	떨칠 분	[大]
紛	어지러울분	[糸]
拂	떨칠 불	[手]
婢	계집종비	[女]
卑	낮을 비	[十]
肥	살찔 비	[肉]
妃	왕비 비	[女]
邪	간사할사	[邑]
詞	말 사	[言]
司	맡을 사	[口]
沙	모래 사	[水]
祀	제사 사	[示]
蛇	긴뱀 사	[虫]

斜 비낄 사 [斗]	殊 다를 수 [歹]	阿 언덕 아 [阜]	烏 까마귀 오 [火]
削 깎을 삭 [刀]	隨 따를 수 [阜]	我 나 아 [戈]	悟 깨달을 오 [心]
森 수풀 삼 [木]	輸 보낼 수 [車]	岸 언덕 안 [山]	獄 옥 [囚舍] 옥 [犬]
像 모양 상 [人]	帥 장수 수 [巾]	顔 낯 안 [頁]	瓦 기와 와 [瓦]
詳 자세할 상 [言]	獸 짐승 수 [犬]	巖 바위 암 [山]	緩 느릴 완 [糸]
裳 치마 상 [衣]	愁 근심 수 [心]	央 가운데 앙 [大]	辱 욕될 욕 [辰]
霜 서리 상 [雨]	壽 목숨 수 [士]	仰 우러를 앙 [人]	慾 욕심 욕 [心]
尚 오히려 상 [小]	垂 드리울 수 [土]	哀 슬플 애 [口]	欲 하고자할 욕 [欠]
喪 잃을 상 [口]	熟 익을 숙 [火]	若 같을 약 [艹]	愚 어리석을 우 [心]
桑 뽕나무 상 [木]	淑 맑을 숙 [水]	壤 흙덩이 양 [土]	偶 짝 우 [人]
償 갚을 상 [人]	瞬 눈깜짝할 순 [目]	揚 날릴 양 [手]	憂 근심 우 [心]
塞 막힐 색 [土]	巡 돌 순 [川]	讓 사양할 양 [言]	宇 집 우 [宀]
索 찾을 색 [糸]	旬 열흘 순 [日]	御 거느릴 어 [彳]	羽 깃 우 [羽]
署 마을(관청) 서 [罒]	述 펼 술 [辶]	抑 누를 억 [手]	韻 운 운 [音]
緖 실마리 서 [糸]	襲 엄습할 습 [衣]	憶 생각할 억 [心]	越 넘을 월 [走]
恕 용서할 서 [心]	拾 주울 습 [手]	譯 번역할 역 [言]	胃 밥통 위 [肉]
徐 천천할 서 [彳]	濕 젖을 습 [水]	役 부릴 역 [彳]	謂 이를 위 [言]
釋 풀 석 [釆]	昇 오를 승 [日]	驛 역 역 [馬]	僞 거짓 위 [人]
惜 아낄 석 [心]	僧 중 승 [人]	亦 또 역 [亠]	幽 그윽할 유 [幺]
旋 돌 선 [方]	乘 탈 승 [丿]	疫 전염병 역 [疒]	誘 꾈 유 [言]
禪 선 선 [示]	侍 모실 시 [人]	燕 제비 연 [火]	裕 넉넉할 유 [衣]
疏 드일 소 [疋]	飾 꾸밀 식 [食]	沿 물따라갈 연 [水]	悠 멀 유 [心]
蘇 되살아날 소 [艹]	愼 삼갈 신 [心]	軟 연할 연 [車]	維 벼리 유 [糸]
訴 호소할 소 [言]	審 살필 심 [宀]	宴 잔치 연 [宀]	柔 부드러울 유 [木]
燒 사를 소 [火]	甚 심할 심 [甘]	悅 기쁠 열 [心]	幼 어릴 유 [幺]
訟 송사할 송 [言]	雙 두 쌍 [隹]	染 물들 염 [木]	猶 오히려 유 [犬]
刷 인쇄할 쇄 [刀]	牙 어금니 아 [牙]	炎 불꽃 염 [火]	潤 불을 윤 [水]
鎖 쇠사슬 쇄 [金]	芽 싹 아 [艹]	鹽 소금 염 [鹵]	乙 새 을 [乙]
衰 쇠할 쇠 [衣]	雅 맑을 아 [隹]	影 그림자 영 [彡]	淫 음란할 음 [水]
需 쓰일 수 [雨]	亞 버금 아 [二]	譽 기릴 예 [言]	已 이미 이 [己]

▷³Ⅱ

翼	날개 익	[羽]
忍	참을 인	[心]
逸	편안할일	[辶]
壬	북방 임	[土]
賃	품삯 임	[貝]
慈	사랑 자	[心]
刺	찌를 자	[刀]
紫	자주빛자	[糸]
潛	잠길 잠	[水]
暫	잠깐 잠	[日]
藏	감출 장	[艹]
粧	단장할장	[米]
掌	손바닥장	[手]
莊	씩씩할장	[艹]
丈	어른 장	[一]
臟	오장 장	[肉]
葬	장사지낼장	[艹]
載	실을 재	[車]
裁	옷마를재	[衣]
栽	심을 재	[木]
抵	막을 저	[手]
著	나타날저	[艹]
寂	고요할적	[宀]
摘	딸 적	[手]
跡	발자취적	[足]
蹟	자취 적	[足]
笛	피리 적	[竹]
殿	전각 전	[殳]
漸	점점 점	[水]
亭	정자 정	[亠]

廷	조정 정	[廴]
征	칠 정	[彳]
貞	곧을 정	[貝]
淨	깨끗할정	[水]
井	우물 정	[二]
頂	정수리정	[頁]
齊	가지런할제	[齊]
諸	모두 제	[言]
照	비칠 조	[火]
兆	억조 조	[儿]
租	조세 조	[禾]
縱	세로 종	[糸]
坐	앉을 좌	[土]
柱	기둥 주	[木]
洲	물가 주	[水]
宙	집 주	[宀]
奏	아뢸 주	[大]
珠	구슬 주	[玉]
株	그루 주	[木]
鑄	쇠불릴주	[金]
仲	버금 중	[人]
卽	곧 즉	[卩]
憎	미울 증	[心]
症	증세 증	[疒]
蒸	찔 증	[艹]
曾	일찍 증	[曰]
池	못 지	[水]
之	갈 지	[丿]
枝	가지 지	[木]
振	떨칠 진	[手]

陳	베풀 진	[阜]
鎭	진압할진	[金]
辰	별 진	[辰]
震	우레 진	[雨]
疾	병 질	[疒]
秩	차례 질	[禾]
執	잡을 집	[土]
徵	부를 징	[彳]
此	이 차	[止]
借	빌릴 차	[人]
錯	어긋날착	[金]
贊	도울 찬	[貝]
倉	곳집 창	[人]
昌	창성할창	[日]
蒼	푸를 창	[艹]
彩	채색 채	[彡]
菜	나물 채	[艹]
債	빚 채	[人]
策	꾀 책	[竹]
妻	아내 처	[女]
拓	넓힐 척	[手]
戚	친척 척	[戈]
尺	자 척	[尸]
踐	밟을 천	[足]
賤	천할 천	[貝]
淺	얕을 천	[水]
遷	옮길 천	[辶]
哲	밝을 철	[口]
徹	통할 철	[彳]
滯	막힐 체	[水]

肖	닮을 초	[肉]
超	뛰어넘을초	[走]
礎	주춧돌초	[石]
觸	닿을 촉	[角]
促	재촉할촉	[人]
催	재촉할최	[人]
追	쫓을 추	[辶]
畜	짐승 축	[田]
衝	찌를 충	[行]
醉	취할 취	[酉]
吹	불 취	[口]
側	곁 측	[人]
値	값 치	[人]
恥	부끄러울치	[心]
稚	어릴 치	[禾]
漆	옻 칠	[水]
沈	잠길 침	[水]
浸	잠길 침	[水]
奪	빼앗을탈	[大]
塔	탑 탑	[土]
湯	끓을 탕	[水]
殆	거의 태	[歹]
泰	클 태	[水]
澤	못 택	[水]
兎	토끼 토	[儿]
吐	토할 토	[口]
透	사무칠투	[辶]
版	판목 판	[片]
片	조각 편	[片]
偏	치우칠편	[人]

3급 배정한자

신출한자 317字

| 却 물리칠각 [卩]
| 姦 간음할간 [女]
| 渴 목마를갈 [水]
| 皆 다 개 [白]
| 慨 슬퍼할개 [心]
| 乞 빌 걸 [乙]
| 牽 이끌 견 [牛]
| 肩 어깨 견 [肉]
| 遣 보낼 견 [辶]
| 絹 비단 견 [糸]

| 庚 별(천간)경 [广]
| 竟 마침내경 [立]
| 卿 벼슬 경 [卩]
| 繫 맬 계 [糸]
| 癸 북방 계 [癶]
| 枯 마를 고 [木]
| 顧 돌아볼고 [頁]
| 坤 땅 곤 [土]
| 郭 둘레 곽 [邑]
| 掛 걸 괘 [手]

| 塊 흙덩이괴 [土]
| 愧 부끄러울괴 [心]
| 郊 들 교 [邑]
| 矯 바로잡을교 [矢]
| 苟 구차할구 [艹]
| 狗 개 구 [犬]
| 俱 함께 구 [人]
| 懼 두려울구 [心]
| 驅 몰 구 [馬]
| 厥 그 궐 [厂]

| 胡 되(오랑캐)호 [肉]
| 豪 호걸 호 [豕]
| 虎 범 호 [虍]
| 惑 미혹할혹 [心]
| 魂 넋 혼 [鬼]
| 忽 갑자기홀 [心]
| 洪 넓을 홍 [水]
| 禍 재앙 화 [示]
| 還 돌아올환 [辶]
| 換 바꿀 환 [手]

| 皇 임금 황 [白]
| 荒 거칠 황 [艹]
| 悔 뉘우칠회 [心]
| 懷 품을 회 [心]
| 劃 그을 획 [刀]
| 獲 얻을 획 [犬]
| 橫 가로 횡 [木]
| 胸 가슴 흉 [肉]
| 戱 놀이 희 [戈]
| 稀 드물 희 [禾]

[신출한자 500자]

· · · · · ·

8급~3급Ⅱ 까지는
總 1,500字입니다.

| 編 엮을 편 [糸]
| 弊 폐단 폐 [廾]
| 肺 허파 폐 [肉]
| 廢 폐할 폐 [广]
| 浦 개〔水邊〕포 [水]
| 捕 잡을 포 [手]
| 楓 단풍 풍 [木]
| 被 입을 피 [衣]
| 皮 가죽 피 [皮]
| 彼 저 피 [彳]

| 畢 마칠 필 [田]
| 何 어찌 하 [人]
| 賀 하례할하 [貝]
| 荷 멜 하 [艹]
| 鶴 학 학 [鳥]
| 汗 땀 한 [水]
| 割 벨 할 [刀]
| 含 머금을함 [口]
| 陷 빠질 함 [阜]
| 項 항목 항 [頁]

| 恒 항상 항 [心]
| 響 울릴 향 [音]
| 獻 드릴 헌 [犬]
| 玄 검을 현 [玄]
| 懸 달〔繫〕현 [心]
| 穴 굴 혈 [穴]
| 脅 위협할협 [肉]
| 衡 저울대형 [行]
| 慧 슬기로울혜 [心]
| 浩 넓을 호 [水]

▷ 3급

한자	훈	음	부수
軌	바퀴자국	궤	[車]
龜	거북	귀	[龜]
糾	얽힐	규	[糸]
叫	부르짖을	규	[口]
斤	근	근	[斤]
僅	겨우	근	[人]
謹	삼갈	근	[言]
肯	즐길	긍	[肉]
忌	꺼릴	기	[心]
豈	어찌	기	[豆]
飢	주릴	기	[食]
旣	이미	기	[无]
棄	버릴	기	[木]
幾	몇	기	[幺]
欺	속일	기	[欠]
那	어찌	나	[邑]
乃	이에	내	[丿]
奈	어찌	내	[大]
惱	번뇌할	뇌	[心]
畓	논	답	[田]
塗	칠할	도	[土]
挑	돋울	도	[手]
跳	뛸	도	[足]
稻	벼	도	[禾]
篤	도타울	독	[竹]
豚	돼지	돈	[豕]
敦	도타울	돈	[攵]
屯	진칠	둔	[屮]
鈍	둔할	둔	[金]
騰	오를	등	[馬]
濫	넘칠	람	[水]
掠	노략질할	략	[手]
諒	살펴알	량	[言]
憐	불쌍히여길	련	[心]
劣	못할	렬	[力]
廉	청렴할	렴	[广]
獵	사냥	렵	[犬]
零	떨어질	령	[雨]
隷	종	례	[隶]
鹿	사슴	록	[鹿]
僚	동료	료	[人]
了	마칠	료	[亅]
淚	눈물	루	[水]
屢	여러	루	[尸]
梨	배	리	[木]
隣	이웃	린	[阜]
慢	거만할	만	[心]
漫	흩어질	만	[水]
忙	바쁠	망	[心]
忘	잊을	망	[心]
罔	없을	망	[罒]
茫	아득할	망	[艹]
埋	묻을	매	[土]
冥	어두울	명	[冖]
冒	무릅쓸	모	[冂]
侮	업신여길	모	[人]
某	아무	모	[木]
募	모을	모	[力]
暮	저물	모	[日]
卯	토끼	묘	[卩]
苗	모	묘	[艹]
廟	사당	묘	[广]
戊	천간	무	[戈]
霧	안개	무	[雨]
眉	눈썹	미	[目]
迷	미혹할	미	[辶]
敏	민첩할	민	[攵]
憫	민망할	민	[心]
蜜	꿀	밀	[虫]
泊	머무를	박	[水]
伴	짝	반	[人]
返	돌이킬	반	[辶]
叛	배반할	반	[又]
邦	나라	방	[邑]
倣	본뜰	방	[人]
傍	곁	방	[人]
杯	잔	배	[木]
煩	번거로울	번	[火]
飜	번역할	번	[飛]
辨	분별할	변	[辛]
屛	병풍	병	[尸]
竝	나란히	병	[立]
卜	점	복	[卜]
蜂	벌	봉	[虫]
赴	갈	부	[走]
墳	무덤	분	[土]
朋	벗	붕	[月]
崩	무너질	붕	[山]
賓	손	빈	[貝]
頻	자주	빈	[頁]
聘	부를	빙	[耳]
巳	뱀	사	[己]
似	닮을	사	[人]
捨	버릴	사	[手]
詐	속일	사	[言]
斯	이	사	[斤]
賜	줄	사	[貝]
朔	초하루	삭	[月]
祥	상서	상	[示]
嘗	맛볼	상	[口]
逝	갈	서	[辶]
誓	맹세할	서	[言]
庶	여러	서	[广]
敍	펼	서	[攵]
暑	더울	서	[日]
昔	예	석	[日]
析	쪼갤	석	[木]
攝	다스릴	섭	[手]
涉	건널	섭	[水]
召	부를	소	[口]
昭	밝을	소	[日]
蔬	나물	소	[艹]
騷	떠들	소	[馬]
粟	조	속	[米]
誦	욀	송	[言]
搜	찾을	수	[手]
囚	가둘	수	[口]
須	모름지기	수	[頁]
遂	드디어	수	[辶]
睡	졸음	수	[目]

3급

誰 누구 수 [言]	閱 볼 열 [門]	泣 울 읍 [水]	姪 조카 질 [女]
雖 비록 수 [隹]	泳 헤엄칠영 [水]	凝 엉길 응 [冫]	懲 징계할징 [心]
孰 누구 숙 [子]	詠 읊을 영 [言]	矣 어조사의 [矢]	且 또 차 [一]
殉 따라죽을순 [歹]	銳 날카로울예 [金]	宜 마땅 의 [宀]	捉 잡을 착 [手]
脣 입술 순 [肉]	汚 더러울오 [水]	夷 오랑캐이 [大]	慘 참혹할참 [心]
循 돌 순 [彳]	吾 나 오 [口]	而 말이을이 [而]	慙 부끄러울참 [心]
戌 개 술 [戈]	娛 즐길 오 [女]	姻 혼인 인 [女]	暢 화창할창 [日]
矢 화살 시 [矢]	嗚 슬플 오 [口]	寅 범 인 [宀]	斥 물리칠척 [斤]
辛 매울 신 [辛]	傲 거만할오 [人]	茲 이 자 [玄]	薦 천거할천 [艹]
伸 펼 신 [人]	擁 낄 옹 [手]	恣 방자할자 [心]	尖 뾰족할첨 [小]
晨 새벽 신 [日]	翁 늙은이옹 [羽]	酌 술부을작 [酉]	添 더할 첨 [水]
尋 찾을 심 [寸]	臥 누울 와 [臣]	爵 벼슬 작 [爪]	妾 첩 첩 [女]
餓 주릴 아 [食]	曰 가로 왈 [曰]	墻 담 장 [土]	晴 갤 청 [日]
岳 큰산 악 [山]	畏 두려워할외 [田]	宰 재상 재 [宀]	逮 잡을 체 [辶]
雁 기러기안 [隹]	搖 흔들 요 [手]	哉 어조사재 [口]	遞 갈릴 체 [辶]
謁 뵐 알 [言]	遙 멀 요 [辶]	滴 물방울적 [水]	替 바꿀 체 [曰]
押 누를 압 [手]	腰 허리 요 [肉]	竊 훔칠 절 [穴]	秒 분초 초 [禾]
殃 재앙 앙 [歹]	庸 떳떳할용 [广]	蝶 나비 접 [虫]	抄 뽑을 초 [手]
涯 물가 애 [水]	又 또 우 [又]	訂 바로잡을정 [言]	燭 촛불 촉 [火]
厄 액 액 [厂]	于 어조사우 [二]	堤 둑 제 [土]	聰 귀밝을총 [耳]
也 이끼 야 [乙]	尤 더욱 우 [尢]	燥 마를 조 [火]	抽 뽑을 추 [手]
耶 어조사야 [耳]	云 이를 운 [二]	弔 조상할조 [弓]	醜 추할 추 [酉]
躍 뛸 약 [足]	違 어긋날위 [辶]	拙 졸할 졸 [手]	丑 소 축 [一]
楊 버들 양 [木]	緯 씨 위 [糸]	佐 도울 좌 [人]	逐 쫓을 축 [辶]
於 어조사어 [方]	酉 닭 유 [酉]	舟 배 주 [舟]	臭 냄새 취 [自]
焉 어찌 언 [火]	唯 오직 유 [口]	俊 준걸 준 [人]	枕 베개 침 [木]
予 나 여 [亅]	惟 생각할유 [心]	遵 좇을 준 [辶]	妥 온당할타 [女]
汝 너 여 [水]	愈 나을 유 [心]	贈 줄 증 [貝]	墮 떨어질타 [土]
余 나 여 [人]	閏 윤달 윤 [門]	只 다만 지 [口]	托 맡길 탁 [手]
輿 수레 여 [車]	吟 읊을 음 [口]	遲 더딜 지 [辶]	濁 흐릴 탁 [水]

▶3급

濯	씻을	탁	[水]
誕	낳을	탄	[言]
貪	탐낼	탐	[貝]
怠	게으를	태	[心]
把	잡을	파	[手]
頗	자못	파	[頁]
罷	마칠	파	[网]
播	뿌릴	파	[手]
販	팔	판	[貝]
貝	조개	패	[貝]
遍	두루	편	[辶]
蔽	덮을	폐	[艹]
幣	화폐	폐	[巾]
抱	안을	포	[手]
飽	배부를	포	[食]
幅	폭	폭	[巾]
漂	떠다닐	표	[水]
匹	짝	필	[匚]
旱	가물	한	[日]
咸	다	함	[口]
巷	거리	항	[己]
亥	돼지	해	[亠]
奚	어찌	해	[大]
該	갖출	해	[言]
享	누릴	향	[亠]
軒	집	헌	[車]
絃	줄	현	[糸]
縣	고을	현	[糸]
嫌	싫어할	혐	[女]
亨	형통할	형	[亠]

螢	반딧불	형	[虫]
兮	어조사	혜	[八]
互	서로	호	[二]
乎	어조사	호	[丿]
毫	터럭	호	[毛]
昏	어두울	혼	[日]
弘	클	홍	[弓]
鴻	기러기	홍	[鳥]
禾	벼	화	[禾]
擴	넓힐	확	[手]
穫	거둘	확	[禾]
丸	둥글	환	[丶]
曉	새벽	효	[日]
侯	제후	후	[人]
毁	헐	훼	[殳]
輝	빛날	휘	[車]
携	이끌	휴	[手]

[신출한자 317자]

· · · · · · ·

8급~3급까지는
總 1,817字입니다.

〈 2급 쓰기범위 〉

2급
배정
한자

신출한자
538字

葛	칡	갈	[艹]
憾	섭섭할	감	[心]
坑	구덩이	갱	[土]
憩	쉴	게	[心]
揭	높이들	게	[手]
雇	품팔	고	[隹]
戈	창	과	[戈]
瓜	외	과	[瓜]
菓	과자	과	[艹]
款	항목	관	[欠]
傀	허수아비	괴	[人]
絞	목맬	교	[糸]
僑	더부살이	교	[人]
膠	아교	교	[肉]
鷗	갈매기	구	[鳥]
歐	구라파	구	[欠]
購	살	구	[貝]
掘	팔	굴	[手]
窟	굴	굴	[穴]
圈	우리	권	[口]
闕	대궐	궐	[門]
閨	안방	규	[門]
棋	바둑	기	[木]
濃	짙을	농	[水]
尿	오줌	뇨	[尸]
尼	여승	니	[尸]
溺	빠질	닉	[水]
鍛	쇠불릴	단	[金]
潭	못	담	[水]
膽	쓸개	담	[肉]

- 28 -

2급

垈	집터 대 [土]	帽	모자 모 [巾]	纖	가늘 섬 [糸]	妊	아이밸임 [女]
戴	일[首荷] 대 [戈]	沐	머리감을목 [水]	貰	세놓을세 [貝]	雌	암컷 자 [隹]
悼	슬퍼할도 [心]	紊	문란할문 [糸]	紹	이을 소 [糸]	磁	자석 자 [石]
桐	오동나무동 [木]	舶	배 박 [舟]	盾	방패 순 [目]	諮	물을 자 [言]
棟	마룻대동 [木]	搬	운반할반 [手]	升	되 승 [十]	蠶	누에 잠 [虫]
謄	베낄 등 [言]	紡	길쌈 방 [糸]	屍	주검 시 [尸]	沮	막을 저 [水]
藤	등나무등 [艹]	俳	배우 배 [人]	殖	불릴 식 [歹]	呈	드릴 정 [口]
裸	벗을 라 [衣]	賠	물어줄배 [貝]	腎	콩팥 신 [肉]	偵	염탐할정 [人]
洛	물이름락 [水]	柏	측백 백 [木]	紳	띠[帶] 신 [糸]	艇	큰배 정 [舟]
爛	빛날 란 [火]	閥	문벌 벌 [門]	握	쥘 악 [手]	劑	약제 제 [刀]
藍	쪽 람 [艹]	汎	넓을 범 [水]	癌	암 암 [疒]	措	둘[置] 조 [手]
拉	끌 랍 [手]	僻	궁벽할벽 [人]	礙	거리낄애 [石]	釣	낚을 조 [金]
輛	수레 량 [車]	倂	아우를병 [人]	惹	이끌 야 [心]	彫	새길 조 [彡]
煉	달굴 련 [火]	俸	녹 봉 [人]	孃	아가씨양 [女]	綜	모을 종 [糸]
籠	대바구니롱 [竹]	縫	꿰맬 봉 [糸]	硯	벼루 연 [石]	駐	머무를주 [馬]
療	병고칠료 [疒]	膚	살갗 부 [肉]	厭	싫어할염 [厂]	准	비준 준 [冫]
硫	유황 류 [石]	敷	펼 부 [攵]	預	맡길 예 [頁]	旨	뜻 지 [日]
謬	그르칠류 [言]	弗	아닐 불 [弓]	梧	오동 오 [木]	脂	기름 지 [肉]
摩	문지를마 [手]	匪	비적 비 [匚]	穩	편안할온 [禾]	津	나루 진 [水]
魔	마귀 마 [鬼]	唆	부추길사 [口]	歪	기울왜(외) [止]	診	진찰할진 [言]
痲	저릴 마 [疒]	赦	용서할사 [赤]	妖	요사할요 [女]	塵	티끌 진 [土]
膜	막(꺼풀)막 [肉]	飼	기를 사 [食]	熔	녹을 용 [火]	窒	막힐 질 [穴]
蠻	오랑캐만 [虫]	酸	실[味覺] 산 [酉]	傭	품팔 용 [人]	輯	모을 집 [車]
灣	물굽이만 [水]	傘	우산 산 [人]	鬱	답답할울 [鬯]	遮	가릴 차 [辶]
娩	낳을 만 [女]	蔘	삼 삼 [艹]	苑	나라동산원 [艹]	餐	밥 찬 [食]
網	그물 망 [糸]	插	꽂을 삽 [手]	尉	벼슬 위 [寸]	札	편지 찰 [木]
魅	매혹할매 [鬼]	箱	상자 상 [竹]	融	녹을 융 [虫]	刹	절 찰 [刀]
枚	낱 매 [木]	瑞	상서 서 [玉]	貳	두 이 [貝]	斬	벨 참 [斤]
蔑	업신여길멸 [艹]	碩	클 석 [石]	刃	칼날 인 [刀]	滄	큰바다창 [水]
矛	창 모 [矛]	繕	기울 선 [糸]	壹	한 일 [土]	彰	드러날창 [彡]

▷2급

悽	슬퍼할처	[心]
隻	외짝 척	[隹]
撤	거둘 철	[手]
諜	염탐할첩	[言]
締	맺을 체	[糸]
哨	망볼 초	[口]
焦	탈 초	[火]
趨	달아날추	[走]
軸	굴대 축	[車]
蹴	찰 축	[足]
衷	속마음충	[衣]
炊	불땔 취	[火]
琢	다듬을탁	[玉]
託	부탁할탁	[言]
胎	아이밸태	[肉]
颱	태풍 태	[風]
霸	으뜸 패	[雨]
坪	들 평	[土]
抛	던질 포	[手]
怖	두려워할포	[心]
鋪	펼 포	[金]
虐	모질 학	[虍]
翰	편지 한	[羽]
艦	큰배 함	[舟]
弦	시위 현	[弓]
峽	골짜기협	[山]
型	모형 형	[土]
濠	호주 호	[水]
酷	심할 혹	[酉]
靴	신 화	[革]

幻	헛보일환	[幺]
滑	미끄러울활	[水]
	익살스러울골	
廻	돌 회	[廴]
喉	목구멍후	[口]
勳	공 훈	[力]
熙	빛날 희	[火]
噫	한숨쉴희	[口]
姬	계집 희	[女]

〈 188字 〉

인명·지명자

350字

伽	절 가	[人]
柯	가지 가	[木]
軻	수레 가	[車]
賈	성 가	[貝]
迦	부처이름가	[辶]
珏	쌍옥 각	[玉]
杆	몽둥이간	[木]
艮	괘이름간	[艮]
鞨	오랑캐갈	[革]
邯	사람이름감	[邑]
岬	곶 갑	[山]
鉀	갑옷 갑	[金]
姜	성 강	[女]
彊	굳셀 강	[弓]
疆	지경 강	[田]
岡	산등성이강	[山]
崗	언덕 강	[山]
价	클 개	[人]
塏	높은땅개	[土]
鍵	열쇠 건	[金]

杰	뛰어날걸	[木]
桀	하왕이름걸	[木]
甄	질그릇견	[瓦]
炅	빛날 경	[火]
儆	경계할경	[人]
璟	옥빛 경	[玉]
瓊	구슬 경	[玉]
皐	언덕 고	[白]
串	꿸 관	[丨]
琯	옥피리관	[玉]
槐	회화나무괴	[木]
邱	언덕 구	[邑]
玖	옥돌 구	[玉]
鞠	성 국	[革]
圭	서옥 규	[土]
奎	별 규	[大]
揆	헤아릴규	[手]
珪	홀 규	[玉]
槿	무궁화근	[木]
瑾	아름다운옥근	[玉]
兢	떨릴 긍	[儿]
冀	바랄 기	[八]
岐	갈림길기	[山]
淇	물이름기	[水]
琦	옥이름기	[玉]
琪	아름다운옥기	[玉]
璣	별이름기	[玉]
箕	키 기	[竹]
耆	늙을 기	[耂]
騏	준마 기	[馬]

- 30 -

2급

麒 기린 기 [鹿]	劉 죽일 류 [刀]	范 성 범 [艹]	璿 구슬 선 [玉]
沂 물이름기 [水]	崙 산이름 륜 [山]	卞 성 변 [卜]	卨 사람이름설 [卜]
驥 천리마기 [馬]	楞 네모질 릉 [木]	弁 고깔 변 [廾]	薛 성 설 [艹]
湍 여울 단 [水]	麟 기린 린 [鹿]	昞 밝을 병 [日]	陝 땅이름섬 [阜]
塘 못 당 [土]	靺 말갈 말 [革]	昺 밝을 병 [日]	蟾 두꺼비섬 [虫]
悳 큰 덕 [心]	貊 맥국 맥 [豸]	柄 자루 병 [木]	暹 햇살치밀섬 [日]
燾 비칠 도 [火]	覓 찾을 멱 [見]	炳 불꽃 병 [火]	燮 불꽃 섭 [火]
惇 도타울돈 [心]	冕 면류관면 [冂]	秉 잡을 병 [禾]	晟 밝을 성 [日]
燉 불빛 돈 [火]	沔 물이름면 [水]	甫 클 보 [用]	巢 새집 소 [巛]
頓 조아릴돈 [頁]	俛 구푸릴면 [人]	潽 물이름보 [水]	沼 못 소 [水]
乭 이름 돌 [乙]	牟 보리 모 [牛]	輔 도울 보 [車]	邵 땅이름소 [邑]
董 바를 동 [艹]	茅 띠 모 [艹]	馥 향기 복 [香]	宋 송나라송 [宀]
杜 막을 두 [木]	謨 꾀 모 [言]	蓬 쑥 봉 [艹]	洙 물가 수 [水]
鄧 나라이름등 [邑]	穆 화목할목 [禾]	阜 언덕 부 [阜]	銖 저울눈수 [金]
萊 명아주래 [艹]	昴 별이름묘 [日]	釜 가마 부 [金]	隋 수나라수 [阜]
亮 밝을 량 [亠]	汶 물이름문 [水]	傅 스승 부 [人]	洵 참으로순 [水]
樑 들보 량 [木]	彌 미륵 미 [弓]	芬 향기 분 [艹]	淳 순박할순 [水]
呂 법칙 려 [口]	旻 하늘 민 [日]	鵬 새 붕 [鳥]	珣 옥이름순 [玉]
廬 농막집려 [广]	旼 화할 민 [日]	丕 클 비 [一]	舜 순임금순 [舛]
驪 검은말려 [馬]	玟 아름다운돌민 [玉]	毖 도울 비 [比]	荀 풀이름순 [艹]
礪 숫돌 려 [石]	珉 옥돌 민 [玉]	毗 삼갈 비 [比]	瑟 큰거문고슬 [玉]
漣 잔물결련 [水]	閔 성 민 [門]	彬 빛날 빈 [彡]	繩 노끈 승 [糸]
濂 물이름렴 [水]	磻 반계 반 [石]	泗 물이름사 [水]	柴 섶 시 [木]
玲 옥소리령 [玉]	潘 성 반 [水]	庠 학교 상 [广]	湜 물맑을식 [水]
醴 단술 례 [酉]	鉢 바리때발 [金]	舒 펼 서 [舌]	軾 수레가로나무식 [車]
鷺 백로 로 [鳥]	渤 바다이름발 [水]	奭 클 석 [大]	瀋 즙낼 심 [水]
魯 노나라로 [魚]	旁 곁 방 [方]	晳 밝을 석 [日]	閼 막을 알 [門]
盧 성 로 [皿]	龐 높은집방 [龍]	錫 주석 석 [金]	鴨 오리 압 [鳥]
蘆 갈대 로 [艹]	裵 성 배 [衣]	瑄 도리옥선 [玉]	埃 티끌 애 [土]
遼 멀 료 [辶]	筏 뗏목 벌 [竹]	璇 옥 선 [玉]	艾 쑥 애 [艹]

▷ 2급

한자	훈	음	부수
倻	가야	야	[人]
襄	도울	양	[衣]
彦	선비	언	[彡]
姸	고울	연	[女]
淵	못	연	[水]
衍	넓을	연	[行]
閻	마을	염	[門]
燁	빛날	엽	[火]
暎	비칠	영	[日]
瑛	옥빛	영	[玉]
盈	찰	영	[皿]
瑩	옥돌	영	[玉]
芮	성	예	[艹]
睿	슬기	예	[目]
濊	종족이름	예	[水]
吳	성	오	[口]
墺	물가	오	[土]
沃	기름질	옥	[水]
鈺	보배	옥	[金]
邕	막힐	옹	[邑]
雍	화할	옹	[隹]
甕	독	옹	[瓦]
莞	빙그레할	완	[艹]
旺	왕성할	왕	[日]
汪	넓을	왕	[水]
倭	왜나라	왜	[人]
堯	요임금	요	[土]
姚	예쁠	요	[女]
耀	빛날	요	[羽]
溶	녹을	용	[水]
瑢	패옥소리	용	[玉]
鎔	쇠녹일	용	[金]
鏞	쇠북	용	[金]
佑	도울	우	[人]
祐	복	우	[示]
禹	성	우	[内]
旭	아침해	욱	[日]
頊	삼갈	욱	[頁]
昱	햇빛밝을	욱	[日]
煜	빛날	욱	[火]
郁	성할	욱	[邑]
芸	향풀	운	[艹]
蔚	고을이름	울	[艹]
熊	곰	웅	[火]
媛	계집	원	[女]
瑗	구슬	원	[玉]
袁	성	원	[衣]
渭	물이름	위	[水]
韋	가죽	위	[韋]
魏	성	위	[鬼]
庾	곳집	유	[广]
兪	대답할	유	[入]
楡	느릅나무	유	[木]
踰	넘을	유	[足]
允	맏	윤	[儿]
尹	성	윤	[尸]
胤	자손	윤	[肉]
鈗	창	윤	[金]
殷	은나라	은	[殳]
垠	지경	은	[土]
誾	향기	은	[言]
鷹	매	응	[鳥]
伊	저	이	[人]
珥	귀고리	이	[玉]
怡	기쁠	이	[心]
翊	도울	익	[羽]
鎰	무게이름	일	[金]
佾	줄춤	일	[人]
滋	불을	자	[水]
庄	전장	장	[广]
獐	노루	장	[犬]
璋	홀	장	[玉]
蔣	성	장	[艹]
甸	경기	전	[田]
鄭	나라	정	[邑]
晶	맑을	정	[日]
珽	옥이름	정	[玉]
旌	기	정	[方]
楨	광나무	정	[木]
汀	물가	정	[水]
禎	상서로울	정	[示]
鼎	솥	정	[鼎]
趙	나라	조	[走]
曺	성	조	[曰]
祚	복	조	[示]
琮	옥홀	종	[玉]
疇	이랑	주	[田]
埈	높을	준	[土]
峻	준엄할	준	[山]
晙	밝을	준	[日]
浚	깊게할	준	[水]
濬	깊을	준	[水]
駿	준마	준	[馬]
址	터	지	[土]
芝	지초	지	[艹]
稙	올벼	직	[禾]
稷	피	직	[禾]
秦	성	진	[禾]
晋	진나라	진	[日]
燦	빛날	찬	[火]
鑽	뚫을	찬	[金]
璨	옥빛	찬	[玉]
瓚	옥잔	찬	[玉]
敞	시원할	창	[攵]
昶	해길	창	[日]
采	풍채	채	[采]
埰	사패지	채	[土]
蔡	성	채	[艹]
陟	오를	척	[阜]
釧	팔찌	천	[金]
喆	밝을	철	[口]
澈	맑을	철	[水]
瞻	볼	첨	[目]
楚	초나라	초	[木]
蜀	나라이름	촉	[虫]
崔	높을	최	[山]
楸	가래나무	추	[木]
鄒	추나라	추	[邑]
椿	참죽나무	춘	[木]
沖	화할	충	[水]

聚	모을 취 [耳]		昊	하늘 호 [日]		
峙	언덕 치 [山]		晧	밝을 호 [日]		
雉	꿩 치 [隹]		皓	흴 호 [白]		
灘	여울 탄 [水]		澔	넓을 호 [水]		
耽	즐길 탐 [耳]		壕	해자 호 [土]		
兌	바꿀 태 [儿]		扈	따를 호 [戶]		
台	별 태 [口]		鎬	호경 호 [金]		
坡	언덕 파 [土]		祜	복 호 [示]		
阪	언덕 판 [阜]		泓	물깊을 홍 [水]		
彭	성 팽 [彡]		嬅	탐스러울 화 [女]		
扁	작을 편 [戶]		樺	자작나무 화 [木]		
葡	포도 포 [艹]		桓	굳셀 환 [木]		
鮑	절인물고기 포 [魚]		煥	빛날 환 [火]		
杓	북두자루 표 [木]		晃	밝을 황 [日]		
馮	성풍,탈 빙 [馬]		滉	깊을 황 [水]		
泌	스며흐를 필 [水]		檜	전나무 회 [木]		
弼	도울 필 [弓]		淮	물이름 회 [水]		
陜	땅이름 합 [阜]		后	임금 후 [口]		
亢	높을 항 [亠]		熏	불길 훈 [火]		
沆	넓을 항 [水]		壎	질나팔 훈 [土]		
杏	살구 행 [木]		薰	향풀 훈 [艹]		
赫	빛날 혁 [赤]		徽	아름다울 휘 [彳]		
爀	불빛 혁 [火]		烋	아름다울 휴 [火]		
峴	고개 현 [山]		匈	오랑캐 흉 [勹]		
炫	밝을 현 [火]		欽	공경할 흠 [欠]		
鉉	솥귀 현 [金]		熹	빛날 희 [火]		
瀅	물맑을 형 [水]		憙	기뻐할 희 [心]		
炯	빛날 형 [火]		嬉	아름다울 희 [女]		
邢	성 형 [邑]		禧	복 희 [示]		
馨	꽃다울 형 [香]		羲	복희 희 [羊]		

[인명 · 지명자 350자]

8급~2급까지는 總 2,355字입니다.

2급 시험의 출제기준

*읽기범위: 8급~2급 (2,355자)

　　　　　인명, 지명자 포함

*쓰기범위: 8급~3급 (1,817자)

상위급수를 위하여 전체 쓸 수 있도록 실력을 갖춥니다.

愛 國 歌

安益泰 作詞 · 作曲

一. 東海물과 白頭山이 마르고 닳도록
　　하느님이 保佑하사 우리나라 萬歲.

二. 南山 위에 저 소나무 鐵甲을 두른 듯
　　바람 서리[霜] 不變함은 우리 氣像일세.

三. 가을 하늘 空豁한데 높고 구름 없이
　　밝은 달은 우리 가슴 一片丹心일세.

四. 이 氣像과 이 맘으로 忠誠을 다하여
　　괴로우나 즐거우나 나라 사랑하세.

후렴: 無窮花 三千里 華麗江山
　　　大韓 사람 大韓으로 길이 保全하세.

□일람표□   ●〔國家公認〕漢字能力檢定 2급 ●

1	葛	揭	旨	脂	傀	魅	魔	摩	痲	癌
	칡 갈	높이들게	뜻 지	기름지	허수아비괴	매혹할매	마귀마	문지를마	저릴마	암 암
2	雇	隻	焦	雌	准	膠	謬	診	託	諜
	품팔고	외짝척	탈 초	암컷자	비준준	아교교	그르칠류	진찰할진	부탁할탁	염탐할첩
3	噫	憩	惹	垈	型	塵	舶	艇	艦	搬
	한숨쉴회	쉴 게	이끌야	집터대	모형형	티끌진	배 박	큰배정	큰배함	운반할반
4	閨	闕	閥	憾	悼	怖	悽	貰	購	賠
	안방규	대궐궐	문벌벌	섭섭할감	슬퍼할도	두려울포	슬퍼할처	세놓을세	살 구	물어줄배
5	釣	鍛	鋪	煉	熔	炊	枚	棋	棟	札
	낚을조	쇠불릴단	펼 포	달굴련	녹을용	불땔취	낱 매	바둑기	마룻대동	편지찰
6	締	網	絞	紡	縫	繕	纖	紹	紳	綜
	맺을체	그물망	목맬교	길쌈방	꿰맬봉	기울선	가늘섬	이을소	띠 신	모을종
7	膽	藤	膽	膜	胎	颱	腎	膚	彫	彰
	베낄등	등나무등	쓸개담	막 막	아이밸태	태풍태	콩팥신	살갗부	새길조	드러날창
8	妖	妊	娩	姬	熙	飼	餐	窟	掘	拉
	요사할요	아이밸임	낳을만	계집희	빛날희	기를사	밥 찬	굴 굴	팔 굴	끌 랍
9	措	握	撤	抛	插	梧	桐	柏	俳	匪
	둘조	쥘 악	거둘철	던질포	꽂을삽	오동오	오동나무동	측백백	배우배	비적비
10	斬	軸	輛	輯	尿	尼	屍	尉	矛	盾
	벨 참	굴대축	수레량	모을집	오줌뇨	여승니	주검시	벼슬위	창 모	방패순
11	預	碩	硯	磁	硫	裸	菓	蔘	苑	蔑
	맡길예	클 석	벼루연	자석자	유황류	벗을라	과자과	삼 삼	나라동산원	업신여길멸
12	坑	坪	唆	酸	沮	溺	津	滑	濠	灣
	구덩이갱	들 평	부추길사	실 산	막을저	빠질닉	나루진	미끄러울활	호주호	물굽이만
13	濃	潭	洛	沐	汎	滄	僑	僻	倂	俸
	짙을농	못 담	물이름락	머리감을목	넓을범	큰바다창	더부살이교	궁벽할벽	아우를병	녹 봉
14	傭	偵	遮	廻	療	傘	翰	駐	赦	殖
	품팔용	염탐할정	가릴차	돌 회	병고칠료	우산산	편지한	머무를주	용서할사	불릴식

15	戴	籠	箱	紊	圈	霸	靴	哨	呈	孃
	일 대	바구니롱	상자상	문란할문	우리권	으뜸패	신 화	망볼초	드릴정	아가씨양
16	厭	穩	歪	鬱	劑	窒	刹	敷	帽	瑞
	싫을염	편안할온	기울왜	답답할울	약제제	막힐질	절 찰	펼 부	모자모	상서서
17	趨	衷	虐	峽	酷	幻	勳	款	礙	融
	달아날추	속마음충	모질학	골짜기협	심할혹	헛보일환	공 훈	항목관	거리낄애	녹을융
18	鷗	歐	蹴	諮	壹	貳	蠶	蠻	琢	弦
	갈매기구	구라파구	찰 축	물을자	한 일	두 이	누에잠	오랑캐만	다듬을탁	시위현
19	喉	爛	藍	弗	戈	瓜	升	刃	188자는 1급 쓰기범위에 들어갑니다.	
	목구멍후	빛날란	쪽 람	아닐불	창 과	외 과	되 승	칼날인		

(1~19) 188자, (20~37) 인명·지명자 350자

20	蟾	瞻	睿	濬	璿	項	珏	瓊	牟	弁
	두꺼비섬	볼 첨	슬기예	깊을준	구슬선	삼갈욱	쌍옥각	구슬경	보리모	고깔변
	閼	閻	馤	稷	穆	秦	薛	蔚	彬	杏
	막을알	마을염	향기은	피 직	화목할목	姓 진	姓 설	고을이름울	빛날빈	살구행
21	炯	炅	昊	昱	煜	柴	龐	庠	旭	昶
	빛날형	빛날경	하늘호	햇볕밝을욱	빛날욱	섶 시	높은집방	학교상	아침해욱	해길창
	疇	壽	熊	巢	邕	扈	秉	賈	甄	皐
	이랑주	비칠도	곰웅	새집소	막힐옹	따를호	잡을병	장사고	질그릇견	언덕고
22	串	揆	兢	兌	耆	悳	頓	亮	呂	劉
	꿸관	헤아릴규	떨릴궁	바꿀태	늙은이기	큰 덕	조아릴돈	밝을량	법칙려	죽일류
	覓	彌	舒	奭	繩	盈	晳	喆	耽	弼
	찾을멱	미륵미	펼 서	클 석	노끈승	찰 영	밝을석	밝을철	즐길탐	도울필
23	徽	暹	翊	胤	佾	燮	庄	晶	馮	后
	아름다울휘	햇살치밀섬	도울익	자손윤	줄춤일	불꽃섭	전장장	맑을정	탈 빙	임금후
	鼎	貊	彦	羲	郁	陝	陜	阪	陟	隋
	솥 정	맥국맥	선비언	복희희	성할욱	땅이름섬	땅이름합	언덕판	오를척	수나라수

행										
24	沂	淮	沔	湜	沃	灘	濊	衍	淳	惇
	물이름기	물이름회	물이름면	물맑을식	기름질옥	여울탄	종족이름예	넓을연	순박할순	도타울돈
	姚	妍	祜	祚	盧	廬	蘆	甫	輔	傅
	예쁠요	고울연	복호	복조	姓로	농막집려	갈대로	클보	도울보	스승부
25	嬅	燁	樺	台	怡	烋	杰	倭	塘	塏
	탐스러울화	빛날엽	자작나무화	별태	기쁠이	아름다울휴	뛰어날걸	왜나라왜	못당	높은땅개
	尹	伊	埃	墺	董	艾	鴨	岐	峴	峙
	성윤	저이	티끌애	물가오	바를동	쑥애	오리압	갈림길기	고개현	언덕치
26	瑩	瀅	邯	淵	晃	滉	鎰	錫	鎬	槐
	옥돌영	물맑을형	사람이름감	못연	밝을황	깊을황	무게이름일	주석석	호경호	회화나무괴
	杓	桓	杜	楞	敞	毘	毖	泌	瑟	丕
	자루표	굳셀환	막을두	네모질릉	시원할창	도울비	삼갈비	스며흐를필	거문고슬	클비
27	旌	鉢	阜	雉	崔	卨	釜	磻	潘	瀋
	기정	바리때발	언덕부	꿩치	높을최	사람이름설	가마부	반계반	姓반	즙낼심
	鄧	邱	邵	沼	燉	庾	遼	崙	醴	軾
	나라이름등	언덕구	땅이름소	못소	불빛돈	곳집유	멀료	산이름륜	단술례	가로나무식
28	馨	馥	筏	謨	鷹	耀	鮑	壕	聚	匈
	꽃다울형	향기복	뗏목벌	꾀모	매응	빛날요	절인고기포	해자호	모을취	오랑캐흉
	襄	煥	沖	韋	艮	垠	址	坡	鵬	鷺
	도울양	빛날환	화할충	가죽위	괘이름간	지경은	터지	언덕파	붕새붕	백로로
29	晧	皓	澔	玎	環	琯	玖	璿	玲	珉
	밝을호	횔호	넓을호	옥이름정	옥빛경	옥피리관	옥돌구	도리옥선	옥소리령	옥돌민
	珥	琮	琦	璣	璇	伽	迦	溶	瑢	鎔
	귀고리이	옥홀종	옥이름기	별이름기	옥선	절가	부처이름가	녹을용	패옥소리용	쇠녹일용
30	暎	瑛	燦	璨	瓚	鑽	旺	汪	瑗	媛
	비칠영	옥빛영	빛날찬	옥빛찬	옥잔찬	뚫을찬	왕성할왕	넓을왕	구슬원	계집원
	柯	軻	槿	瑾	獐	璋	楨	禎	岬	鉀
	가지가	수레가	무궁화근	옥근	노루장	홀장	광나무정	상서로울정	곶갑	갑옷갑

31	圭	珪	奎	岡	崗	彊	疆	冀	驥	驪
	서옥규	홀규	별규	산등성이강	언덕강	굳셀강	지경강	바랄기	천리마기	검은말려
	麟	麒	騏	琪	淇	箕	允	鈗	采	埰
	기린린	기린기	준마기	옥기	물이름기	키기	맏윤	창윤	풍채채	사패지채
32	价	倻	儆	佑	祐	雍	甕	兪	楡	踰
	클개	가야야	경계할경	도울우	복우	화할옹	독옹	대답할유	느릅나무유	넘을유
	亢	沆	熏	壎	薰	渭	洙	銖	赫	爀
	높을항	넓을항	불길훈	질나팔훈	향풀훈	물이름위	물가수	저울눈수	빛날혁	불빛혁
33	嬉	禧	憙	熹	炫	鉉	埈	晙	浚	駿
	아름다울희	복희	기뻐할희	빛날희	밝을현	솥귀현	높을준	밝을준	깊게할준	준마준
	峻	甸	洵	珣	荀	萊	芸	莞	芬	蓬
	준엄할준	경기전	참으로순	옥이름순	풀이름순	명아주래	향풀운	빙그레할완	향기분	쑥봉
34	茅	芝	葡	旻	旼	玟	汶	杆	楸	椿
	띠모	지초지	포도포	하늘민	화할민	아름다운돌민	물이름문	몽둥이간	가래나무추	참죽나무춘
	檜	樑	俛	冕	昴	鈺	釧	欽	鍵	鏞
	전나무회	들보량	구푸릴면	면류관면	별이름묘	보배옥	팔찌천	공경할흠	열쇠건	쇠북용
35	彭	裵	卞	邢	魏	禹	芮	蔡	蔣	范
	성팽	성배	성변	성형	성위	성우	성예	성채	성장	성범
	曺	姜	袁	閔	吳	鞠	鞨	鞫	鄒	晉
	성조	성강	성원	성민	성오	성국	말갈말	오랑캐갈	추나라추	진나라진
36	殷	趙	宋	蜀	楚	鄭	魯	堯	舜	桀
	은나라은	나라조	송나라송	나라이름촉	초나라초	나라정	노나라로	요임금요	순임금순	하왕이름걸
	晟	昺	昞	柄	炳	旁	扁	乭	礪	稙
	밝을성	밝을병	밝을병	자루병	불꽃병	곁방	작을편	이름돌	숫돌려	올벼직
37	湍	漣	濂	渤	潽	滋	澈	泓	泗	汀
	여울단	잔물결련	물이름렴	바다이름발	물이름보	불을자	맑을철	물깊을홍	물이름사	물가정

Ⅱ. 本 文

2級 …… 538字 ※
3級 …… 317字
3Ⅱ …… 500字
4級 …… 250字
4Ⅱ …… 250字
5級 …… 100字
5Ⅱ …… 100字
6級 …… 75字
6Ⅱ …… 75字
7級 …… 50字
7Ⅱ …… 50字
8級 …… 50字

總　2,355字

도움말

[본문]   ① "◆"는 동음이의어(소리는 같으나 뜻이 다른 말) 표시입니다.

② "＊"는 1급 한자입니다.

③ 인명・지명자 설명은 79쪽에 있습니다.

④ 반대자⑲, 유의자㉒를 수록하였습니다.

⑤ 대부분 연상자학습법으로 나열하였으며,
연상되는 한자는 하위급수도 수록하였습니다.

⑥ 인명・지명자는 학습이 용이하도록 회의자・형성자로
분류하였습니다.

⑦ 부수명을 알아 보는 것도 유익합니다(부수일람표 10쪽)

⑧ 복습부분과 2급일람표(35쪽)를 두었습니다.

⑨ 세로로 훈음을 가리고 읽기공부하기에 적당합니다.

2級<1>

葛	칡 갈 艸(艹)13	갈근 갈분 갈등	渴 謁 鞨 *曷 (목마를갈)(뵐 알)(오랑캐갈) (어찌갈)					葛根 葛粉 葛藤
揭	높이들게 手(扌)12	게시 게양 게재	*喝 竭 (꾸짖을갈)(다할갈)					揭示 揭揚 揭載
旨	뜻 지 맛볼 지 日 6	요지 취지 성지	指 嘗 *詣 (가리킬지)(맛볼상)(이를예)					要旨 趣旨 聖旨
脂	기름 지 肉(月)10	수지 유지 탈지						樹脂 油脂 脫脂
傀	허수아비괴 人(亻)12	괴기 괴망 괴면	鬼 塊 愧 槐 醜 魂 (귀신귀)(흙덩이괴)(부끄러울괴)(홰나무괴)(추할추)(넋 혼)					傀奇 傀網 傀面
魅	매혹할매 鬼 15	매력 매혹 매료	*魁 蒐 (으뜸괴)(모을수)					魅力 魅惑 魅了
魔	마귀 마 鬼 21	마술 악마 마귀	麻 磨 (삼 마)(갈 마)					魔術 惡魔 魔鬼
摩	문지를마 手(扌)14	마찰 견마 마광						摩擦 (擦:문지를찰) 肩摩 摩鑛
痲	저릴 마 疒 13	마약 마취 마비						痲藥 痲醉 痲痺 (痺:저릴비)
癌	암 암 疒 17	발암 항암 위암	品 (물건품)					發癌 抗癌 胃癌

2級<2>

雇	품팔 고 더부살이고 隹 12	해고 고용 고역	顧 (돌아볼고)						解雇 雇用 雇役	복습
隻	외짝 척 隹 10	척안 척애 척수	雙 (쌍 쌍)						隻眼 隻愛 隻手	葛揭旨脂傀魅魔摩瘺癌
焦	탈 초 火(灬)12	초미 초토 초조	進 集 推 唯 惟 維 誰 雖 (나아갈진)(모을집)(밀 추)(오직유)(생각유)(벼리유)(누구수)(비록수)						焦眉 焦土 焦燥	
雌	암컷 자 隹 14	자웅 자봉 자성	此 比 批 紫 (이 차)(견줄비)(비평할비)(자주빛자)						🔁雌雄 雌蜂 雌性 ◆自省	
准	비준 준 冫 10	인준 준장 비준	淮 準 (물이름회)(준할준)						認准 准將 批准 ◆比準	
膠	아교 교 肉(月)15	아교 교착 교칠	*蓼 戮 (쓸쓸할료)(죽일륙)						阿膠 膠着 膠漆	
謬	그르칠류 言 18	유습 오류 유산							謬習 🔁誤謬 謬算	
診	진찰할진 言 12	진찰 진맥 오진	珍 *疹 (보배진)(홍역진)						診察 診脈 誤診	
託	부탁할탁 言 10	부탁 청탁 탁아	宅 托 (집 택)(맡길탁)						付託 🔁請託 託兒	
諜	염탐할첩 言 16	간첩 첩보 방첩	葉 蝶 *渫 牒 (잎 엽)(나비접)(칠 설)(편지첩)						間諜 諜報 防諜	

2級 <3>

字	訓音	類訓音	同音異字		熟語	復習
噫	한숨쉴희 트림할애 口 16	희오 애흠 애기	意 億 憶 *臆 (뜻 의)(억 억)(생각할억) (가슴억)		噫嗚 噫欠 噫氣	복습 葛揭旨脂傀魅魔摩瘋癌雇隻焦雌准膠謬診託諜
憩	쉴 게 心 16	휴게 게박 게식	舌 息 (혀 설)(쉴 식)		㉿休憩 憩泊 憩息	
惹	이끌 야 心 13	야단 야기 야출	苦 若 諾 *匿 慝 (쓸 고)(같을약)(허락낙) (숨을닉)(악할특)		惹端 惹起 惹出	
垈	집터 대 土 8	가대 대전 대지	代 貸 伐 *袋 (대신대)(빌릴대)(칠 벌) (자루대)		家垈 垈田 垈地 ◆大地	
型	모형 형 土 9	모형 유형 소형	刑 形 開 *荊 (형벌형)(모양형)(열 개)(모형나무형)		模型 類型 小型 ◆小形	
塵	티끌 진 土 14	분진 진세 진토	鹿 麗 (사슴록)(고울려)		粉塵 塵世 塵土	
舶	배 박 舟 11	상박 선박 해박	泊 迫 拍 伯 柏 (머무를박)(굅박박)(칠 박)(맏 백)(측백백)		商舶 ㉿船舶 海舶	
艇	큰배 정 舟 13	소정 경정 함정	廷 庭 延 *珽 挺 (조정정)(뜰 정)(늘일연)(옥홀정)(뺄 정)		小艇 競艇 ㉿艦艇	
艦	큰배 함 舟 20	함대 군함 함선	監 鑑 濫 藍 覽 *籃 檻 (볼 감)(거울감)(넘칠람)(쪽 람)(볼 람)(바구니람)(우리함)		艦隊 軍艦 艦船	
搬	운반할반 手(扌)13	반출 운반 반입	般 盤 *槃 (가지반)(소반반) (쟁반반)		搬出 運搬 搬入	

- 43 -

2級<4>

閨	안방 규 門 14	규수 규방 규원	圭 街 桂 佳 封 奎 (서옥규)(거리가)(계수나무계)(아름다울가)(봉할봉)(별 규)						閨秀 閨房 閨怨	복습
闕	대궐 궐 門 18	보궐 궁궐 대궐	厥 *蹶 (그 궐)(떨 궐)						補闕 宮闕 大闕	葛揭旨脂傀魅魔摩瘭癌雇隻焦雌准膠謬診託諜噫憩惹垈型塵舶艇艦搬
閥	문벌 벌 門 14	문벌 파벌 재벌	伐 *筏 (칠 벌)(뗏목벌)						門閥 派閥 財閥	
憾	섭섭할감 心(忄)16	감회 유감 사감	咸 減 感 (다 함)(덜 감)(느낄감)						憾悔 遺憾 私憾	
悼	슬퍼할도 心(忄)11	애도 추도 비도	卓 *掉 (높을탁)(흔들도)						國哀悼 追悼 悲悼	
怖	두려울포 心(忄) 8	외포 공포 포고	布 希 稀 (베 포)(바랄희)(드물희)						國畏怖 國恐怖 怖苦	
悽	슬퍼할처 心(忄)11	처참 처절 처연	妻 *凄 (아내처)(쓸쓸할처)						悽慘 悽絶 悽然	
貰	세놓을세 貝 12	방세 월세 전세	*泄=洩 (샐 설)						房貰 月貰 傳貰 ◆專貰	
購	살 구 貝 17	구매 구독 구입	構 講 *溝 (얽을구)(욀 강)(도랑구)						國購買 購讀 購入	
賠	물어줄배 貝 15	균배 배관 배상	倍 培 部 *陪 剖 (곱 배)(북돋을배)(떼 부)(모실배)(쪼갤부)						均賠 賠款 國賠償 ◆拜上	

2級<5>

釣	낚을 조 金 11	조어 조유 조선	約 的 酌 *勺 (맺을약)(과녁적)(술부을작)(조금작)						釣魚 釣遊 釣船 ◆朝鮮	복合
鍛	쇠불릴단 金 17	단련 주단 단철	段 *緞 (층계단)(비단단)						🔲鍛鍊 🔲鑄鍛 鍛鐵	雇隻焦雌准膠謬診託諜
鋪	펼 포 金 15	지포 점포 포장	甫補輔捕浦 (클 보)(기울보)(도울보)(잡을포)(개 포)						紙鋪 店鋪 鋪裝 ◆布帳/捕將	
煉	달굴 련 火 13	연탄 연유 연와	練 鍊 爛 *揀 諫 (익힐련)(쇠불릴련)(빛날란)(가릴간)(간할간)						煉炭 煉乳 煉瓦	噫憩惹垈型塵舶艇艦搬
熔	녹을 용 火 14	용접 용해 용암	容 溶 瑢 鎔 *蓉 (얼굴용)(녹을용)(패옥용)(쇠녹일용)(연꽃용)						熔接 熔解 熔巖	
炊	불땔 취 火 8	취사 자취 취부	吹 次 (불 취)(버금차)						炊事 自炊 炊婦	
枚	낱 매 ※木 8	매거 조매 매수	收 攻 改 放 (4字모두 攵부수) (거둘수)(칠 공)(고칠개)(놓을방)						枚擧 條枚 枚數 ◆賞收	閨闕閥憾悼怖悽貰購賠
棋	바둑 기 木 12	기원 장기 기사	其 期 欺 淇 琪 騏 麒 箕 基 (그 기)(기약할기)(속일기)(물이름기)(옥기)(말탈기)(기린기)(키 기)(터 기)						棋院 將棋 棋士 ◆技士	
棟	마룻대동 木 12	병동 동량 동간	凍 陳 陣 (얼 동)(베풀진)(진칠진)						病棟 棟梁 棟幹	
札	편지 찰 木 5	서찰 정찰 현찰	孔 乳 亂 (구멍공)(젖 유)(어지러울란)						書札 正札 現札	

2級<6>

締	맺을 체 糸 15	체결 체맹 체약	帝 *諦 蹄 啼 (임금제)(살필체)(굽 제)(울 제)						締結 締盟 締約	복습
網	그물 망 糸 14	망라 어망 법망	綱 罔 *芒 惘 (벼리강)(없을망)(까끄라기망)(멍할망)						網羅 漁網 法網	噫憶惹坐型塵舶艇艦搬
絞	목맬 교 염포 효 糸 12	교살 교수 효대	交 校 較 郊 效 (사귈교)(학교교)(견줄교)(들 교)(본받을효)						絞殺 絞首 絞帶	
紡	길쌈 방 糸 10	방적 방직 면방	防 訪 妨 (막을방)(찾을방)(방해할방)						紡績 紡織 綿紡	閨闕閥憾悼怖悽
縫	꿰맬 봉 糸 17	재봉 봉제 봉합	逢 峯 蜂 蓬 *烽 鋒 (만날봉)(봉우리봉)(벌 봉)(쑥 봉)(봉화봉)(칼끝봉)						裁縫 縫製 縫合	貰購賠
繕	기울 선 糸 18	수선 보선 영선	善 *膳 (착할선)(선물선)						修繕 補繕 營繕	
纖	가늘 섬 糸 23	섬유 섬세 섬교	*殲 讖 懺 (죽일섬)(참서참)(뉘우칠참)						纖維 纖細 纖巧	釣鍛鋪煉熔炊枚棋棟札
紹	이을 소 糸 11	소개 계소 소술	召 沼 招 昭 照 *詔 貂 (부를소)(못 소)(부를초)(밝을소)(비칠조)(고할조)(담비초)						紹介 繼紹 紹述	
紳	띠[帶] 신 糸 11	향신 신사	申 伸 神 *呻 (납 신)(펼 신)(귀신신)(끙끙거릴신)						香紳 紳士 ◆辛巳	
綜	모을 종 糸 14	종합 종상 종핵	宗 崇 (마루종)(높을숭)						綜合 綜詳 綜核	

- 46 -

2級<7>

謄	베낄 등 言 17	등사 등본 등록	勝 騰 *朕 (이길승)(오를등) (나 짐)						謄寫 謄本 謄錄 ◆登錄	복습
藤	등나무등 艸(++)19	갈등 등가 등국							葛藤 藤架 藤菊	閨闕閥憾悼怖悽賁購賠
膽	쓸개 담 肉(月)17	담력 대담 간담	擔 蟾 瞻 *憺 澹 (멜 담)(두꺼비섬)(볼 첨)(편안할담)(담박할담)						膽力 大膽 肝膽 ◆懇談	
膜	막(꺼풀)막 肉(月)15	고막 복막 각막	莫 漠 募 慕 暮 模 謨 墓 (없을막)(넓을막)(모을모)(그릴모)(저물모)(본뜰모)(꾀 모)(무덤묘)						鼓膜 腹膜 角膜	鼓膜腹膜角膜
胎	아이밸태 肉(月) 9	태교 태아 태몽	始 殆 怠 怡 *台 苔 答 跆 (비로소시)(거의태)(게으를태)(기쁠이)(별 태)(이끼태)(볼기칠태)(밟을태)						胎敎 胎兒 胎夢	釣鍛鋪煉熔炊枚棋棟札
颱	태풍 태 風 14	태풍	風 楓 *諷 飄 (바람풍)(단풍풍) (욀 풍)(회오리바람표)						颱風	
腎	콩팥 신 肉(月) 9	신허 보신 신장	堅 賢 緊 繁 *竪 (굳을견)(어질현)(긴요할긴)(번성할번)(세울수)						腎虛 補腎 腎臟 ◆身長	
膚	살갖 부 肉(月)15	피부 부천 발부	虍 胃 慮 (범 호)(밥통위)(생각려)						皮膚 膚淺 髮膚 ◆發付	締網絞紡縫繕織紹紳綜
彫	새길 조 彡 11	조각 환조 부조	周 週 調 *凋 稠 (두루주)(주일주)(고를조)(시들조)(빽빽할조)						彫刻 丸彫 浮彫	
彰	드러날창 彡 14	창현 표창 창덕	章 障 璋 獐 (글 장)(막을장)(홀 장)(노루장)						彰顯 表彰 彰德	

2級<8>

漢字	訓音	單語	例						複合
妖	요사할요 女 7	요괴 요사 요술	笑 沃 *夭 (웃음소)(기름질옥)(일찍죽을요)					妖怪 妖邪 妖術	釣鍛鋪煉熔炊枚棋棟札締網絞紡縫繕纖紹紳綜膽藤膽膜胎颱腎膚彫彰
妊	아이밸임 女 7 同:姙	임부 태임 피임	壬 任 賃 廷 庭 (북방임)(맡길임)(품삯임)(조정정)(뜰 정)					妊婦 ㉿胎妊 避妊	
娩	낳을 만 女 10	분만 만통	免 勉 晚 兔 逸 *挽 輓 (면할면)(힘쓸면)(늦을만)(토끼토)(편안할일) (당길만)(끌 만)					分娩 娩痛	
姬	계집 희 女 9	무희 가희 미희	同:姫					舞姬 歌姬 美姬	
熙	빛날 희 火(灬)13	광희 희조 희소						廣熙 熙朝 熙笑	
飼	기를 사 食 15	사육 방사 사료	司 詞 *祠 嗣 (맡을사)(말씀사) (사당사)(이을사)					㉿飼育 放飼 飼料 ◆史料/思料	
餐	밥 찬 食 16	오찬 만찬 조찬	饌 (반찬찬)					午餐 晚餐 朝餐	
窟	굴 굴 穴 13	토굴 석굴 굴거	屈 (굽힐굴)					土窟 石窟 窟居	
掘	팔 굴 手(扌)11	채굴 도굴 발굴						採掘 盜掘 發掘	
拉	끌 랍 手(扌) 8	납치 피랍 납북	立 位 泣 *笠 粒 昱 煜 (설 립)(자리위)(울 읍) (삿갓립)(쌀알립)(밝을욱)(빛날욱)					拉致 被拉 拉北	

2級<9>

措	둘 조 手(扌)11	조치 조처 거조	昔 惜 借 錯 *醋 (예 석)(아낄석)(빌릴차)(어긋날착)(초 초)	㐀措置 措處 擧措	복合 締網絞紡縫繕纖紹紳綜
握	쥘 악 手(扌)12	파악 장악 악수	屋 (집 옥)	把握 掌握 握手	
撤	거둘 철 手(扌)15	철수 철폐 철거	育 徹 *澈 轍 撒 (기를육)(통할철)(물맑을철)(차바퀴철)(뿌릴살)	㐀撤收 撤廢 撤去	
抛	던질 포 手(扌) 8	포기 포치 포물선	扌+尤+力 = 抛 (손 수)(절름발이왕)(힘 력)	抛棄 抛置 抛物線	膽藤膽膜胎颱腎膚彫彰
插	꽂을 삽 手(扌)12	삽화 삽입 삽지	扌+千+臼 = 插 (손 수)(일천천)(절구구)	插畫 插入 插紙	
梧	오동 오 木 11	오동 오엽 오추	五 吾 悟 語 (다섯오)(나 오)(깨달을오)(말씀어)	梧桐 梧葉 梧秋	
桐	오동나무동 木 10	동유 청동	同 洞 銅 (한가지동)(골동)(구리동)	桐油 靑桐	妖妊娩姬熙飼餐窟掘拉
柏	측백 백 木 9 俗字:栢	동백 송백 백자	百 白 伯 (일백백)(흰 백)(맏 백)	冬柏 松柏 柏子	
俳	배우 배 광대 배 人 10	배우	非 悲 排 裵 輩 罪 (아닐비)(슬플비)(밀칠배)(성 배)(무리배)(허물죄)	俳優 ◆配偶	
匪	비적 비 匚 10	비적 비도 공비		㐀匪賊 匪徒 共匪 ◆公費	

- 49 -

2級<10>

斬	벨 참 斤 11	참수 참형 참신	慙 暫 漸 *塹 (부끄러울참)(잠깐잠)(점점점)(구덩이참)					斬首 斬刑 斬新	복합
軸	굴대 축 車 12	지축 주축 차축	由 油 抽 *柚 袖 (말미암을유)(기름유)(뽑을추)(유자유)(소매수)					地軸 主軸 車軸	膽藤膽膜胎颱腎膚彫彰妖妊娩姬熙飼饗窟掘拉措握撤抛挿梧桐柏俳匪
輛	수레 량 車 15	차량	兩 滿 *倆 (두 량)(찰 만)(재주량)					車輛	
輯	모을 집 車 16	편집 특집 집록	*葺 楫 (기울즙)(노 즙)					編輯 特輯 輯錄	
尿	오줌 뇨 尸 7	요도 당뇨 잔뇨	尿(尸)+蜀=屬 *囑 (오줌뇨)(닭 촉)(붙을속)(부탁할촉)					尿道 糖尿 殘尿	
尼	여승 니 尸 5	바구니 이승 이사	泥 (진흙니)					比丘尼 尼僧 尼寺	
屍	주검 시 尸 9	시신 시체 검시	死 葬 (죽을사)(장사지낼장)					屍身 屍體 檢屍	
尉	벼슬 위 寸 11	위관 대위 준위	慰 *蔚 (위로할위)(고을이름울)					尉官 大尉 准尉	
矛	창 모 矛 5	모순 모과 이모	予 野 序 務 柔 (나 여)(들 야)(차례서)(힘쓸무)(부드러울유)					矛盾 矛戈 利矛	
盾	방패 순 目 9	철순 순과 원순	循 巡 (돌 순)(돌 순)					鐵盾 盾戈 圓盾	

2級<11>

預	맡길 예 頁 13	예금 예탁 예치	豫 (미리예)						預金 預託 預置	복습
碩	클 석 石 14	석학 석사 박석	頂 項 *碩 (정수리정)(조목항) (클석)						碩學 碩士 薄碩	妖妊娩姬熙飼餐窟掘拉措握撤拋挿梧桐柏俳匪斬軸輛輯尿尼屍尉矛盾
硯	벼루 연 石 12	연적 연지 필연	現 規 視 親 (나타날현)(법 규)(볼 시)(친할친)						硯滴 硯池 筆硯	
磁	자석 자 石 14	자석 전자 자기	玆 慈 *滋 (이 자)(사랑자)(불을자)						磁石 電磁 磁氣	
硫	유황 류 石 12	유황 유산 탈류	流 疏 蔬 *琉 梳 (흐를류)(트일소)(채소소) (유리류)(빗 소)						硫黃 硫酸 脫硫	
裸	벗을 라 衣(衤)13	적나라 나체 나맥	果 課 *顆 (실과과)(공부할과) (낱알과)						赤裸裸 裸體 裸麥	
菓	과자 과 艸(++)12	제과 다과 과자							製菓 茶菓 菓子	
蔘	삼 삼 인삼삼 艸(++)15	인삼 산삼 홍삼	參 慘 *滲 (참여할참)(참혹할참) (스밀삼)						人蔘 山蔘 紅蔘	
苑	나라동산원 艸(++) 9	비원 원지 녹원	怨 (원망할원)						祕苑 苑池 鹿苑	
蔑	업신여길멸 艸(++)15	멸시 경멸 멸법	戊 戌 *戍 襪 (천간무)(개 술) (지킬수)(버선말)						蔑視 輕蔑 蔑法	

2級 <12>

坑	구덩이갱 土 7	갱도 갱곡 갱목	亢 抗 航 *沆 (높을항)(겨룰항)(배 항)(넓을항)					坑道 坑谷 坑木	복습 措握撤拋挿梧桐柏俳匪斬軸輛輯尿尼屍尉矛盾預碩硯磁硫裸菓蔘苑薨
坪	들 평 土 8	건평 평당 평수	平 評 *萍 秤 (평평할평)(평할평)(부평초평)(저울칭)					建坪 坪當 坪數	
唆	부추길사 口 10	시사 교사	俊 埈 峻 浚 晙 駿 (준걸준)(높을준)(준엄준)(깊을준)(밝을준)(준마준)					示唆 敎唆 ◆敎師/ 校舍/絞死	
酸	실[초]산 酉 14	산미 산소 산성	*竣 陖 (마칠준)(가파를준)					酸味 酸素 酸性 ◆山城	
沮	막을 저 水(氵) 8	저지 저해 저억	且 祖 租 組 助 *粗 阻 (또 차)(할아비조)(세금조)(짤 조)(도울조)(거칠조)(험할조)					沮止 沮害 沮抑	
溺	빠질 닉 水(氵)13	익사 익몰 탐닉	弱 *蒻 (약할약)(부들약)					溺死 溺沒 耽溺	
津	나루 진 水(氵) 9	진액 송진 진선	聿 律 筆 建 健 *鍵 腱 (붓 율)(법칙률)(붓 필)(세울건)(군셀건)(열쇠건)(힘줄건)					津液 松津 津船	
滑	미끄러울활 익살스러울골 水(氵)13	활주로 활강 활빙	體 *髓 (몸 체)(골수수)					滑走路 滑降 滑氷	
濠	호주 호 水(氵)17	외호 성호 호주	豪 壕 (호걸호)(해자호)					外濠 城濠 濠洲 ◆戶主	
灣	물굽이만 水(氵)25	항만 대만 해만	戀 變 蠻 *彎 鸞 (그릴련)(변할변)(오랑캐만)(굽을만)(난새란)					港灣 臺灣 海灣	

2級<13>

濃	짙을 농 水(氵)16	농도 농분 농담	農 *膿 (농사농) (고름농)	濃度 濃霧 回濃淡 ◆弄談	복합
潭	못 담 水(氵)15	백록담 담수 담심	*譚 (이야기담)	白鹿潭 潭水 潭深	斬軸輛輯尿尼屍尉矛盾預碩硯磁硫裸菓蔘苑蔑坑坪唆酸沮溺津滑濠灣
洛	물이름락 水(氵)9	낙동강 낙양 낙석	落 各 絡 格 *駱 酪 烙 (떨어질락)(각각각)(이을락)(격식격) (낙타락)(유즙락)(지질락)	洛東江 洛陽 洛石	
沐	머리감을목 水(氵)7	목욕 목간 목우	木 休 烋 (나무목)(쉴 휴)(아름다울휴)	回沐浴 沐間 沐雨	
汎	넓을 범 水(氵)6	범람 범국민 범칭	凡 *帆 梵 (무릇범) (돛 범)(범어범)	回汎濫 汎國民 汎稱	
滄	큰바다창 水(氵)13	창랑 창파 창해	倉 創 蒼 *艙 愴 瘡 槍 (곳집창)(비롯할창)(푸를창)(선창창)(슬플창)(부스럼창)(창창)	滄浪 滄波 回滄海	
僑	더부살이교 타향살이교 人(亻)14	교포 화교 교거	橋 矯 *喬 轎 驕 嬌 (다리교)(바로잡을교)(높을교)(가마교)(교만할교)(아리따울교)	僑胞 華僑 僑居	
僻	궁벽할벽 人(亻)15	벽지 벽촌 궁벽	壁 避 *璧 擘 闢 癖 劈 (벽 벽)(피할피)(둥근옥벽)(엄지손가락벽)(열 벽)(적취벽)(쪼갤벽)	僻地 僻村 回窮僻	
倂	아우를병 人(亻)10 同:倂	병합 병기 병용	屛 *餠 瓶 (병풍병) (떡 병)(병 병)	倂合 倂記 倂用	
俸	녹 봉 人(亻)10	봉급 박봉 본봉	奉 *棒 捧 (받들봉)(몽둥이봉)(받들봉)	俸給 薄俸 本俸	

2級<14>

漢字	訓音	용례	관련어	복습
傭	품팔 용 人(亻)13	고용 용원 용선	庸 鏞 (떳떳할용)(쇠북용)	雇傭 傭員 傭船	복습 預碩硯磁硫裸菓蔘苑蔑坑坪唆酸沮溺津滑濠灣濃潭洛沐汎滄僑僻倂俸
偵	염탐할 정 人(亻)11	탐정 밀정 정찰	貞 *禎 幀 楨 (곧을정)(상서정)(족자정)(광나무정)	探偵 密偵 偵察 ◆正札	
遮	가릴 차 辵(辶)15	차단 차양 차등	庶 *蔗 (여러서)(사탕수수자)	遮斷 遮陽 遮燈	
廻	돌 회 廴 9	순회 회피 회전	回 *徊 蛔 (돌아올회)(노닐회)(거위회)	巡廻 廻避 廻轉	
療	병고칠 료 疒 17	요양 의료 진료	僚 遼 *燎 寮 瞭 (동료료)(멀 료)(화톳불료)(관료료)(눈밝을료)	療養 醫療 診療	
傘	우산 산 人 12	산하 양산 우산	略:仐 80歲[傘壽]	傘下 陽傘 雨傘	
翰	편지 한 羽 16	서한 한묵 한림	幹 翰 朝 *斡 (줄기간)(나라한)(아침조)(돌 알)	書翰 翰墨 翰林	
駐	머무를 주 馬 15	주차 주재 주둔	主 住 注 柱 往 *註 (주인주)(살 주)(부을주)(기둥주)(갈 왕)(주낼주)	駐車 駐在 駐屯	
赦	용서할 사 赤 11	사면 특사 사죄	赤 赫 爀 (붉을적)(빛날혁)(불빛혁)	赦免 特赦 赦罪 ◆謝罪	
殖	불릴 식 歹 12	번식 생식 증식	直 植 値 置 (곧을직)(심을식)(값 치)(둘 치)	繁殖 生殖 增殖	

2級<15>

戴	일 대 머리일대 戈 17	추대 대관 대천	哉 栽 裁 載 *截 (어조사재)(심을재)(옷마를재)(실을재) (끊을절)					推戴 戴冠 戴天	복습
籠	대바구니롱 竹 22	농구 농락 농성	龍 襲 *寵 龐 (용 룡)(엄습할습)(사랑총)(높은집방)					籠球 籠絡 籠城	坑坪 唆酸 沮溺 津滑 濠灣
箱	상자 상 竹 15	상자 서상 상롱	相 想 霜 *孀 (서로상)(생각상)(서리상) (과부상)					箱子 書箱 箱籠	
紊	문란할문 糸 10	문란 문기 문서	紋 汶 *蚊 吝 (무늬문)(물이름문)(모기문)(아낄린)					紊亂 紊棄 紊緒	紊亂 紊棄 紊緒
圈	우리 권 口 11	생활권 세력권 상권	券 卷 拳 *捲 倦 眷 (문서권)(책 권)(주먹권) (말 권)(게으를권)(돌아볼권)					生活圈 勢力圈 商圈	濃潭 洛沐 汎滄 僑僻 倂俸
霸	으뜸 패 雨 21 俗字:覇	패권 제패 패기	雨+革+月=霸 (비 우)(가죽혁)(달 월)					霸權 制霸 霸氣	
靴	신 화 革 13	군화 제화 장화	化 花 貨 貸 *訛 (될 화)(꽃 화)(재물화)(빌릴대) (그릇될와)					軍靴 製靴 長靴	偵遮 廻療 傘翰 駐赦 殖
哨	망볼 초 口 10	초소 보초 초병	肖 消 削 *梢 硝 稍 (작을초)(사라질소)(깎을삭)(나무끝초)(초석초)(벼줄기초)					哨所 步哨 哨兵	
呈	드릴 정 口 7	증정 헌정 노정	程 聖 (길정/한도정)(성인성)					贈呈 獻呈 露呈	
孃	아가씨양 女 20	귀양 영양 김양	讓 壤 *襄 釀 攘 (사양할양)(흙덩이양)(도울양)(빚을양)(물리칠양)					貴孃 令孃 金孃	

2級<16>

厭	싫어할염 厂 14	염증 염세 염오	壓 押 (누를압)(누를압)						厭症 厭世 ㋲厭惡	복습
穩	편안할온 禾 19	온건 온당 평온	隱 (숨을은)						穩健 穩當 平穩	濃潭洛沐汎滄僑僻倂俸傭偵遮廻療傘翰駐赦殖戴籠箱柰圈霸靴哨呈孃
歪	기울 왜 ※止 9	왜곡 왜형 설왜	否 不 (아닐부)(클 비)						歪曲 歪形 舌歪	
鬱	답답할울 빽빽할울 鬯 29	우울 울적 울릉도	缶+林+冖+鬯+彡 = 鬱 (장군부)(수풀림)(덮을멱)(울창할창)(털삼)						憂鬱 鬱寂 鬱陵島	
劑	약제 제 刀(刂)16	조제 약제 세제	齊 濟 *齋 (가지런할제)(건널제) (재계할재)						調劑 藥劑 洗劑	
窒	막힐 질 穴 11	질식 질소 질색	到 倒 致 姪 *桎 膣 (이를도)(넘어질도)(이를치)(조카질) (차꼬질)(음부질)						窒息 窒素 ㋲窒塞	
刹	절 찰 刀(刂) 8	사찰 찰나 찰토	殺 *弑 (죽일살) (죽일시)						㋲寺刹 刹那 刹土	
敷	펼 부 攴 15	부지 부토 부설	甫+方+攵 = 敷 (클 보)(모 방)(힘쓸복)						敷地 敷土 敷設 ◆附設	
帽	모자 모 巾 12	관모 모자 탈모	冒 (무릅쓸모)						官帽 帽子 脫帽 ◆脫毛	
瑞	상서 서 玉 13	상서 서설 서광	端 需 儒 *喘 湍 (끝 단)(쓸 수)(선비유)(숨찰천)(여울단)						㋲祥瑞 瑞雪 瑞光	

2級<17>

趨	달아날추 走 17	추세 귀추 추영	*芻 鄒 (꼴 추)(추나라추)					趨勢 歸趨 趨迎	복습
衷	속마음충 衣 10	고충 충정 절충	哀 裏 裏 *袞 褒 (슬플애)(쇠할쇠)(속 리)(곤룡포곤)(기릴포)					苦衷 衷情 折衷 ◆折衝	傭偵遮廻療傘翰駐赦殖
虐	모질 학 虍 9	학대 잔학 학살	*瘧 謔 (학질학)(웃길학)					虐待 殘虐 虐殺	
峽	골짜기협 山 10	협곡 해협 협촌	陜 陝 (땅이름합)(땅이름섬)					峽谷 海峽 峽村	
酷	심할 혹 酉 14	혹사 혹독 혹한	告 造 浩 *梏 鵠 (고할고)(지을조)(넓을호)(쇠고랑곡)(고니곡)					酷使 酷毒 酷寒	戴籠箱簾圈霸靴哨呈孃
幻	헛보일환 幺 4	환상 환멸 환영	幼 *拗 窈 (어릴유)(꺾을요)(그윽할요)					幻想 幻滅 幻影	
勳	공(功)훈 力 16	훈공 무훈 훈장	熏 燻 薰 (불길훈)(질나팔훈)(향풀훈)					勳功 武勳 勳章 ◆訓長	厭穩歪鬱劑窒刹敷帽瑞
款	항목 관 조목 관 欠 12	약관 정관 차관	隸 (종 례)					約款 定款 借款	
礙	거리낄애 石 19 俗字:碍	장애 구애 방애	疑 凝 (의심할의)(엉길응)					障礙 拘礙 妨礙	
融	녹을 융 [융통하다] 虫 16	금융 융통 융자	隔 *鬲 膈 (사이뜰격)(오지병격)(명치격)					金融 融通 融資	

2級<18>

鷗	갈매기구 鳥 22	백구 해구	區 驅 (구분할구)(몰구)						白鷗 海鷗	복 습
歐	구라파구 칠 구 欠 15	서구 구주 구미	*嘔 嶇 謳 軀 毆 (토할구)(험할구)(노래할구)(몸 구)(때릴구)						西歐 歐洲 歐美 ◆口味	戴籠箱 紊圈霸靴哨呈孃
蹴	찰 축 足 19	축구 축답 일축	就 京 尤 (나아갈취)(서울경)(더욱우)						蹴球 蹴踏 一蹴	
諮	물을 자 言 16	자결 자의 자문	次 資 姿 恣 *瓷 (버금차)(재물자)(모양자)(방자할자)(도자기자)						諮決 諮議 諮問 ◆自問	厭穩歪鬱劑窒刹敷帽瑞
壹	한 일 士 11		臺 (대 대)						▽갖은자로 써 보세요▽ ① 13,254원 (　　　　　) ② 396,712원 (　　　　　) 정답: 壹萬參千貳百五拾四 參拾九萬六千七百壹拾貳	
貳	두 이 貝 12		壹貳參拾 - 갖은자 (한 일)(두 이)(석 삼)(열 십)							
蠶	누에 잠 虫 24	잠식 양잠 잠사	潛 *僭 (잠길잠) (거짓잠)						蠶食 養蠶 蠶絲	趨夷虐峽酷幻勳款礙融
蠻	오랑캐만 虫 25	야만 만용 만행	變 戀 灣 *彎 鸞 (변할변)(그리울련)(물굽이만)(굽을만)(난새란)						野蠻 蠻勇 蠻行	
琢	다듬을탁 玉 12	탁마 탁옥 조탁	豚 逐 遂 隊 (돼지돈)(쫓을축)(드디어수)(무리대)						琢磨 琢玉 彫琢	
弦	시위 현 弓 8	상현 하현 현월	玄 絃 鉉 炫 *眩 衒 (검을현)(줄 현)(솥귀현)(밝을현)(아찔할현)(자랑할현)						上弦 下弦 弦月	

2級<19>

喉	목구멍후 口 12	후두 후설 후성	侯 候 (제후후)(기후후)						喉頭 喉舌 喉聲	복습
爛	빛날 란 火 21	난만 난발 난숙	欄 蘭 *瀾 (난간란)(난초란)(물결란)						爛漫 爛發 爛熟	厭穩歪鬱劑窒刹敷帽瑞趨衷虐峽酷幻勳款礙融鷗歐蹴諮壹貳蠶蠻琢弦
藍	쪽 람 艹 18	남색 출람 감람	監 濫 覽 *籃 (볼 감)(넘칠람)(볼 람)(대바구니람)						藍色 出藍 甘藍	
弗	아닐 불 弓 5		佛 拂 費 *彿 (부처불)(떨칠불)(쓸 비)(비슷할불)						부정사: 弗/不/未 無/毋	
戈	창 과 戈 4	과검 병과 간과							戈劍 兵戈 干戈 ◆看過	
瓜	외 과 오이 과 瓜 5	모과 과년	孤 *狐 弧 (외로울고)(여우호)(활 호)						木瓜 瓜年	
升	되 승 十 4	두승 승감	昇 (오를승)						斗升 升鑑	
刃	칼날 인 刀 3	도인 인상	忍 認 (참을인)(알 인)						刀刃 刃傷	

學問은 如逆水行舟하여 不進則退니라.

학문은 물을 거슬러 가는 배와 같아서 나아가지 아니하면 물러나느니라.

人名字・地名字

[도움말] ① 본문<20~37>은 인명・지명자 350字입니다.

② 인명・지명자 설명은 79쪽에 있습니다.

③ 인명・지명자 일람표는 36쪽에 있습니다.

④ 인명・지명자는 2급과 1급에서 읽기범위입니다.

⑤ 학습이 용이하도록 회의자와 형성자로 분류하였습니다.

2級 <20>　　　　　　　　　　　　　　　　　　　　　　　　　인명자, 지명자 (p79 설명)

蟾	두꺼비섬 虫 19	蟾津江(섬진강)	閼	막을 알 門 16	金閼智(김알지)
瞻	볼 첨 目 18	瞻星臺(첨성대)	閻	마을 염 門 16	閻閻(여염) *閭[마을려]
睿	슬기 예 目 14	睿宗(예종)	誾	향기 은 ※言 15	誾誾(은은)
濬	깊을 준 水 17	濬川(준천)	稷	피 직 禾 15	宗廟社稷(종묘사직)
璿	구슬 선 玉 18	璿譜(선보)	穆	화목할목 禾 16	同:睦
頊	삼갈 욱 頁 13	頊頊(욱욱)	秦	성 진 진나라진 禾 10	秦始皇(진시황)
珏	쌍옥 각 玉 9	崔珏圭(최각규)	薛	성 설 맑은대쑥설 艸 17	薛聰(설총)
瓊	구슬 경 玉 18	瓊團(경단)	蔚	고을이름울 艸 15	蔚山(울산)
牟	보리 모 牛 6	釋迦牟尼(석가모니)	彬	빛날 빈 彡 11	彬蔚(빈울)
弁	고깔 변 廾 5	弁韓(변한)	杏	살구 행 木 7	銀杏(은행)

漢字	訓音	용례			漢字	訓音	용례		
炯	빛날 형 火 9	炯眼(형안)			疇	이랑 주 田 19	範疇(범주)		
炅	빛날 경 ※火 8	趙炅(조경)			燾	비칠 도 火 18	燾育(도육)		
昊	하늘 호 日 8	昊天(호천)			熊	곰 웅 火 14	熊膽(웅담)		
昱	햇빛밝을 욱 日 9	昱昱(욱욱)			巢	새집 소 巛 11	歸巢(귀소), 巢窟(소굴)		
煜	빛날 욱 火 13	李煜(이욱)			邕	막힐 옹 ※邑 10	邕穆(옹목)		
柴	섶 시 木 10	柴炭(시탄)			扈	따를 호 ※戶 11	跋扈勢力(발호세력)		
龐	높은집 방 클 방 ※龍 19	龐錯(방착)			秉	잡을 병 ※禾 8	秉權(병권)		
庠	학교 상 广 9	庠序(상서)			賈	장사 고 성 가 貝 13	賈船(고선)		
旭	아침해 욱 日 4	旭日(욱일)			甄	질그릇 견 瓦 14	甄萱(견훤) *萱원추리훤		
昶	해길 창 밝을 창 日 9	昶昶(창창)			皐	언덕 고 白 11	皐復(고복)		

2級 <22>　　　　　　　　　　　　　　　　　　　인명자, 지명자

串	꿸 관 땅이름 곶 丨 7	串柿(관시)	覓	찾을 멱 見 11	覓得(멱득)
揆	헤아릴 규 手 12	揆度(규탁)	彌	미륵 미 꿰맬 미 弓 17	彌縫策(미봉책)
兢	떨릴 긍 儿 14	戰戰兢兢(전전긍긍)	舒	펼 서 ※舌 12	舒眉(서미)
兌	바꿀 태 기쁠 열 儿 7	兌換紙幣(태환지폐)	奭	클 석 쌍백 석 大 15	이름자
耆	늙을 기 耂 10	耆老(기로)	繩	노끈 승 糸 19	捕繩(포승)
悳	큰 덕 心 12	同:德	盈	찰 영 皿 9	盈↔虛(영허)
頓	조아릴 돈 頁 13	査頓(사돈)	晳	밝을 석 日 12	明晳(명석)
亮	밝을 량 亠 9	亮察(양찰), 諸葛亮	喆	밝을 철 口 12	同:哲
呂	법칙 려 口 7	律呂(율려)	耽	즐길 탐 耳 10	耽讀(탐독)
劉	죽일 류 刀 15	劉備(유비)	弼	도울 필 弓 12	輔弼(보필)

2級 <23> 인명자, 지명자

漢字	訓音	用例		漢字	訓音	用例	
徽	아름다울 휘 彳 17	徽章(휘장)		鼎	솥 정 鼎 13	鼎爐(정로)	
暹	햇살치밀섬 ※日 16	暹羅(섬라)		貊	맥국 맥 豸 13	貊弓(맥궁)	
翊	도울 익 羽 10	翊贊(익찬)		彦	선비 언 彡 9	彦陽(언양)	
胤	자손 윤 ※肉(月)9	胤子(윤자)		羲	복희 희 羊 16	伏羲(복희)	
佾	줄춤 일 人 8	八佾舞(팔일무)		郁	성할 욱 邑 9	郁烈(욱렬)	
燮	불꽃 섭 ※火 17	燮和(섭화)		陝	땅이름섬 阜 10	陝西(섬서)	
庄	전장 장 广 6	別:庄(壓의 略)		陜	땅이름합 좁을 협 阜 10	陜川(합천)	
晶	맑을 정 수정 정 日 12	結晶體(결정체)		阪	언덕 판 阜 7	大阪(대판)	
馮	탈 빙 성 풍 ※馬 12	馮虛(빙허) 馮夷(풍이)		陟	오를 척 阜 10	進陟(진척)	
后	임금 후 口 6	王后(왕후)		隋	수나라수 阜 12	隋文帝(수문제)	

2級 <24> 인명자, 지명자

漢字	훈음	예	漢字	훈음	예
沂	물이름 기 水 7	沂水(기수)	姚	예쁠 요 女 9	姚冶(요야) *冶[불릴야]
淮	물이름 회 水 11	別:准(비준준)	姸	고울 연 女 9	姸粧(연장)
沔	물이름 면 水 7	沔水(면수)	祐	복 호 示 10	祐休(호휴)
湜	물맑을 식 水 12	金湜(김식)	祚	복 조 示 10	福祚(복조)
沃	기름질 옥 水 7	門前沃畓(문전옥답)	盧	성 로 皿 16	盧武鉉(노무현)
灘	여울 탄 水 21	玄海灘(현해탄)	廬	농막집 려 广 19	廬幕(여막)
濊	종족이름 예 水 16	濊貊(예맥)	蘆	갈대 로 艹 20	蘆原區(노원구)
衍	넓을 연 行 9	敷衍說明(부연설명)	甫	클 보 ※用 7	甫兒(보아)
淳	순박할 순 水 11	淳朴(순박)	輔	도울 보 車 14	輔弼(보필)
惇	도타울 돈 心 11	惇篤(돈독)	傅	스승 부 人 12	師傅(사부)

- 65 -

2級 <25>   인명자, 지명자

嬅	탐스러울화 女 15	嬅童(화동)		尹	성 윤 다스릴윤 尸 4	京兆尹(경조윤)	
燁	빛날 엽 火 15	燁然(엽연)		伊	저 이 人 6	伊太利(이태리):이탈리아	
樺	자작나무화 木 16	樺皮(화피)		埃	티끌 애 土 10	埃及(애급):이집트	
台	별 태 口 5	三台星(삼태성)		墺	물가 오 土 16	墺地利(오지리):오스트리아	
怡	기쁠 이 心 8	南怡將軍(남이장군)		董	바를(正)동 고물 동 艸 13	骨董品(골동품)	
烋	아름다울휴 火 10	金宗烋(김종휴)		艾	쑥 애 艸 6	艾年(애년)	
杰	뛰어날걸 木 8	傑의 속자		鴨	오리 압 鳥 16	鴨綠江(압록강)	
倭	왜나라왜 人 10	倭寇(왜구) *寇[도둑구]		岐	갈림길기 山 7	岐路(기로)	
塘	못 당 土 13	盆塘(분당)		峴	고개 현 山 10	재의 이름에 使用	
塏	높은땅개 土 13	李塏(이개)		峙	언덕 치 山 9	對峙(대치)	

2級 <26>　　　　　　　　　　　　　　　　　　　　　　　　　　　　인명자, 지명자

漢字	訓音	용례	漢字	訓音	용례
瑩	옥돌 영 밝을 형 玉 15	崔瑩(최영)	杓	자루 표 木 7	洪斗杓(홍두표)
瀅	물맑을 형 水 18	金基瀅(김기형)	桓	굳셀 환 木 10	桓雄(환웅)
邯	사람이름 감 나라이름 한 邑 8	姜邯贊(강감찬)	杜	막을 두 木 7	杜絕(두절), 杜甫(두보)
淵	못 연 水 12	淵蓋蘇文(연개소문)	楞	네모질 릉 木 13	楞嚴經(능엄경)
晃	밝을 황 日 10	姜世晃(강세황)	敞	시원할 창 攵 12	敞麗(창려)
滉	깊을 황 水 13	李滉(이황)	毘	도울 비 比 9	毘盧峯(비로봉)
鎰	무게이름 일 金 18	張鎰(장일)	毖	삼갈 비 比 9	懲毖錄(징비록)
錫	주석 석 金 16	羅錫疇(나석주)	泌	스며흐를 필 분비할 비 水 8	分泌(분비)
鎬	호경 호 金 18	鎬京(호경)	瑟	거문고 슬 玉 13	琴瑟(금슬)
槐	회화나무 괴 木 14	槐山郡(괴산군)	丕	클 비 一 5	丕子(비자)

- 67 -

2級<27> 　　　　　　　　　[여기서부터는 대부분 형성자 모음입니다]　　　인명자,지명자

旌	기　정 方 11	銘旌(명정)	鄧	나라이름등 邑 15	鄧小平(등소평)
鉢	바리때발 金 13	沙鉢(사발)	邱	언덕 구 邑 8	大邱(대구)
阜	언덕 부 阜 8	曲阜(곡부)	邵	땅이름소 邑 8	邵台輔(소태보)
雉	꿩　치 佳 13	雉岳山(치악산)	沼	못　소 水 8	沼澤地(소택지)
崔	높을 최 山 11	崔致遠(최치원)	燉	불빛 돈 火 16	徐燉珏(서돈각)
卨	사람이름설 卜 11	李相卨(이상설)	庚	곳집 유 广 11	金庾信(김유신)
釜	가마 부 가마솥부 金 10	釜山(부산)	遼	멀　료 辶 16	遼遠(요원)
磻	반계 반 石 17	磻溪(반계)	崙	산이름륜 山 11	崑崙山(곤륜산)
潘	성　반 水 15	潘沐(반목)	醴	단술 례 酉 20	醴酒(예주)
瀋	즙낼 심 水 18	瀋陽(심양)	軾	수레가로나무식 車 13	蘇軾(소식)

2級<28>　　　[대부분 형성자 모음입니다]　　　인명자, 지명자

한자	훈음	용례	한자	훈음	용례
馨	꽃다울 형 향기 형 香 20	馨香(형향)	襄	도울 양 장사지낼 양 衣 17	襄禮(양례)
馥	향기 복 香 18	馥郁(복욱) *郁[성할욱]	煥	빛날 환 火 13	煥爛(환란)
筏	뗏목 벌 竹 12	筏夫(벌부)	冲	화할 충 어릴 충 水 7	冲年(충년) *俗字:沖
謨	꾀 모 言 17	謨訓(모훈)	韋	가죽 위 韋 9	韋帶(위대)
鷹	매 응 鳥 24	鷹視(응시)	艮	괘이름 간 艮 6	艮卦(간괘)
耀	빛날 요 羽 20	耀德(요덕)	垠	지경 은 土 9	垠界(은계)
鮑	절인물고기 포 魚 16	鮑石亭(포석정)	址	터 지 土 7	寺址(사지)
壕	해자 호 土 17	塹壕(참호)	坡	언덕 파 土 8	坡岸(파안)
聚	모을 취 耳 14	聚合(취합)	鵬	붕새 붕 鳥 19	鵬鳥(붕조)
匈	오랑캐 흉 勹 6	匈奴族(흉노족)	鷺	백로 로 鳥 24	白鷺(백로)

2級 <29>　　　[대부분 형성자 모음입니다]　　　인명자, 지명자

한자	훈음 부수 획수	용례	한자	훈음 부수 획수	용례
晧	밝을 호 日 11	黃一晧(황일호)	珥	귀고리이 玉 10	李珥(이이)
皓	흴 호 白 12	丹脣皓齒(단순호치)	琮	옥홀 종 玉 12	琮花(종화)
澔	넓을 호 水 15	同:浩	琦	옥이름기 玉 12	柳琦諄(유기정)
珽	옥이름정 玉 11	安珽(안정)	璣	별이름기 玉 16	璣衡(기형)
璟	옥빛 경 玉 16	河璟根(하경근)	璇	옥 선 玉 15	璇珠(선주)
琯	옥피리관 玉 12	玉琯(옥관)	伽	절 가 人 7	伽倻山(가야산)
玖	옥돌 구 玉 7	李玖(이구)	迦	부처이름가 辶 9	釋迦牟尼(석가모니)
瑄	도리옥선 玉 13	李瑄根(이선근)	溶	녹을 용 水 13	溶解(용해)
玲	옥소리령 玉 9	玲瓏(영롱) *瓏[옥소리롱]	瑢	패옥소리용 玉 14	金瑢俊(김용준)
珉	옥돌 민 玉 9	同:玟	鎔	쇠녹일용 金 18	鎔巖(용암)

2級<30>　　　　　　　[대부분 형성자 모음입니다]　　　　　　인명자, 지명자

漢字	訓音 部首획수	용례	漢字	訓音 部首획수	용례
暎	비칠 영 日 13	同:映	柯	가지 가 木 9	南柯一夢(남가일몽)
瑛	옥빛 영 玉 13	瑛瑤(영요)	軻	수레 가 車 12	孟軻(맹가)
燦	빛날 찬 火 17	豪華燦爛(호화찬란)	槿	무궁화 근 木 15	槿域(근역)
璨	옥빛 찬 玉 17	璨幽(찬유)	瑾	아름다운옥 근 玉 15	柳瑾(유근)
瓚	옥잔 찬 玉 23	崔瓚植(최찬식)	獐	노루 장 犬 14	獐茸(장용)
鑽	뚫을 찬 金 27	硏鑽(연찬)	璋	홀 장 玉 15	弄璋之慶(농장지경)
旺	왕성할 왕 日 8	儀旺市(의왕시)	楨	광나무 정 木 13	楨幹(정간)
汪	넓을 왕 水 7	汪茫(왕망)	禎	상서로울 정 示 14	孫基禎(손기정)
瑗	구슬 원 玉 13	趙瑗(조원)	岬	곶 갑 山 8	岬寺(갑사)
媛	계집 원 女 12	才媛(재원)	鉀	갑옷 갑 金 13	貫鉀(관갑)

2級 <31> [대부분 형성자 모음입니다] 인명자, 지명자

한자	훈음	예시	한자	훈음	예시
圭	서옥 규 쌍토 규 土 6	圭角(규각)	麟	기린 린 鹿 23	麒麟兒(기린아)
珪	홀 규 玉 10	圭의 古字	麒	기린 기 鹿 19	麒麟(기린)
奎	별 규 大 9	奎章閣(규장각)	騏	준마 기 馬 18	騏驥(기기)
岡	산등성이강 山 8	福岡(복강)	琪	아름다운옥기 玉 12	琪樹(기수)
崗	언덕 강 山 11	花崗巖(화강암)	淇	물이름기 水 11	淇水(기수)
彊	굳셀 강 弓 16	彊弩(강노)	箕	키 기 竹 14	箕踞(기거)
疆	지경 강 田 21	萬壽無疆(만수무강)	允	맏 윤 儿 4	允許(윤허)
冀	바랄 기 ※八 16	冀圖(기도)	鈗	창 윤 金 12	이름자
驥	천리마기 馬 27	驥足(기족)	采	풍채 채 ※采 8	喝采(갈채) *喝[먹을갈]
驪	검은말려 馬 29	驪州(여주)	埰	사패지채 土 11	埰地(채지)

2級 <32>　　　　　　　　[대부분 형성자 모음입니다]　　　　　　　인명자, 지명자

价	클 개 人 6	价川郡(개천군)			亢	높을 항 亠 4	亢龍(항룡)		
伽	가야 야 人 11	伽倻山(가야산)			沆	넓을 항 水 7	崔沆(최항)		
儆	경계할경 人 15	儆戒(경계)			熏	불길 훈 火 14	熏灼(훈작)		
佑	도울 우 人 7	天佑神助(천우신조)			壎	질나팔훈 土 17	壎笛(훈적)		
祐	복 우 示 10	祐助(우조)			薰	향풀 훈 艸 17	曺薰鉉(조훈현)		
雍	화할 옹 隹 13	雍和(옹화)			渭	물이름위 水 12	渭水(위수)		
甕	독 옹 瓦 18	甕器(옹기)			洙	물가 수 水 9	洙泗學(수사학)		
兪	대답할유 入 9	兪應孚(유응부)			銖	저울눈수 金 14	銖兩(수량)		
楡	느릅나무유 木 13	楡柳(유류)			赫	빛날 혁 赤 14	朴赫居世(박혁거세)		
踰	넘을 유 足 16	踰越(유월)			爀	불빛 혁 火 18	金尙爀(김상혁)		

2級<33>　　　[대부분 형성자 모음입니다]　　　인명자, 지명자

字	訓音/部首/劃	用例		字	訓音/部首/劃	用例	
嬉	아름다울희 女 15	嬉笑(희소)		峻	준엄할준 山 10	峻峰(준봉)	
禧	복　희 示 17	禧年(희년)		甸	경기 전 田 7	畿甸(기전)	
憙	기뻐할희 心 16	憙笑(희소)		洵	참으로순 水 10	洵美(순미)	
熹	빛날 희 火 16	朱熹(주희)		珣	옥이름순 玉 11	李珣(이순)	
炫	밝을 현 火 9	炫耀(현요)		荀	풀이름순 艸 11	荀子(순자)	
鉉	솥귀 현 金 13	崔鉉培(최현배)		萊	명아주래 艸 12	東萊區(동래구)	
埈	높을 준 土 10	李埈鎔(이준용)		芸	향풀 운 艸 8	芸香(운향)	
晙	밝을 준 日 11	權晙(권준)		莞	빙그레할완 왕골 관 艸 11	莞島(완도), 莞枕(관침)	
浚	깊게할준 水 10	浚渫(준설)		芬	향기 분 艸 8	芬皇寺(분황사)	
駿	준마 준 馬 17	駿馬(준마)		蓬	쑥 봉 艸 15	蓬萊山(봉래산)	

- 74 -

2級 <34> [대부분 형성자 모음입니다] 인명자, 지명자

한자	훈음	예	한자	훈음	예
茅	띠 모 艸 9	茅根(모근)	檜	전나무회 木 13	檜皮(회피)
芝	지초 지 艸 8	靈芝(영지)	樑	들보 량 木 15	梁의 속자
葡	포도 포 艸 13	葡萄(포도) *萄[포도도]	俛	구푸릴면 人 9	俛首(면수)
旻	하늘 민 日 8	旻天(민천)	冕	면류관면 ※冂 11	冕服(면복)
旼	화할 민 日 8	同:旻	昴	별이름묘 日 9	昴星(묘성)
玟	아름다운돌민 玉 8	玟瑰(민괴)	鈺	보배 옥 金 13	寶鈺(보옥)
汶	물이름문 水 7	汶汶(문문)	釧	팔찌 천 金 11	釧臂(천비) *臂[팔뚝비]
杆	몽둥이간 木 7	欄杆(난간)	欽	공경할흠 金 12	欽敬(흠경)
楸	가래나무추 木 13	楸板(추판)	鍵	열쇠 건 金 17	鍵盤(건반)
椿	참죽나무춘 木 13	椿府丈(춘부장)	鏞	쇠북 용 金 19	鏞鍾(용종)

2級 <35>　　　　　　[대부분 형성자 모음입니다]　　　　　인명자, 지명자

彭	성 팽 彡 12		曹	성 조 曰 10	
襄	성 배 衣 14		姜	성 강 女 9	
卞	성 변 卜 4		袁	성 원 衣 10	
邢	성 형 邑 7		閔	성 민 門 12	
魏	성 위 鬼 18		吳	성 오 口 7	
禹	성 우 内 9		鞠	성 국 革 17	
芮	성 예 艸 8		鞨	말갈 말 革 14	
蔡	성 채 艸 15	蔡濟恭(채제공)	鞨	오랑캐갈 革 18	靺鞨(말갈)
蔣	성 장 艸 15	蔣英實(장영실)	鄒	추나라추 邑 13	鄒魯之鄉(추로지향)
范	성 범 艸 9	范蠡(범려) *蠡[좀먹을려]	晋	진나라진 日 10	晋州(진주)

- 76 -

2級 <36>　　　　　　[대부분 형성자 모음입니다]　　　　　인명자, 지명자

한자	훈음	예시	한자	훈음	예시
殷	은나라은 殳 10	殷富(은부)	晟	밝을 성 日 11	李晟(이성)
趙	나라 조 走 14	趙光祖(조광조)	昺	밝을 병 日 9	邢昺(형병)
宋	송나라송 宀 7	宋時烈(송시열)	昞	밝을 병 日 9	同:昺
蜀	나라이름촉 虫 13	蜀漢(촉한)	柄	자루 병 木 9	身柄(신병)
楚	초나라초 木 13	四面楚歌(사면초가)	炳	불꽃 병 火 9	趙炳玉(조병옥)
鄭	나라 정 邑 15	鄭夢周(정몽주)	旁	곁 방 方 10	旁側(방측)
魯	노나라로 魚 15	魚魯不辨(어로불변)	扁	작을 편 戶 9	扁桃腺(편도선)
堯	요임금요 土 12	堯舜(요순)	乭	이름 돌 乙 6	申乭石(신돌석)
舜	순임금순 舛 12	李舜臣(이순신)	礪	숫돌 려 石 20	礪山(여산)
桀	하왕이름걸 木 10	桀紂(걸주) *紂[고삐주]	稙	올벼 직 禾 13	稙禾(직화)

- 77 -

2級<37>　　　　　　[대부분 형성자 모음입니다]　　　　　　인명자, 지명자

湍	여울 단 水 12	長湍(장단)			滋	불을 자 水12	滋味(자미)		
漣	잔물결련 水 14	漣川郡(연천군)			澈	맑을 철 水 15	鄭澈(정철)		
濂	물이름렴 水 16	濂溪(염계)			泓	물깊을홍 水 8	深泓(심홍)		
渤	바다이름발 水 12	渤海(발해)			泗	물이름사 水 8	泗川(사천)		
潽	물이름보 水 15	尹潽善(윤보선)			汀	물가 정 水 5	汀線(정선)		

▷2급 자학공부가 끝났습니다◁

1. 연상자학습법(일람표 35쪽, 본문 41쪽)으로 익히고
2. 배정한자(28쪽) 가,나,다 順으로도 익혀 봅시다.

인명자, 지명자 단어 설명   [본문 p61~p78]

가야산 (伽倻山) 경남 합천 소재
강감찬 (姜邯贊) 고려의 명장
강세황 (姜世晃) 조선때의 서화가
개천군 (价川郡) 평안남도 소재
걸 주 (桀紂)　 夏,殷나라의 포악한 임금
견 훤 (甄萱)　 후백제의 시조
곤륜산 (崑崙山) 중국 전설상의 산
괴산군 (槐山郡) 충청북도 소재
권 준 (權晙)　 독립운동가
김기형 (金基瀅) 독립운동가
김상혁 (金尙爀) 조선때의 수학자
김 식 (金湜)　 조선 중종때의 주자학자
김알지 (金閼智) 경주 김씨의 시조
김유신 (金庾信) 신라의 명장
김종휴 (金宗烋) 조선때의 학자
나석주 (羅錫疇) 독립운동가
남이장군 (南怡將軍) 조선 세조때의 장수
노무현 (盧武鉉) 대한민국 제16대 대통령
노원구 (蘆原區) 서울의 지명
능엄경 (楞嚴經) 한국 불교의 경선
동래구 (東萊區) 부산의 區중의 하나
두 보 (杜甫)　 중국 당나라때 시인
등소평 (鄧小平) 중국의 정치가
말 갈 (靺鞨)　 함경도 북쪽에 살던 부족
박혁거세 (朴赫居世) 신라의 시조

발 해 (渤海)　 한반도 북부에 걸쳐 있던 나라
범 려 (范蠡)　 중국 춘추시대의 정치가
변 한 (弁韓)　 고대 삼한중의 하나
복 희 (伏羲)　 중국 고대의 인물
봉래산 (蓬萊山) 금강산의 여름철 이름
분황사 (芬皇寺) 경주에 있던 절
비로봉 (毘盧峯) 금강산의 최고봉
사 천 (泗川)　 경남 소재
서돈각 (徐燉珏) 법학자
설 총 (薛聰)　 신라의 학자
섬 라 (暹羅)　 태국의 1939년 이전의 국호
섬 서 (陝西)　 중국의 지명
섬진강 (蟾津江) 전남과 경남의 경계를 이루는 강
소 식 (蘇軾)　 당송 8대가의 한사람
소태보 (邵台輔) 고려시대의 문신
손기정 (孫基禎) 마라톤 우승자
송시열 (宋時烈) 조선후기의 문신
수문제 (隋文帝) 수나라왕
순 자 (荀子)　 중국 전국시대의 학자
신돌석 (申乭石) 한말의 평민출신 의병장
심 양 (瀋陽)　 중국 요령성의 성도
압록강 (鴨綠江) 중국과의 국경에 서해로 흐르는 강
언 양 (彦陽)　 경남 울산 소재
여 산 (礪山)　 전북 소재
여 주 (驪州)　 경기도 소재

- 79 -

연개소문 (淵蓋蘇文) 고구려의 명장	제갈량 (諸葛亮) 중국 촉한의 정치가
연천군 (漣川郡) 경기도 소재	조 경 (趙炅) 중국 송나라의 제2대 황제
예 맥 (濊貊) 우리나라 북쪽에 살던 부족	조광조 (趙光祖) 조선전기의 학자, 정치가
예 종 (睿宗) 조선조 8대왕	조병옥 (趙炳玉) 독립운동가, 정치가
완 도 (莞島) 전남의 지명	조 원 (趙瑗) 조선때의 문신
울 산 (蔚山) 경남의 지명	조훈현 (曺薰鉉) 프로바둑기사
유 근 (柳瑾) 애국계몽운동가	주 희 (朱熹) 중국 남송때의 유학자
유기정 (柳琦諄) 경제인	진시황 (秦始皇) 중국 진나라의 황제
유 비 (劉備) 중국 촉한의 창건자	진 주 (晋州) 경남 소재
유응부 (兪應孚) 조선조 단종때의 충신	채제공 (蔡濟恭) 조선후기의 문신
윤보선 (尹潽善) 정치가, 제4대 대통령	첨성대 (瞻星臺) 경주에 있는 천문관측대
의왕시 (儀旺市) 경기도 소재	촉 한 (蜀漢) 유비가 세운 왕조
이 개 (李塏) 조선 세조때 사육신의 한사람	최각규 (崔珏圭) 정치가
이 구 (李玖) 고려 후기의 문신	최 영 (崔瑩) 고려말의 명장
이선근 (李瑄根) 교육자, 사학자	최찬식 (崔瓚植) 신소설작가
이 성 (李晟) 고려시대의 문신	최 항 (崔沆) 고려 무인 점령기의 집정자
이 순 (李珣) 고려시대의 무신	최현배 (崔鉉培) 국어학자
이순신 (李舜臣) 조선시대의 명장	치악산 (雉岳山) 강원도 원주 소재
이 욱 (李煜) 중국의 시인	하경근 (河璟根) 교육자
이 이 (李珥) 조선 선조때 율곡의 이름	합 천 (陜川) 경남 소재
이준용 (李埈鎔) 흥선대원군의 손자	형 병 (刑昺) 중국 송나라 사람
이 황 (李滉) 조선조 학자	호 경 (鎬京) 주나라 수도
장영실 (蔣英實) 조선시대 과학자 [측우기]	홍두표 (洪斗杓) 방송인
장 일 (張鎰) 고려때의 명신	환 웅 (桓雄) 우리나라의 건국 시조
정몽주 (鄭夢周) 고려말기의 학자, 정치가	황일호 (黃一晧) 조선때의 문신
정 철 (鄭澈) 조선 중기의 문신	흉노족 (匈奴族) 몽고지방에 살던 유목민족

Ⅲ. 必須部分

(1) 훈음테스트 …………………… 83
(2) 한자테스트 …………………… 86
(3) 일자다음자 …………………… 95
(4) 독음테스트 …………………… 99
(5) 반대자 ………………………… 113
　　 반대어 ………………………… 119
　　 유의자 ………………………… 125
　　 유의어 ………………………… 129
(6) 약자 …………………………… 131
(7) 단어공부 [단　문] ………… 136
　　　　　　 [신문사설] ………… 143
　　　　　　 [생활한자] ………… 150
(8) 순우리말 ……………………… 156
(9) 틀리기 쉬운 부수 …………… 157
(10) 동음이의어·장단음 ………… 160
(11) 고사성어 ……………………… 171

一日不善念이면 諸惡이 皆自起니라.

하루라도 선을 생각하지 않으면 모든 악이 다 저절로 일어나느니라.

2級 ▶훈음테스트◀

노트에 훈음을 적고 확인하세요. 28쪽

①	②	③	④	⑤	⑥	⑦	⑧	⑨
葛	岱	帽	纖	妊	悽	幻	杰	麒
憾	戴	沐	貫	雌	隻	滑	桀	沂
坑	悼	紊	紹	磁	撤	廻	甄	驥
憩	桐	舶	盾	諮	諜	喉	炅	湍
揭	棟	搬	升	蠶	締	勳	徽	悳
雇	膽	紡	屍	沮	哨	熙	璟	燾
戈	藤	俳	殖	呈	焦	噫	瓊	惇
瓜	裸	賠	腎	偵	趨	姬	皐	燉
菓	洛	柏	紳	艇	軸	∶	串	頓
款	爛	閥	握	劑	蹴	인명자	琯	
傀	藍	汎	癌	措	袞	伽	槐	乭
絞	拉	僻	礙	釣	炊	柯	邱	董
僑	輛	倂	惹	彫	琢	軻	玖	杜
膠	煉	俸	孃	綜	託	賈	鞠	鄧
鷗	籠	縫	硯	駐	颱	迦	圭	萊
歐	療	膚	厭	准	霸	珏	奎	亮
購	硫	敷	預	旨	坪	杆	揆	樑
掘	謬	弗	梧	脂	抛	艮	珪	呂
窟	摩	匪	穩	津	怖	鞨	槿	廬
圈	魔	唆	歪	診		邯	瑾	驪
闕	痲	赦	妖	塵	鋪	岬	兢	礪
閨	膜	飼	熔	窒	虐	鉀	冀	漣
棋	蠻	酸	傭	輯	翰	姜	岐	濂
濃	灣	傘	鬱	遮	艦	彊	淇	玲
尿	娩	蔘	苑	餐	弦	疆	琦	醴
尼	網	挿	尉	札	峽	岡	琪	鷺
溺	魅	箱	融	刹	型	崗	璣	魯
鍛	枚	瑞	貳	斬	濠	价	箕	蘆
潭	薎	碩	刃	滄	酷	垲	耆	蘆
膽	矛	繕	壹	彰	靴	鍵	麒	遼

2級 ▶훈음테스트◀

노트에 훈음을 적고 확인하세요. 31쪽

⑩	⑪	⑫	⑬	⑭	⑮	⑯	⑰	⑱
劉	范	璿	倻	瑢	閻	浚	聚	昊
崙	卞	高	襄	鎔	鷹	濬	峙	晧
楞	昞	薛	彦	鏞	伊	駿	雉	澔
麟	昺	陝	妍	佑	珥	址	灘	壕
靺	柄	蟾	淵	祐	怡	芝	耽	扈
貊	炳	暹	衍	禹	翊	稙	兌	鎬
覓	秉	變	閣	旭	鎰	稷	台	祜
冕	甫	晟	燁	頊	佾	秦	坡	泓
沔	潽	巢	暎	昱	滋	晋	阪	嫭
俛		沼	瑛	煜	庄	燦	彭	
牟	輔							樺
茅	馥	邵	盈	郁	獐	鑽	扁	桓
謨	蓬	宋	瑩	芸	璋	璨	葡	煥
穆	阜	洙	芮	蔚	蔣	瓚	鮑	晃
昴	釜	銖	睿	熊	甸	倣	枸	滉
汶	傅	隋	澨	媛	鄭	昶	馮	檜
彌	芬	洵	吳	瑗	晶	采	泌	淮
旻	鵬	淳	塿	袁	珽	垛	弼	后
旼	丕	珣	沃	渭	旌	蔡	陜	熏
玟	毘	舜	鈺	韋	楨	陟	兀	壎
		荀	邕	魏	汀	釧	沆	
珉	怭							薰
閔	彬	瑟	雍	庾	禎	喆	杏	徽
磻	泗	繩	甕	兪	鼎	澈	赫	烋
潘	痒	柴	莞	楡	趙	瞻	爀	匈
鉢	舒	湜	旺	踰	曹	楚	峴	欽
渤	奭	軾	汪	允	祚	蜀	炫	熹
旁	晳	潘	倭	尹	琮	崔	鉉	憙
龐	錫	闕	堯	胤	疇	楸	瀅	嬉
裵	瑄	鴨	姚	銃	埈	鄒	炯	禧
筏	璇	璦	耀	殷	峻	椿	邢	羲
		艾	溶	垠	晙	沖	馨	

▷ 한자테스트 ◁

한자테스트 할 때 편리하도록 훈음만 제시되었습니다.

[평소 복습용으로도 활용합니다.]

한 자 테 스 트

[쓰기범위복습] 노트에 반복하여 연습합시다.

3급

모르는 한자는 배정한자 [25쪽] 에서 찾습니다.

물리칠각	바퀴자국궤	넘칠 람	모 묘	부를 빙	누구 수	볼 열
간음할간	거북 귀	노략질략	사당 묘	뱀 사	비록 수	헤엄칠영
목마를갈	얽힐 규	살펴알량	천간 무	닮을 사	누구 숙	읊을 영
다 개	부르짖을규	불쌍히여길련	안개 무	버릴 사	따라죽을순	날카로울예
슬퍼할개	근 근	못할 렬	눈썹 미	속일 사	입술 순	더러울오
빌 걸	겨우 근	청렴할렴	미혹할미	이 사	돌 순	나 오
이끌 견	삼갈 근	사냥 렵	민첩할민	줄 사	개 술	즐길 오
어깨 견	즐길 긍	떨어질령	민망할민	초하루삭	화살 시	슬플 오
보낼 견	꺼릴 기	종 례	꿀 밀	상서 상	매울 신	거만할오
비단 견	어찌 기	사슴 록	머무를박	맛볼 상	펼 신	낄 옹
별 경	주릴 기	동료 료	짝 반	갈 서	새벽 신	늙은이옹
마침내경	이미 기	마칠 료	돌이킬반	맹세할서	찾을 심	누울 와
벼슬 경	버릴 기	눈물 루	배반할반	여러 서	주릴 아	가로 왈
맬 계	몇 기	여러 루	나라 방	펼 서	큰산 악	두려워할외
북방 계	속일 기	배 리	본뜰 방	더울 서	기러기안	흔들 요
마를 고	어찌 나	이웃 린	곁 방	예 석	뵐 알	멀 요
돌아볼고	이에 내	거만할만	잔 배	쪼갤 석	누를 압	허리 요
땅 곤	어찌 내	흩어질만	번거로울번	다스릴섭	재앙 앙	떳떳할용
둘레 곽	번뇌할뇌	바쁠 망	번역할번	건널 섭	물가 애	또 우
걸 괘	논 답	잊을 망	분별할변	부를 소	액 액	어조사우
흙덩이괴	칠할 도	없을 망	병풍 병	밝을 소	이끼 야	더욱 우
부끄러울괴	돋울 도	아득할망	나란히병	나물 소	어조사야	이를 운
들 교	떨 도	묻을 매	점 복	떠들 소	뜰 약	어긋날위
바로잡을교	벼 도	어두울명	벌 봉	조 속	버들 양	씨 위
구차할구	도타울독	무릅쓸모	갈 부	욀 송	어조사어	닭 유
개 구	돼지 돈	업신여길모	무덤 분	찾을 수	어찌 언	오직 유
함께 구	도타울돈	아무 모	벗 붕	가둘 수	나 여	생각할유
두려울구	진칠 둔	모을 모	무너질붕	모름지기수	너 여	나을 유
몰 구	둔할 둔	저물 모	손 빈	드디어수	나 여	윤달 윤
그 궐	오를 등	토끼 묘	자주 빈	졸음 수	수레 여	읊을 음

◇ 3급 ◇ 배정한자 [27쪽]에서 찾습니다.

울 읍	조카 질	씻을 탁	반딧불형
엉길 응	징계할징	낳을 탄	어조사혜
어조사의	또 차	탐낼 탐	서로 호
마땅 의	잡을 착	게으를태	어조사호
오랑캐이	참혹할참	잡을 파	터럭 호
말이을이	부끄러울참	자못 파	어두울혼
혼인 인	화창할창	마칠 파	클 홍
범 인	물리칠척	뿌릴 파	기러기홍
이 자	천거할천	팔 판	벼 화
방자할자	뾰족할첨	조개 패	넓힐 확
술부을작	더할 첨	두루 편	거둘 확
벼슬 작	첩 첩	덮을 폐	둥글 환
담 장	갤 청	화폐 폐	새벽 효
재상 재	잡을 체	안을 포	제후 후
어조사재	갈릴 체	배부를포	헐 훼
물방울적	바꿀 체	폭 폭	빛날 휘
훔칠 절	분초 초	떠다닐표	이끌 휴
나비 접	뽑을 초	짝 필	
바로잡을정	촛불 촉	가물 한	
둑 제	귀밝을총	다 함	
마를 조	뽑을 추	거리 항	
조상할조	추할 추	돼지 해	
졸할 졸	소 축	어찌 해	
도울 좌	쫓을 축	갖출 해	
배 주	냄새 취	누릴 향	
준걸 준	베개 침	집 헌	
좇을 준	온당할타	줄 현	
줄 증	떨어질타	고을 현	
다만 지	맡길 탁	싫어할혐	
더딜 지	흐릴 탁	형통할형	以上 3급 317字

3급Ⅱ [21쪽]에서 찾습니다.

아름다울가	계수나무계	이길 극
시렁 가	북 고	거문고금
집 각	시어미고	비단 금
다리 각	원고 고	새 금
간 간	울 곡	미칠 급
간절할간	골 곡	경기 기
새길 간	공손할공	꾀할 기
줄기 간	두려울공	빌 기
거울 감	바칠 공	그 기
굳셀 강	이바지할공	말탈 기
벼리 강	자랑할과	긴할 긴
강철 강	적을 과	허락할낙
낄 개	갓 관	계집 낭
대개 개	꿸 관	견딜 내
덮을 개	너그러울관	편안 녕
상거할거	익숙할관	종 노
하늘 건	집 관	골 뇌
칼 검	미칠 광	진흙 니
사이뜰격	괴이할괴	차 다
이별할결	무너질괴	아침 단
겸손할겸	비교 교	다만 단
겸할 겸	공교할교	붉을 단
이랑 경	잡을 구	맑을 담
밭갈 경	오랠 구	밟을 답
지름길경	언덕 구	당나라당
굳을 경	국화 국	엿 당
기계 계	활 궁	대 대
맺을 계	주먹 권	빌릴 대
열 계	귀신 귀	길 도
시내 계	버섯 균	질그릇도

◇ 3급Ⅱ ◇　　　　모르는 한자는 배정한자 [22쪽] 에서 찾습니다.

칼 도	자주 루	그릴 모	기울 보	비낄 사	다를 수	언덕 아
넘어질도	샐 루	꾀 모	족보 보	깎을 삭	따를 수	나 아
복숭아도	인륜 륜	모양 모	배 복	수풀 삼	보낼 수	언덕 안
건널 도	밤 률	화목할목	덮을 복	모양 상	장수 수	낯 안
갑자기돌	비율 률	빠질 몰	봉우리봉	자세할상	짐승 수	바위 암
얼 동	높을 륭	꿈 몽	봉할 봉	치마 상	근심 수	가운데앙
이을 락	언덕 릉	어두울몽	만날 봉	서리 상	목숨 수	우러를앙
난간 란	관리 리	무역할무	새 봉	오히려상	드리울수	슬플 애
난초 란	밟을 리	무성할무	문서 부	잃을 상	익을 숙	같을 약
사랑채랑	속 리	잠잠할묵	부칠 부	뽕나무상	맑을 숙	흙덩이양
물결 랑	임할 림	먹 묵	부호 부	갚을 상	눈깜짝할순	날릴 양
사내 랑	삼 마	무늬 문	붙을 부	찾을 색	돌 순	사양할양
서늘할량	갈 마	말 물	도울 부	막힐 색	열흘 순	거느릴어
들보 량	넓을 막	작을 미	뜰 부	마을 서	펼 술	누를 억
힘쓸 려	장막 막	꼬리 미	썩을 부	실마리서	엄습할습	생각할억
책력 력	없을 막	엷을 박	부세 부	용서할서	주울 습	번역할역
그리워할련	늦을 만	핍박할박	달릴 분	천천할서	젖을 습	부릴 역
쇠불릴련	망령될망	가지 반	떨칠 분	풀 석	오를 승	역 역
연이을련	매화 매	소반 반	어지러울분	아낄 석	중 승	또 역
연꽃 련	중매 매	밥 반	떨칠 불	돌 선	탈 승	전염병역
찢어질렬	보리 맥	뽑을 발	계집종비	선 선	모실 시	제비 연
고개 령	맏 맹	꽃다울방	낮을 비	트일 소	꾸밀 식	물따라갈연
신령 령	맹세 맹	무리 배	살찔 비	되살아날소	삼갈 신	연할 연
화로 로	사나울맹	밀칠 배	왕비 비	호소할소	살필 심	잔치 연
이슬 로	소경 맹	북돋을배	간사할사	사를 소	심할 심	기쁠 열
녹 록	솜 면	맏 백	말 사	송사할송	두 쌍	물들 염
희롱할롱	잘 면	번성할번	맡을 사	인쇄할쇄	어금니아	불꽃 염
의뢰할뢰	면할 면	무릇 범	모래 사	쇠사슬쇄	싹 아	소금 염
우레 뢰	멸할 멸	푸를 벽	제사 사	쇠할 쇠	맑을 아	그림자영
다락 루	새길 명	남녘 병	긴뱀 사	쓰일 수	버금 아	기릴 예

- 88 -

◇ 3급 II ◇   모르는 한자는 배정한자 [23쪽] 에서 찾습니다.

까마귀 오	날개 익	조정 정	베풀 진	닮을 초	엮을 편	되 호
깨달을 오	참을 인	칠 정	진압할 진	뛰어넘을 초	폐단 폐	호걸 호
옥 옥	편안할 일	곧을 정	별 진	주춧돌 초	허파 폐	범 호
기와 와	북방 임	깨끗할 정	우레 진	닿을 촉	폐할 폐	미혹할 혹
느릴 완	품삯 임	우물 정	병 질	재촉할 촉	개 포	넋 혼
욕될 욕	사랑 자	정수리 정	차례 질	재촉할 최	잡을 포	갑자기 홀
욕심 욕	찌를 자	가지런할 제	잡을 집	쫓을 추	단풍 풍	넓을 홍
하고자할 욕	자주빛 자	모두 제	부를 징	짐승 축	입을 피	재앙 화
어리석을 우	잠길 잠	비칠 조	이 차	찌를 충	가죽 피	돌아올 환
짝 우	잠깐 잠	억조 조	빌릴 차	취할 취	저 피	바꿀 환
근심 우	감출 장	조세 조	어긋날 착	불 취	마칠 필	임금 황
집 우	단장할 장	세로 종	도울 찬	곁 측	어찌 하	거칠 황
깃 우	손바닥 장	앉을 좌	곳집 창	값 치	하례할 하	뉘우칠 회
운 운	씩씩할 장	기둥 주	창성할 창	부끄러울 치	멜 하	품을 회
넘을 월	어른 장	물가 주	푸를 창	어릴 치	학 학	그을 획
밥통 위	오장 장	집 주	채색 채	옻 칠	땀 한	얻을 획
이를 위	장사지낼 장	아뢸 주	나물 채	잠길 침	벨 할	가로 횡
거짓 위	실을 재	구슬 주	빚 채	잠길 침	머금을 함	가슴 흉
그윽할 유	옷마를 재	그루 주	꾀 책	빼앗을 탈	빠질 함	놀이 희
꾈 유	심을 재	쇠불릴 주	아내 처	탑 탑	항목 항	드물 희
넉넉할 유	막을 저	버금 중	넘힐 처	끓을 탕	항상 항	
멀 유	나타날 저	곧 즉	친척 척	거의 태	울릴 향	
벼리 유	고요할 적	미울 증	자 척	클 태	드릴 헌	
부드러울 유	딸 적	증세 증	밟을 천	못 택	검을 현	
어릴 유	발자취 적	찔 증	천할 천	토끼 토	달 현	
오히려 유	자취 적	일찍 증	얕을 천	토할 토	굴 혈	
불을 윤	피리 적	못 지	옮길 천	사무칠 투	위협할 협	
새 을	전각 전	갈 지	밝을 철	판목 판	저울대 형	
음란할 음	점점 점	가지 지	통할 철	조각 편	슬기로울 혜	
이미 이	정자 정	떨칠 진	막힐 체	치우칠 편	넓을 호	以上 3 II 500字

4급

모르는 한자는 배정한자 [18쪽]에서 찾습니다.

겨를 가	곳집 고	무리 도	가루 분	늘일 연	재물 자	좇을 종	탄알 탄
깨달을각	외로울고	알 란	분할 분	인연 연	남을 잔	자리 좌	벗을 탈
새길 각	곡식 곡	어지러울란	비석 비	탈 연	섞일 잡	두루 주	찾을 탐
간략할간	곤할 곤	볼 람	비평할비	경영할영	꾸밀 장	붉을 주	가릴 택
방패 간	뼈 골	간략할략	숨길 비	맞을 영	베풀 장	술 주	칠 토
볼 간	칠 공	양식 량	말씀 사	비칠 영	장려할장	증거 증	아플 통
감히 감	구멍 공	생각할려	사사 사	미리 예	장막 장	가질 지	던질 투
달 감	대롱 관	매울 렬	실 사	넉넉할우	장할 장	기록할지	싸움 투
갑옷 갑	쇳돌 광	용 룡	쏠 사	만날 우	창자 장	지혜 지	갈래 파
내릴 강	얽을 구	버들 류	흩을 산	우편 우	밑 저	짤 직	판단할판
다시 갱	무리 군	바퀴 륜	다칠 상	근원 원	길쌈 적	다할 진	책 편
근거 거	임금 군	떠날 리	코끼리상	도울 원	도둑 적	보배 진	평할 평
막을 거	굽힐 굴	누이 매	베풀 선	원망할원	맞을 적	진칠 진	닫을 폐
살 거	다할 궁	힘쓸 면	혀 설	맡길 위	문서 적	다를 차	세포 포
클 거	권할 권	울 명	붙일 속	에워쌀위	쌓을 적	기릴 찬	불터질폭
뛰어날걸	문서 권	본뜰 모	덜 손	위로할위	구를 전	캘 채	표할 표
검소할검	책 권	묘할 묘	소나무송	위엄 위	돈 전	책 책	피곤할피
격할 격	돌아갈귀	무덤 묘	칭송할송	위태할위	오로지전	샘 천	피할 피
칠 격	고를 균	춤출 무	빼어날수	남길 유	꺾을 절	관청 청	한 한
개 견	심할 극	칠 박	아재비숙	놀 유	점 점	들을 청	한가할한
굳을 견	부지런할근	터럭 발	엄숙할숙	선비 유	점령할점	부를 초	겨를 항
거울 경	힘줄 근	방해할방	높을 숭	젖 유	가지런할정	밀 추	씨 핵
기울 경	기특할기	범할 범	각씨 씨	숨을 은	고요할정	줄일 축	법 헌
놀랄 경	벼리 기	법 범	이마 액	거동 의	장정 정	나아갈취	험할 험
경계할계	부칠 기	말씀 변	모양 양	의심할의	임금 제	뜻 취	가죽 혁
계절 계	틀 기	넓을 보	엄할 엄	의지할의	가지 조	층 층	나타날현
닭 계	들일 납	겹칠 복	더불 여	다를 이	조수 조	바늘 침	형벌 형
섬돌 계	층계 단	엎드릴복	바꿀 역	어질 인	짤 조	잘 침	혹 혹
이어맬계	도둑 도	아닐 부	지경 역	모양 자	있을 존	일컬을칭	섞을 혼
이을 계	도망할도	질 부	납 연	손위누이자	쇠북 종	탄식할탄	혼인할혼
				붉을 홍	고리 환	상황 황	기후 후	휘두를휘
				빛날 화	기쁠 환	재 회	두터울후	기쁠 희

4급 II

모르는 한자는 배정한자 [16쪽]에서 찾습니다.

거리 가	끊을 단	호반 무	가난할빈	지킬 수	인원 원	지을 제	가질 취
거짓 가	끝 단	힘쓸 무	사례할사	순수할순	지킬 위	도울 조	헤아릴측
덜 감	박달나무단	맛 미	스승 사	이을 승	할 위	새 조	다스릴치
볼 감	홑 단	아닐 미	절 사	베풀 시	고기 육	이를 조	둘 치
편안 강	통달할달	빽빽할밀	집 사	볼 시	은혜 은	지을 조	이 치
욀 강	멜 담	넓을 박	죽일 살	시 시	그늘 음	높을 존	침노할침
낱 개	무리 당	막을 방	형상 상	시험 시	응할 응	마루 종	쾌할 쾌
검사할검	띠 대	방 방	떳떳할상	이 시	옳을 의	달릴 주	모습 태
깨끗할결	무리 대	찾을 방	상 상	쉴 식	의논할의	대 죽	거느릴통
이지러질결	인도할도	나눌 배	생각 상	납 신	옮길 이	준할 준	물러날퇴
경사 경	감독할독	등 배	베풀 설	깊을 심	더할 익	무리 중	깨뜨릴파
깨우칠경	독 독	절 배	별 성	눈 안	끌 인	더할 증	물결 파
지경 경	구리 동	벌할 벌	성인 성	어두울암	도장 인	가리킬지	대포 포
지날 경	말 두	칠 벌	성할 성	누를 압	알 인	뜻 지	베 포
맬 계	콩 두	벽 벽	소리 성	진 액	막을 장	이를 지	쌀 포
연고 고	얼을 득	가 변	재 성	양 양	장수 장	지탱할지	사나울폭
벼슬 관	등 등	갚을 보	정성 성	같을 여	낮을 저	직분 직	표 표
구할 구	벌릴 라	걸음 보	가늘 세	남을 여	대적할적	나아갈진	풍년 풍
글귀 구	두 량	보배 보	세금 세	거스릴역	밭 전	참 진	한할 한
연구할구	고울 려	지킬 보	형세 세	펼 연	끊을 절	버금 차	배 항
집 궁	이을 련	회복할복	본디 소	갈 연	이을 접	살필 찰	항구 항
권세 권	벌릴 렬	마을 부	쓸 소	연기 연	길 정	비롯할창	풀 해
극진할극	기록할록	며느리부	웃음 소	영화 영	정사 정	곳 처	시골 향
금할 금	논할 론	버금 부	이을 속	재주 예	정할 정	청할 청	향기 향
그릇 기	머무를류	부자 부	풍속 속	그르칠오	건널 제	다 총	빌 허
일어날기	법칙 률	부처 불	보낼 송	구슬 옥	끌 제	충 충	시험할험
따뜻할난	찰 만	살출 비	거둘 수	갈 왕	절제할제	모을 축	어질 현
어려울난	줄기 맥	날 비	닦을 수	노래 요	즈음 제	쌓을 축	피 혈
성낼 노	터럭 모	슬플 비	받을 수	얼굴 용	덜 제	벌레 충	화할 협
힘쓸 노	칠 목	아닐 비	줄 수	둥글 원	제사 제	충성 충	은혜 혜
			좋을 호	부를 호	재물 화	돌아올회	일 흥
			도울 호	집 호	굳을 확	마실 흡	바랄 희

5급

모르는 한자는 배정한자 [15쪽] 에서 찾습니다.

▽

더할 가	거느릴 령	완전할 완	높을 탁	관계할 관	사기 사	맡길 임
옳을 가	하여금 령	빛날 요	숯 탄	볼 관	선비 사	재목 재
고칠 개	헤아릴 료	목욕할 욕	널 판	넓을 광	섬길 사	재물 재
갈 거	말 마	소 우	패할 패	갖출 구	낳을 산	과녁 적
들 거	끝 말	수컷 웅	물 하	예 구	서로 상	법 전
굳셀 건	망할 망	집 원	찰 한	판 국	장사 상	전할 전
물건 건	살 매	언덕 원	허락 허	몸 기	고울 선	펼 전
세울 건	팔 매	원할 원	호수 호	터 기	신선 선	끊을 절
가벼울 경	없을 무	자리 위	근심 환	생각 념	말씀 설	마디 절
다툴 경	곱 배	귀 이	검을 흑	능할 능	성품 성	가게 점
볕 경	쓸 비	인할 인		둥글 단	씻을 세	뜻 정
굳을 고	견줄 비	재앙 재		마땅 당	해 세	고를 조
생각할 고	코 비	두 재		큰 덕	묶을 속	마칠 졸
굽을 곡	얼음 빙	다툴 쟁		이를 도	머리 수	씨 종
다리 교	베낄 사	쌓을 저		홀로 독	잘 숙	주일 주
구원할 구	조사할 사	붉을 적		밝을 랑	순할 순	고을 주
귀할 귀	생각 사	머무를 정		어질 량	알 식	알 지
법 규	상줄 상	잡을 조		나그네 려	신하 신	바탕 질
줄 급	차례 서	마칠 종	5급Ⅱ	지날 력	열매 실	붙을 착
물끓는김 기	가릴 선	허물 죄	▽	익힐 련	아이 아	참여할 참
기약할 기	배 선	그칠 지	값 가	일할 로	악할 악	꾸짖을 책
재주 기	착할 선	부를 창	손 객	무리 류	맺을 약	채울 충
길할 길	보일 시	쇠 철	격식 격	흐를 류	기를 양	집 택
단 단	책상 안	처음 초	볼 견	뭍 륙	요긴할 요	물건 품
말씀 담	고기 어	가장 최	결단할 결	바랄 망	벗 우	반드시 필
도읍 도	고기잡을 어	빌 축	맺을 결	법 법	비 우	붓 필
섬 도	억 억	이를 치	공경 경	변할 변	구름 운	해할 해
떨어질 락	더울 열	법칙 칙	고할 고	병사 병	으뜸 원	될 화
찰 랭	잎 엽	다를 타	공부할 과	복 복	클 위	본받을 효
헤아릴 량	집 옥	칠 타	지날 과	받들 봉	써 이	흥할 흥

6급

느낄 감
강할 강
열 개
서울 경
쓸 고
예 고
사귈 교
구분할 구
고을 군
가까울 근

뿌리 근
등급 급
많을 다
기다릴 대
법도 도
머리 두
법식 례
예도 례
길 로
푸를 록

오얏 리
눈 목
쌀 미
아름다울 미
성 박
차례 번
다를 별
병 병
옷 복
근본 본

죽을 사
하여금 사
돌 석
자리 석
빠를 속
손자 손
나무 수
익힐 습
이길 승
법 식

잃을 실
사랑 애
들 야
밤 야
별 양
큰바다 양
말씀 언
길 영
꽃부리 영
따뜻할 온

동산 원
멀 원
기름 유
말미암을유
은 은
옷 의
의원 의
놈 자
글 장
있을 재

정할 정
아침 조
겨레 족
낮 주
친할 친
클 태
통할 통
특별할 특
합할 합
다닐 행

향할 향
이름 호
그림 화
누를 황
가르칠 훈

6급 II

각각 각
뿔 각
셀 계
지경 계
높을 고
공 공
공평할 공
한가지 공
과목 과
실과 과

빛 광
공 구
이제 금
급할 급
짧을 단
집 당
대신 대
대할 대
그림 도
읽을 독

아이 동
무리 등
즐길 락
이할 리
다스릴 리
밝을 명
들을 문
나눌 반
돌아올 반
반 반

필 발
놓을 방
때 부
나눌 분
모일 사
글 서
줄 선
눈 설
살필 성
이룰 성

사라질 소
재주 술
비로소 시
귀신 신
몸 신
믿을 신
새 신
약 약
약할 약
업 업

날랠 용
쓸 용
옮길 운
마실 음
소리 음
뜻 의
어제 작
지을 작
재주 재
싸울 전

뜰 정
제목 제
차례 제
부을 주
모을 집
창 창
맑을 청
몸 체
겉 표
바람 풍

다행 행
나타날현
모양 형
화할 화
모일 회

7급

훈	음
노래	가
입	구
기	기
겨울	동
골	동
한가지	동
오를	등
올	래
늙을	로
마을	리
수풀	림
낯	면
목숨	명
글월	문
물을	문
일백	백
지아비	부
셈	산
빛	색
저녁	석
바	소
적을	소
셈	수
심을	식
마음	심
말씀	어
그럴	연
있을	유
기를	육
고을	읍

7급 II

훈	음
들	입
글자	자
할아비	조
살	주
주인	주
무거울	중
땅	지
종이	지
내	천
일천	천
하늘	천
풀	초
마을	촌
가을	추
봄	춘
날	출
편할	편
여름	하
꽃	화
쉴	휴

7급 II

훈	음
집	가
사이	간
강	강
수레	거
빌	공
장인	공
기록할	기
기운	기
사내	남
안	내
농사	농
대답	답
길	도
움직일	동
힘	력
설	립
매양	매
이름	명
물건	물
아닐	불
일	사
위	상
성	성
인간	세
손	수
때	시
저자	시
먹을	식
편안	안

훈	음
낮	오
오른	우
스스로	자
아들	자
마당	장
번개	전
앞	전
온전	전
바를	정
발	족
왼	좌
곧을	직
평평할	평
아래	하
한수	한
바다	해
말씀	화
살	활
효도	효
뒤	후

8급

훈	음
가르칠	교
학교	교
아홉	구
나라	국
군사	군
쇠	금
남녘	남
계집	녀
해	년
큰	대
동녘	동
여섯	륙
일만	만
어미	모
나무	목
문	문
백성	민
흰	백
아비	부
북녘	북
넉	사
메	산
석	삼
날	생
서녘	서
먼저	선
작을	소
물	수
집	실
열	십

훈	음
다섯	오
임금	왕
바깥	외
달	월
두	이
사람	인
날	일
한	일
긴	장
아우	제
가운데	중
푸를	청
마디	촌
일곱	칠
흙	토
여덟	팔
배울	학
나라	한
형	형
불	화

> # 일자다음자 <

〈 한 글자에 여러 훈음이 있는 한자 〉

■ 一字多音字 ■

訓音을 익히고 그 用例도 알아 둡시다.

한자	훈음	한자	훈음	한자	훈음
降	내릴 강 降等(강등) 항복할 항 降伏(항복)	內	안 내 內外(내외) 나인 나 內人(나인)	否	아닐 부 可否(가부) 막힐 비 否運(비운)
車	수레 거 人力車(인력거) 차 차 馬車(마차)	茶	차 다 茶室(다실) 차 차 綠茶(녹차)	北	북녘 북 北向(북향) 달아날 배 敗北(패배)
乾	하늘 건 乾坤(건곤) 마를 간 乾物(간물)	丹	붉을 단 丹靑(단청) 꽃이름 란 牡丹(모란)	分	나눌 분 區分(구분) 푼 푼 五分(오푼)
見	볼 견 見學(견학) 뵈올 현 謁見(알현)	糖	엿 당 糖尿(당뇨) 사탕 탕 雪糖(설탕)	不	아닐 불 不明(불명) 아닐 부 不足(부족)
更	고칠 경 更新(경신) 다시 갱 更生(갱생)	度	법도 도 角度(각도) 헤아릴 탁 計度(계탁)	泌	스밀 필 분비 비 分泌(분비)
契	맺을 계 契約(계약) 부족이름 글 契丹(글안)거란 사람이름 설 契氏(설씨)	讀	읽을 독 讀書(독서) 구절 두 句讀(구두)	寺	절 사 佛國寺(불국사) 내관 시 司僕寺(사복시)
告	고할 고 告白(고백) 뵙고청할 곡 出必告(출필곡)	洞	골 동 洞里(동리) 밝을 통 洞察(통찰)	殺	죽일 살 殺生(살생) 감할 쇄 相殺(상쇄) 빠를 쇄 殺到(쇄도)
賈	장사 고 商賈船(상고선) 성 가 賈氏(가씨)	率	비율 률 比率(비율) 거느릴 솔 率先(솔선)	狀	형상 상 形狀(형상) 문서 장 賞狀(상장)
絞	목맬 교 絞首(교수) 염포 효 絞布(효포)	木	나무 목 草木(초목) 모과 모 木瓜(모과)	索	찾을 색 索引(색인) 노끈 삭 鐵索(철삭)
龜	거북 귀 龜鑑(귀감) 터질 균 龜裂(균열) 나라이름 구 龜浦(구포)	反	돌이킬 반 反對(반대) 뒤엎을 번 反田(번전)	塞	막힐 색 閉塞(폐색) 변방 새 要塞(요새)
金	쇠 금 金屬(금속) 성 김 金氏(김씨)	復	다시 부 復活.復興 회복 복 回復.復權	說	말씀 설 說明(설명) 달랠 세 遊說(유세) 기쁠 열 說樂(열락)
奈	어찌 나 奈落(나락) 어찌 내 奈何(내하)	父	아비 부 父親(부친) 남자미칭 보 尙父(상보)	省	살필 성 反省(반성) 덜 생 省略(생략)

屬	붙을 속 屬國(속국) 부탁할촉 屬託(촉탁)	葉	잎 엽 落葉(낙엽) 姓 섭 葉氏(섭씨)	兌	바꿀 태 兌換(태환) 기쁠 열
衰	쇠할 쇠 盛衰(성쇠) 상복 최 衰服(최복)	刺	찌를 자 刺客(자객) 찌를 척 刺殺(척살) 수라 라 水刺(수라)	宅	집 택 宅地(택지) 집 댁 宅內(댁내)
數	셈 수 數學(수학) 자주 삭 數數(삭삭) 빽빽할촉 數罟(촉고)	著	글지을저 著者(저자) 붙을 착 著服(착복)	便	편할 편 便利(편리) 오줌 변 便所(변소)
宿	잘 숙 宿題(숙제) 본디 숙 宿命(숙명) 별자리수 星宿(성수)	切	끊을 절 切開(절개) 모두 체 一切(일체)	布	베 포 布木(포목) 펼 포 公布(공포) 보시 보 布施(보시)
拾	주울 습 拾得(습득) 열 십 拾萬(십만)	提	끌 제 提供(제공) 보리수리 菩提樹(보리수)	暴	사나울폭 暴動(폭동) 모질 포 暴惡(포악)
食	먹을 식 食事(식사) 밥 사 簞食(단사)	辰	별 진 壬辰年(임진년) 때 신 生辰(생신)	馮	탈 빙 馮虛(빙허) 성 풍 馮夷(풍이)
識	알 식 知識(지식) 기록할지 標識(표지)	徵	부를 징 徵兵(징병) 음률이름치 徵音(치음)	皮	가죽 피 皮膚(피부) 가죽 비 鹿皮(녹비)
氏	성씨 씨 李氏(이씨) 나라이름지 月氏國(월지국)	差	다를 차 差別(차별) 어긋날치 參差(참치)	合	모을 합 合同(합동) 홉 홉 九合(구홉)
樂	노래 악 音樂(음악) 즐길 락 樂土(낙토) 좋아할요 樂山樂水	參	참여할참 同參(동참) 석 삼 參億(삼억)	陝	땅이름합 陝川(합천) 좁을 협
惡	악할 악 善惡(선악) 미워할오 惡寒(오한)	拓	넓힐 척 開拓(개척) 박을 탁 拓本(탁본)	行	다닐 행 行動(행동) 항렬 항 行列(항렬)
若	같을 약 萬若(만약) 반야 야 般若(반야)	推	밀 추 推戴(추대) 밀 퇴 推敲(퇴고)	畫	그림 화 畫家(화가) 그을 획 計畫(계획)
於	어조사어 於是呼(어시호) 탄식할오 於呼(오호)	則	법칙 칙 規則(규칙) 곧 즉 然則(연즉)	滑	미끄러질활 滑走路(활주로) 우스울골 滑稽(골계)
易	바꿀 역 交易.周易 쉬울 이 簡易.難易	沈	잠길 침 沈沒(침몰) 성 심 沈靑(심청)	噫	한숨쉴희 噫嗚(희오) 트림할애 噫欠(애흠)

▶일자다음자 공부 테스트◀

96쪽 참고 　　　　　　　　　　　　　　　　　　　　[用例를 써 보세요]

降	내릴 강( )
	항복 항( )
見	볼 견( )
	뵈올 현( )
更	고칠 경( )
	다시 갱( )
龜	거북 귀( )
	터질 균( )
茶	차 다( )
	차 차( )
度	법도 도( )
	헤아릴 탁( )
讀	읽을 독( )
	구절 두( )
洞	고을 동( )
	밝을 통( )
率	비율 률( )
	거느릴 솔( )
復	다시 부( )
	회복 복( )

否	아닐 부( )
	막힐 비( )
北	북녘 북( )
	달아날 배( )
殺	죽일 살( )
	감할 쇄( )
狀	형상 상( )
	문서 장( )
索	찾을 색( )
	노끈 삭( )
說	말씀 설( )
	달랠 세( )
省	살필 성( )
	덜 생( )
數	셈 수( )
	자주 삭( )
宿	잘 숙( )
	별자리 수( )
拾	주울 습( )
	열 십( )

識	알 식( )
	기록할 지( )
樂	노래 악( )
	즐길 락( )
	좋아할 요( )
惡	악할 악( )
	미워할 오( )
易	바꿀 역( )
	쉬울 이( )
切	끊을 절( )
	모두 체( )
拓	넓힐 척( )
	박을 탁( )
則	법칙 칙( )
	곧 즉( )
便	편할 편( )
	오줌 변( )
布	베 포( )
	보시 보( )
暴	사나울 폭( )
	모질 포( )

▷ 독음테스트 ◁

■ 틀리기 쉬운 독음 ■

96쪽 참고

[일자다음자]

* 한글자에 훈음이 여러개인 경우 *

開拓 (개척)	相殺 (상쇄)	宅內 (댁내)
拓本 (탁본)	減殺 (감쇄)	參照 (참조)
更生 (갱생)	殺到 (쇄도)	鐵索 (철삭)
更新 (경신)	賞狀 (상장)	索漠 (삭막)
計畫 (계획)	省略 (생략)	交易 (교역)
畫策 (획책)	布施 (보시)	貿易 (무역)
度地 (탁지)	星宿 (성수)	難易 (난이)
洞察 (통찰)	星辰 (성신)	便易 (편이)
敗北 (패배)	生辰 (생신)	降伏 (항복)
龜浦 (구포)	率先 (솔선)	惡寒 (오한)
龜鑑 (귀감)	統率 (통솔)	嫌惡 (혐오)
綠茶 (녹차)	拾得 (습득)	好惡 (호오)
茶室 (다실)	拾萬 (십만)	暴惡 (포악)
般若 (반야)	雅樂 (아악)	頻數 (빈삭)
謁見 (알현)	復權 (복권)	數數 (삭삭)
見齒 (현치)	復活 (부활)	數尿 (삭뇨)
不實 (부실)	標識 (표지)	刺殺 (척살)
否運 (비운)	行列 (항렬)	水刺 (수라)
否塞 (비색)	叔行 (숙항)	樂山 (요산)
閉塞 (폐색)	鹿皮 (녹비)	樂土 (낙토)
要塞 (요새)	遊說 (유세)	樂勝 (낙승)
塞翁 (새옹)	說客 (세객)	沈靑 (심청)
句讀 (구두)	說樂 (열락)	糖尿 (당뇨)
吏讀 (이두)	一切 (일체)	雪糖 (설탕)

[활음조현상]

* 발음을 부드럽게 하는 음운 현상 *

①모음이나 'ㄴ' 받침뒤에 이어지는 '렬,률' → '열,율' 로 씁니다.
         ×   0

卑劣 (비렬→비열)
羅列 (나렬→나열)
陳列 (진렬→진열)
龜裂 (균렬→균열)
先烈 (선렬→선열)
規律 (규률→규율)
旋律 (선률→선율)
比率 (비률→비율)
利率 (이률→이율)
百分率 (백분율)
生産率 (생산율)

②俗音(속음)으로 소리 나는 것
         ×   0

困難 (곤난→곤란)
大怒 (대노→대로)
喜怒 (희노→희로)
受諾 (수낙→수락)
快諾 (쾌낙→쾌락)
許諾 (허낙→허락)
論難 (논난→논란)
議論 (의론→의논)
五六月 (오뉴월)
初八日 (초파일)

讀音테스트

정답 106쪽

一

拓本 (　　)
更生 (　　)
更新 (　　)
計畫 (　　)
畫策 (　　)
度地 (　　)
揆度 (　　)
敗北 (　　)
龜鑑 (　　)
龜裂 (　　)
龜浦 (　　)
綠茶 (　　)
茶室 (　　)
般若 (　　)
不實 (　　)
否運 (　　)
否塞 (　　)
要塞 (　　)
塞翁 (　　)
關塞 (　　)
相殺 (　　)
減殺 (　　)
殺到 (　　)

二

賞狀 (　　)
句讀 (　　)
吏讀 (　　)
省略 (　　)
旋律 (　　)
星辰 (　　)
生辰 (　　)
統率 (　　)
拾得 (　　)
拾萬 (　　)
雅樂 (　　)
復權 (　　)
復活 (　　)
標識 (　　)
行列 (　　)
叔行 (　　)
樂山 (　　)
遊說 (　　)
說客 (　　)
說樂 (　　)
一切 (　　)
宅內 (　　)
參照 (　　)

三

參席 (　　)
鐵索 (　　)
索漠 (　　)
交易 (　　)
貿易 (　　)
難易 (　　)
便易 (　　)
沈靑 (　　)
暴惡 (　　)
惡寒 (　　)
好惡 (　　)
憎惡 (　　)
嫌惡 (　　)
刺殺 (　　)
水刺 (　　)
頻數 (　　)
數數 (　　)
數尿 (　　)
鹿皮 (　　)
樂土 (　　)
樂勝 (　　)
糖度 (　　)
雪糖 (　　)

四

謁見 (　　)
見齒 (　　)
布施 (　　)
降伏 (　　)
星宿 (　　)
洞察 (　　)
比率 (　　)
卑劣 (　　)
困難 (　　)
大怒 (　　)
喜怒 (　　)
編輯 (　　)
滑降 (　　)
財閥 (　　)
逮捕 (　　)
軌跡 (　　)
碩學 (　　)
焦燥 (　　)
治療 (　　)
苦衷 (　　)
飛躍 (　　)
港灣 (　　)
演奏 (　　)
鑄型 (　　)
揭載 (　　)

五

落款 (　　)
旌旗 (　　)
勉勵 (　　)
殖産 (　　)
攝政 (　　)
董督 (　　)
診療 (　　)
誤謬 (　　)
巢窟 (　　)
明哲 (　　)
慙愧 (　　)
把握 (　　)
尖銳 (　　)
脫帽 (　　)
衣鉢 (　　)
運搬 (　　)
絞殺 (　　)
禁獵 (　　)
膽寫 (　　)
紛糾 (　　)
嫌疑 (　　)
添削 (　　)
購買 (　　)
太傅 (　　)
厭症 (　　)

六	七	八	九	十
葛藤（　）	麒麟（　）	糾彈（　）	畢竟（　）	奪掠（　）
阿膠（　）	蘭臺（　）	肯定（　）	癸丑（　）	赤裸（　）
尼僧（　）	戴冠（　）	冀願（　）	鼓舞（　）	瓊姿（　）
奏請（　）	纖細（　）	沂水（　）	彭祖（　）	雇役（　）
昇天（　）	濕氣（　）	洗濯（　）	檢索（　）	誇耀（　）
跳躍（　）	溺死（　）	會寧（　）	庸劣（　）	諾從（　）
頻尿（　）	激勵（　）	皐陶（　）	分娩（　）	掛冠（　）
飼育（　）	臟器（　）	侮辱（　）	跽坐（　）	塊炭（　）
紊亂（　）	滿潮（　）	虐待（　）	惇舒（　）	耽溺（　）
蔑視（　）	納徵（　）	渴症（　）	鞦韆（　）	湍怒（　）
祿俸（　）	拙速（　）	疆域（　）	暖飽（　）	糾謬（　）
抱擁（　）	瀋陽（　）	曲阜（　）	潔白（　）	被拉（　）
魅惑（　）	積城（　）	蔚山（　）	融資（　）	筋膜（　）
殉職（　）	東軒（　）	李滉（　）	肺癌（　）	挑禍（　）
醉客（　）	驪州（　）	遞減（　）	可憐（　）	柴毀（　）
陷落（　）	靜肅（　）	哀悼（　）	颱風（　）	暢快（　）
膽石（　）	鑄造（　）	孫乭（　）	措處（　）	搜索（　）
蠶室（　）	遵守（　）	埋沒（　）	鬱蒼（　）	播殖（　）
鑄物（　）	擊鼓（　）	濊貊（　）	善隣（　）	排尿（　）
霸王（　）	敦篤（　）	茅屋（　）	托鉢（　）	屍體（　）
酷毒（　）	膠着（　）	彌滿（　）	報聘（　）	塗泥（　）
臺灣（　）	派遣（　）	項鎖（　）	揭揚（　）	駐屯（　）
薰陶（　）	破瓜（　）	扈從（　）	乞暇（　）	批准（　）
妊婦（　）	掛圖（　）	欽仰（　）	借款（　）	彫琢（　）
握手（　）	厥女（　）	絹絲（　）	戈矛（　）	塵埃（　）

十一	十二	十三	十四	十五
崩壞（　）	凝滯（　）	推戴（　）	抑鬱（　）	邕穆（　）
敷衍（　）	抛棄（　）	獎勵（　）	凝固（　）	秉權（　）
娩痛（　）	嫌畏（　）	塗炭（　）	招聘（　）	賈船（　）
貰赦（　）	幻影（　）	僻境（　）	尿素（　）	戰兢（　）
蔽傘（　）	鋼坑（　）	示唆（　）	潔馨（　）	呼訴（　）
蠶桑（　）	幣聘（　）	化纖（　）	磻溪（　）	甕城（　）
拘礙（　）	揷架（　）	網膜（　）	碩座（　）	佾舞（　）
閱覽（　）	耽羅（　）	侮蔑（　）	庠序（　）	暹羅（　）
嫌厭（　）	憩息（　）	腎臟（　）	祭需（　）	履霜（　）
纖巧（　）	僧尼（　）	製粉（　）	干涉（　）	龐統（　）
諮謀（　）	魅了（　）	關鍵（　）	蠻貊（　）	刷還（　）
沮喪（　）	懸垂（　）	無疆（　）	璿源（　）	阜傍（　）
遮莫（　）	郵遞（　）	惹起（　）	艾石（　）	蓬矢（　）
誕降（　）	敎唆（　）	溫祚（　）	闕英（　）	蟾彩（　）
逮繫（　）	掛念（　）	崔沖（　）	明亮（　）	坑儒（　）
播遷（　）	裸體（　）	墮落（　）	廬幕（　）	循環（　）
閣僚（　）	飜譯（　）	淮陽（　）	杜甫（　）	赴任（　）
枚擧（　）	方暢（　）	雉岳（　）	飜覆（　）	謀策（　）
陽傘（　）	渤海（　）	醜物（　）	盈衍（　）	和睦（　）
膽抄（　）	酷寒（　）	懇請（　）	罪囚（　）	螢雪（　）
硯滴（　）	携帶（　）	罔極（　）	豪誇（　）	睿宗（　）
巧拙（　）	弊端（　）	醴泉（　）	軟綠（　）	濬川（　）
餐廳（　）	迷惑（　）	峽谷（　）	蜂蝶（　）	璿譜（　）
刹那（　）	擴張（　）	醫療（　）	熊膽（　）	牟麥（　）
隻眼（　）	貢獻（　）	障礙（　）	歸巢（　）	膠漆（　）

- 103 -

丙	丁	戊	己	庚
購販（　）	炯眼（　）	耆老（　）	倭敵（　）	馨香（　）
岐塗（　）	昊天（　）	査頓（　）	盆塘（　）	馥郁（　）
涉獵（　）	柴炭（　）	亮察（　）	李塏（　）	謀訓（　）
沒溺（　）	崑峴（　）	律呂（　）	埃及（　）	耀德（　）
雇傭（　）	牽引（　）	劉邦（　）	溶解（　）	隷屬（　）
融液（　）	措置（　）	舒眉（　）	燦爛（　）	聚合（　）
諮問（　）	峽灣（　）	捕繩（　）	垈地（　）	煥爛（　）
凝脂（　）	覓得（　）	盈虛（　）	允許（　）	垠界（　）
紹述（　）	牟尼（　）	明晳（　）	冀圖（　）	寺址（　）
降誕（　）	掘穴（　）	耽讀（　）	壎笛（　）	坡岸（　）
竊盜（　）	屯耕（　）	輔弼（　）	蜀漢（　）	鵬鳥（　）
拉致（　）	敷奏（　）	徽章（　）	濂溪（　）	茅根（　）
傅訓（　）	赦免（　）	翊贊（　）	彦陽（　）	靈芝（　）
破壞（　）	揷畫（　）	胤子（　）	丕子（　）	冕服（　）
困窮（　）	祥瑞（　）	燮和（　）	楞嚴（　）	昻星（　）
拳鬪（　）	纖維（　）	馮虛（　）	岐路（　）	鍵盤（　）
勤勉（　）	龐錯（　）	王后（　）	對峙（　）	騷人（　）
飢餓（　）	旭日（　）	鼎爐（　）	桓雄（　）	隋唐（　）
煩惱（　）	帽着（　）	郁烈（　）	杜絶（　）	宗廟（　）
踏步（　）	賠償（　）	陜川（　）	敞麗（　）	社稷（　）
瓊團（　）	範疇（　）	進陟（　）	分泌（　）	鬪狗（　）
弁韓（　）	熹育（　）	沃沓（　）	琴瑟（　）	蹴踏（　）
薛聰（　）	皐復（　）	淳朴（　）	銘旌（　）	釋迦（　）
彬蔚（　）	串柿（　）	福祚（　）	沙鉢（　）	惹端（　）
銀杏（　）	兌換（　）	師傅（　）	遼遠（　）	伏羲（　）

▷ 독음연습 ◁

독음연습

♪ ~ ♪ 독음가리고 읽으면서 틀린 것, 모르는 것 √ 하고 반복 하세요.

一

拓本	(탁본)	박을탁/근본본
更生	(갱생)	다시갱/날생
更新	(경신)	고칠경/새신
計畫	(계획)	셀계/그을획
畫策	(획책)	그을획/꾀책
度地	(탁지)	헤아릴탁/땅지
揆度	(규탁)	헤아릴규/헤아릴탁
敗北	(패배)	패할패/달아날배
龜鑑	(귀감)	거북귀/거울감
龜裂	(균열)	터질균/찢어질렬
龜浦	(구포)	나라이름구/물가포
綠茶	(녹차)	푸를록/차차
茶室	(다실)	차다/집실
般若	(반야)	가지반/반야야
不實	(부실)	아닐부/열매실
否運	(비운)	막힐비/옮길운
否塞	(비색)	막힐비/막힐색
要塞	(요새)	요긴할요/변방새
塞翁	(새옹)	변방새/늙은이옹
關塞	(알색)	막을알/막힐색
相殺	(상쇄)	서로상/감할쇄
減殺	(감쇄)	덜감/감할쇄
殺到	(쇄도)	빠를쇄/이를도

二

賞狀	(상장)	상줄상/문서장
句讀	(구두)	글귀구/구절두
吏讀	(이두)	관리리/구절두
省略	(생략)	덜생/간략할략
旋律	(선율)	돌선/법칙률
星辰	(성신)	별성/별신
生辰	(생신)	날생/생신신
統率	(통솔)	거느릴통/거느릴솔
拾得	(습득)	주울습/얻을득
拾萬	(십만)	열십/일만만
雅樂	(아악)	맑을아/노래악
復權	(복권)	회복복/권세권
復活	(부활)	다시부/살활
標識	(표지)	표할표/기록할지
行列	(항렬)	항렬항/벌릴렬
叔行	(숙항)	아재비숙/항렬항
樂山	(요산)	좋아할요/메산
遊說	(유세)	놀유/달랠세
說客	(세객)	달랠세/손객
說樂	(열락)	기쁠열/즐길락
一切	(일체)	한일/온통체
宅內	(댁내)	집댁/안내
參照	(참조)	참여할참/비칠조

三

參席	(참석)	참여할참/자리석
鐵索	(철삭)	쇠철/노끈삭
索漠	(삭막)	노끈삭/넓을막
交易	(교역)	사귈교/바꿀역
貿易	(무역)	무역할무/바꿀역
難易	(난이)	어려울난/쉬울이
便易	(편이)	편할편/쉬울이
沈靑	(심청)	성심/푸를청
暴惡	(포악)	모질포/악할악
惡寒	(오한)	미워할오/찰한
好惡	(호오)	좋아할호/미워할오
憎惡	(증오)	미울증/미워할오
嫌惡	(혐오)	싫을혐/미워할오
刺殺	(척살)	찌를척/죽일살
水刺	(수라)	물수/수라라
頻數	(빈삭)	자주빈/자주삭
數數	(삭삭)	자주삭/자주삭
數尿	(삭뇨)	자주삭/오줌뇨
鹿皮	(녹비)	사슴록/가죽비
樂土	(낙토)	즐길락/흙토
樂勝	(낙승)	즐길락/이길승
糖度	(당도)	엿당/법도도
雪糖	(설탕)	눈설/사탕탕

四

謁見 (알현)뵐알/뵈올현
見齒 (현치)뵈올현/이치
布施 (보시)보시보/베풀시
降伏 (항복)항복항/엎드릴복
星宿 (성수)별성/별이름수
洞察 (통찰)밝을통/살필찰
比率 (비율)견줄비/비율률
卑劣 (비열)낮을비/못할렬
困難 (곤란)곤할곤/어려울난
大怒 (대로)큰대/성낼노
喜怒 (희로)기쁠희/성낼노
編輯 (편집)엮을편/모을집
滑降 (활강)미끄러울활/내릴강
財閥 (재벌)재물재/문벌벌
逮捕 (체포)잡을체/잡을포
軌跡 (궤적)바퀴자국궤/자취적
碩學 (석학)클석/배울학
焦燥 (초조)불탈초/마를조
治療 (치료)다스릴치/병고칠료
苦衷 (고충)쓸고/속충
飛躍 (비약)날비/뛸약
港灣 (항만)항구항/물굽이만
演奏 (연주)펼연/아뢸주
鑄型 (주형)쇠불릴주/모형형
揭載 (게재)높이들게/실을재

五

落款 (낙관)떨어질락/항목관
旌旗 (정기)기정/기기
勉勵 (면려)힘쓸면/힘쓸려
殖産 (식산)불릴식/낳을산
攝政 (섭정)다스릴섭/정사정
董督 (동독)바를동/감독할독
診療 (진료)진찰할진/병고칠료
誤謬 (오류)그르칠오/그르칠류
巢窟 (소굴)새집소/굴굴
明哲 (명철)밝을명/밝을철
慙愧 (참괴)부끄러울참/부끄러울괴
把握 (파악)잡을파/쥘악
尖銳 (첨예)뾰족할첨/날카로울예
脫帽 (탈모)벗을탈/모자모
衣鉢 (의발)옷의/바리때발
運搬 (운반)옮길운/운반할반
絞殺 (교살)목맬교/죽일살
禁獵 (금렵)금할금/사냥렵
謄寫 (등사)베낄등/베낄사
紛糾 (분규)어지러울분/얽을규
嫌疑 (혐의)싫어할혐/의심할의
添削 (첨삭)더할첨/깎을삭
購買 (구매)살구/살매
太傅 (태부)클태/스승부
厭症 (염증)싫을염/증세증

六

葛藤 (갈등)칡갈/등나무등
阿膠 (아교)언덕아/아교교
尼僧 (이승)여승니/중승
奏請 (주청)아뢸주/청할청
昇天 (승천)오를승/하늘천
跳躍 (도약)뛸도/뛸약
頻尿 (빈뇨)자주빈/오줌뇨
飼育 (사육)기를사/기를육
紊亂 (문란)문란할문/어지러울란
蔑視 (멸시)업신여길멸/볼시
祿俸 (녹봉)녹록/녹봉
抱擁 (포옹)안을포/낄옹
魅惑 (매혹)매혹할매/의심할혹
殉職 (순직)따라죽을순/직분직
醉客 (취객)취할취/손님객
陷落 (함락)빠질함/떨어질락
膽石 (담석)쓸개담/돌석
蠶室 (잠실)누에잠/집실
鑄物 (주물)쇠불릴주/물건물
霸王 (패왕)으뜸패/임금왕
酷毒 (혹독)심할혹/독독
臺灣 (대만)대대/물굽이만
薰陶 (훈도)향풀훈/질그릇도
妊婦 (임부)아이밸임/아내부
握手 (악수)쥘악/손수

七	八	九
麒麟 (기린)기린기/기린린	糾彈 (규탄)얽을규/탄알탄	畢竟 (필경)마칠필/마칠경
蘭臺 (난대)난초란/대대	肯定 (긍정)즐길긍/정할정	癸丑 (계축)천간계/소축
戴冠 (대관)일대/갓관	冀願 (기원)바랄기/원할원	鼓舞 (고무)북고/춤출무
纖細 (섬세)가늘섬/가늘세	沂水 (기수)물이름기/물수	彭祖 (팽조)성팽/할아비조
濕氣 (습기)젖을습/기운기	洗濯 (세탁)씻을세/씻을탁	檢索 (검색)검사할검/찾을색
溺死 (익사)빠질닉/죽을사	會寧 (회녕)모일회/편안녕	庸劣 (용렬)떳떳할용/못할렬
激勵 (격려)격할격/힘쓸려	皐陶 (고도)언덕고/질그릇도	分娩 (분만)나눌분/낳을만
臟器 (장기)오장장/그릇기	侮辱 (모욕)업신여길모/욕될욕	艮坐 (간좌)괘이름간/앉을좌
滿潮 (만조)찰만/조수조	虐待 (학대)사나울학/기다릴대	惇敍 (돈서)도타울돈/펼서
納徵 (납징)들일납/부를징	渴症 (갈증)목마를갈/증세증	靺鞨 (말갈)말갈말/오랑캐갈
拙速 (졸속)졸할졸/빠를속	槿域 (근역)무궁화근/지경역	暖飽 (난포)따뜻할난/배부를포
瀋陽 (심양)물이름심/볕양	曲阜 (곡부)굽을곡/언덕부	潔白 (결백)깨끗할결/흰백
積城 (적성)쌓을적/재성	蔚山 (울산)고을이름울/메산	融資 (융자)녹을융/재물자
東軒 (동헌)동녘동/집헌	李滉 (이황)오얏리/밝을황	肺癌 (폐암)허파폐/암암
驪州 (여주)검은말려/고을주	遞減 (체감)갈릴체/덜감	可憐 (가련)옳을가/불쌍히여길련
靜肅 (정숙)고요할정/엄숙할숙	哀悼 (애도)슬플애/슬퍼할도	颱風 (태풍)태풍태/바람풍
鑄造 (주조)쇠불릴주/지을조	孫乭 (손돌)손자손/사람이름돌	措處 (조처)둘조/곳처
遵守 (준수)좇을준/지킬수	埋沒 (매몰)묻을매/빠질몰	鬱蒼 (울창)답답할울/푸를창
擊鼓 (격고)칠격/북고	濊貊 (예맥)종족이름예/오랑캐맥	善隣 (선린)착할선/이웃린
敦篤 (돈독)도타울돈/도타울독	茅屋 (모옥)띠모/집옥	托鉢 (탁발)맡길탁/바리때발
膠着 (교착)아교교/붙을착	彌滿 (미만)미륵미/찰만	報聘 (보빙)갚을보/부를빙
派遣 (파견)갈래파/보낼견	項鎖 (항쇄)항목항/쇠사슬쇄	揭揚 (게양)걸게/날릴양
破瓜 (파과)깨뜨릴파/외과	扈從 (호종)따를호/좇을종	乞暇 (걸가)빌걸/겨를가
掛圖 (괘도)걸괘/그림도	欽仰 (흠앙)공경할흠/우러를앙	借款 (차관)빌릴차/항목관
厥女 (궐녀)그궐/계집녀	絹絲 (견사)비단견/실사	戈矛 (과모)창과/창모

⑩	⑪	⑫
奪掠 (탈략)빼앗을탈/노략질략	崩壞 (붕괴)무너질붕/무너질괴	凝滯 (응체)엉길응/막힐체
赤裸 (적라)붉을적/벗을라	敷衍 (부연)펼부/넓을연	抛棄 (포기)던질포/버릴기
瓊姿 (경자)구슬경/모양자	娩痛 (만통)낳을만/아플통	嫌畏 (혐외)싫어할혐/두려울외
雇役 (고역)품팔고/부릴역	貰赦 (세사)세놓을세/용서할사	幻影 (환영)헛보일환/그림자영
誇耀 (과요)자랑할과/빛날요	蔽傘 (폐산)덮을폐/우산산	鋼坑 (강갱)강철강/구덩이갱
諾從 (낙종)허락할낙/좇을종	蠶桑 (잠상)누에잠/뽕나무상	幣聘 (폐빙)화폐폐/부를빙
掛冠 (괘관)걸괘/갓관	拘礙 (구애)잡을구/거리낄애	揷架 (삽가)꽂을삽/시렁가
塊炭 (괴탄)흙덩이괴/숯탄	閱覽 (열람)볼열/볼람	耽羅 (탐라)즐길탐/벌릴라
耽溺 (탐닉)즐길탐/빠질닉	嫌厭 (혐염)싫어할혐/싫을염	憩息 (게식)쉴게/쉴식
湍怒 (단노)여울단/성낼노	纖巧 (섬교)가늘섬/공교할교	僧尼 (승니)중승/여승니
糾謬 (규류)얽을규/그르칠류	諮謀 (자모)물을자/꾀모	魅了 (매료)매혹할매/마칠료
被拉 (피랍)입을피/끌랍	沮喪 (저상)막을저/잃을상	懸垂 (현수)매달현/드리울수
筋膜 (근막)힘줄근/꺼풀막	遮莫 (차막)가릴차/없을막	郵遞 (우체)우편우/갈릴체
挑禍 (도화)돋울도/재앙화	誕降 (탄강)낳을탄/내릴강	敎唆 (교사)가르칠교/부추길사
柴毁 (시훼)섶시/헐훼	逮繫 (체계)잡을체/맬계	掛念 (괘념)걸괘/생각념
暢快 (창쾌)화창할창/쾌할쾌	播遷 (파천)뿌릴파/옮길천	裸體 (나체)벗을라/몸체
搜索 (수색)찾을수/찾을색	閣僚 (각료)집각/동료료	飜譯 (번역)번역할번/번역할역
播殖 (파식)뿌릴파/불릴식	枚擧 (매거)낱매/들거	方暢 (방창)모방/화창할창
排尿 (배뇨)밀칠배/오줌뇨	陽傘 (양산)볕양/우산산	渤海 (발해)바다이름발/바다해
屍體 (시체)주검시/몸체	謄抄 (등초)베낄등/뽑을초	酷寒 (혹한)심할혹/찰한
塗泥 (도니)칠할도/진흙니	硯滴 (연적)벼루연/물방울적	携帶 (휴대)이끌휴/띠대
駐屯 (주둔)머무를주/진칠둔	巧拙 (교졸)공교할교/졸할졸	弊端 (폐단)폐단폐/끝단
批准 (비준)비평할비/비준준	餐廳 (찬청)밥찬/관청청	迷惑 (미혹)미혹할미/미혹할혹
彫琢 (조탁)새길조/쪼을탁	刹那 (찰나)절찰/어찌나	擴張 (확장)넓힐확/베풀장
塵埃 (진애)티끌진/티끌애	隻眼 (척안)외짝척/눈안	貢獻 (공헌)바칠공/드릴헌

卌	西	玊
推戴 (추대)밀추/일대	抑鬱 (억울)누를억/답답할울	邕穆 (옹목)막힐옹/화목할목
獎勵 (장려)장려할장/힘쓸려	凝固 (응고)엉길응/군을고	秉權 (병권)잡을병/권세권
塗炭 (도탄)칠할도/숯탄	招聘 (초빙)부를초/부를빙	賈船 (고선)장사고/배선
僻境 (벽경)궁벽할벽/지경경	尿素 (요소)오줌뇨/본디소	戰兢 (전긍)싸움전/떨릴긍
示唆 (시사)보일시/부추길사	潔馨 (결형)깨끗할결/꽃다울형	呼訴 (호소)부를호/호소할소
化纖 (화섬)될화/가늘섬	磻溪 (반계)반계반/시내계	甕城 (옹성)독옹/재성
網膜 (망막)그물망/꺼풀막	碩座 (석좌)클석/자리좌	佾舞 (일무)줄춤일/춤출무
侮蔑 (모멸)업신여길모/업신여길멸	庠序 (상서)학교상/차례서	暹羅 (섬라)햇살치밀섬/벌릴라
腎臟 (신장)콩팥신/오장장	祭需 (제수)제사제/쓰일수	履霜 (이상)밟을리/서리상
製粉 (제분)지을제/가루분	干涉 (간섭)방패간/건널섭	龐統 (방통)높은집방/거느릴통
關鍵 (관건)관계할관/열쇠건	蠻貊 (만맥)오랑캐만/맥국맥	刷還 (쇄환)인쇄할쇄/돌아올환
無疆 (무강)없을무/굳셀강	璿源 (선원)구슬선/근원원	阜傍 (부방)언덕부/곁방
惹起 (야기)이끌야/일어날기	艾石 (애석)쑥애/돌석	蓬矢 (봉시)쑥봉/화살시
溫祚 (온조)따뜻할온/복조	閼英 (알영)막을알/꽃부리영	蟾彩 (섬채)두꺼비섬/채색채
崔冲 (최충)높을최/화할충	明亮 (명량)밝을명/밝을량	坑儒 (갱유)구덩이갱/선비유
墮落 (타락)떨어질타/떨어질락	廬幕 (여막)농막집려/장막막	循環 (순환)돌순/고리환
淮陽 (회양)물이름회/볕양	杜甫 (두보)막을두/클보	赴任 (부임)갈부/맡길임
雉岳 (치악)꿩치/큰산악	飜覆 (번복)번역할번/덮을복	謀策 (모책)꾀모/꾀책
醜物 (추물)추할추/물건물	盈衍 (영연)찰영/넓을연	和睦 (화목)화할화/화목할목
懇請 (간청)간절할간/청할청	罪囚 (죄수)허물죄/가둘수	螢雪 (형설)반딧불형/눈설
罔極 (망극)없을망/극진할극	豪誇 (호과)호걸호/자랑할과	睿宗 (예종)슬기예/마루종
醴泉 (예천)단술례/샘천	軟綠 (연록)연할연/푸를록	濬川 (준천)깊을준/내천
峽谷 (협곡)골짜기협/골곡	蜂蝶 (봉접)벌봉/나비접	璿譜 (선보)구슬선/족보보
醫療 (의료)의원의/병고칠료	熊膽 (웅담)곰웅/쓸개담	牟麥 (모맥)보리모/보리맥
障礙 (장애)막을장/거리낄애	歸巢 (귀소)돌아올귀/새집소	膠漆 (교칠)아교교/옻칠

ㅊ	ㅌ	ㅊ
購販 (구판)살구/팔판	炯眼 (형안)빛날형/눈안	耆老 (기로)늙을기/늙을로
岐塗 (기도)갈림길기/칠할도	昊天 (호천)하늘호/하늘천	査頓 (사돈)조사사/조아릴돈
涉獵 (섭렵)건널섭/사냥렵	柴炭 (시탄)섶시/숯탄	亮察 (양찰)밝을량/살필찰
沒溺 (몰닉)빠질몰/빠질닉	艮峴 (간현)괘이름간/고개현	律呂 (율려)법칙률/법칙려
雇傭 (고용)품팔고/품팔용	牽引 (견인)끌견/끌인	劉邦 (유방)죽일류/나라방
融液 (융액)녹을융/진액	措置 (조치)둘조/둘치	舒眉 (서미)펼서/눈썹미
諮問 (자문)물을자/물을문	峽灣 (협만)골짜기협/물굽이만	捕繩 (포승)잡을포/노끈승
凝脂 (응지)엉길응/기름지	覓得 (멱득)찾을멱/얻을득	盈虛 (영허)찰영/빌허
紹述 (소술)이을소/펼술	牟尼 (모니)보리모/여승니	明晳 (명석)밝을명/밝을석
降誕 (강탄)내릴강/낳을탄	掘穴 (굴혈)팔굴/구멍혈	耽讀 (탐독)즐길탐/읽을독
竊盜 (절도)훔칠절/도둑도	屯耕 (둔경)진칠둔/밭갈경	輔弼 (보필)도울보/도울필
拉致 (납치)끌랍/이를치	敷奏 (부주)펼부/아뢸주	徽章 (휘장)아름다울휘/글장
傅訓 (부훈)스승부/가르칠훈	赦免 (사면)용서할사/면할면	翊贊 (익찬)도울익/도울찬
破壞 (파괴)깨뜨릴파/무너질괴	揷畫 (삽화)꽂을삽/그림화	胤子 (윤자)자손윤/아들자
困窮 (곤궁)곤할곤/다할궁	祥瑞 (상서)상서상/상서서	燮和 (섭화)불꽃섭/화할화
拳鬪 (권투)주먹권/싸움투	纖維 (섬유)가늘섬/벼리유	馮虛 (빙허)탈빙/빌허
勤勉 (근면)부지런할근/힘쓸면	龐錯 (방착)높은집방/어긋날착	王后 (왕후)임금왕/임금후
飢餓 (기아)주릴기/굶주릴아	旭日 (욱일)아침해욱/날일	鼎爐 (정로)솥정/화로로
煩惱 (번뇌)번거로울번/번뇌할뇌	帽着 (모착)모자모/붙을착	郁烈 (욱렬)성할욱/매울렬
踏步 (답보)밟을답/걸음보	賠償 (배상)물어줄배/갚을상	陜川 (합천)땅이름합/내천
瓊團 (경단)구슬경/둥글단	範疇 (범주)법범/이랑주	進陟 (진척)나아갈진/오를척
弁韓 (변한)고깔변/나라한	燾育 (도육)비칠도/기를육	沃畓 (옥답)기름질옥/논답
薛聰 (설총)성설/귀밝을총	皐復 (고복)언덕고/회복복	淳朴 (순박)순박할순/성박
彬蔚 (빈울)빛날빈/고을이름울	串柿 (관시)꿸관/감시	福祚 (복조)복복/복조
銀杏 (은행)은은/살구행	兌換 (태환)바꿀태/바꿀환	師傅 (사부)스승사/스승부

九

倭敵 (왜적)왜나라왜/대적할적
盆塘 (분당)동이분/못당
李塏 (이개)오얏리/높은땅개
埃及 (애급)티끌애/미칠급
溶解 (용해)녹을용/풀해
燦爛 (찬란)빛날찬/빛날란
埰地 (채지)사패지채/땅지
允許 (윤허)맏윤/허락할허
冀圖 (기도)바랄기/그림도
壎篴 (훈적)질나팔훈/피리적
蜀漢 (촉한)나라이름촉/한수한
濂溪 (염계)물이름렴/시내계
彦陽 (언양)선비언/볕양
丕子 (비자)클비/아들자
楞嚴 (능엄)모릉/엄할엄
岐路 (기로)갈림길기/길로
對峙 (대치)대할대/언덕치
桓雄 (환웅)굳셀환/수컷웅
杜絕 (두절)막을두/끊을절
敞麗 (창려)시원할창/고울려
分泌 (분비)나눌분/분비할비
琴瑟 (금슬)거문고금/거문고슬
銘旌 (명정)새길명/기정
沙鉢 (사발)모래사/바리때발
遼遠 (요원)멀료/멀원

十

馨香 (형향)꽃다울형/향기향
馥郁 (복욱)향기복/성할욱
謀訓 (모훈)꾀모/가르칠훈
耀德 (요덕)빛날요/큰덕
隷屬 (예속)종례/붙일속
聚合 (취합)모을취/합할합
煥爛 (환란)빛날환/빛날란
垠界 (은계)지경은/지경계
寺址 (사지)절사/터지
坡岸 (파안)언덕파/언덕안
鵬鳥 (붕조)새붕/새조
茅根 (모근)띠모/뿌리근
靈芝 (영지)신령령/지초지
冕服 (면복)면류관면/옷복
昴星 (묘성)별이름묘/별성
鍵盤 (건반)열쇠건/소반반
騷人 (소인)떠들소/사람인
隋唐 (수당)수나라수/당나라당
宗廟 (종묘)마루종/사당묘
社稷 (사직)모일사/피직
鬪狗 (투구)싸움투/개구
蹴踏 (축답)찰축/밟을답
釋迦 (석가)풀석/부처이름가
惹端 (야단)이끌야/끝단
伏羲 (복희)엎드릴복/복희희

三

長湍 (장단)긴장/여울단
締盟 (체맹)맺을체/맹세맹
魔鬼 (마귀)마귀마/귀신귀
蘇軾 (소식)되살아날소/수레가로나무식
硫黃 (유황)유황류/누를황
懸隔 (현격)매달현/사이격
粉塵 (분진)가루분/티끌진
欽定 (흠정)공경할흠/정할정
被納 (피납)입을피/들일납
沈沒 (침몰)잠길침/빠질몰
芝蘭 (지란)지초지/난초란
胡樂 (호락)되호/즐길락
鎬京 (호경)호경호/서울경
魯鈍 (노둔)노나라로/둔할둔
三陟 (삼척)석삼/오를척
俳優 (배우)배우배/넉넉할우
漣川 (연천)잔물결련/내천
杏仁 (행인)살구행/어질인
跋扈 (발호)밟을발/따를호
惇篤 (돈독)도타울돈/도타울독
祜休 (호휴)복호/쉴휴
妍粧 (연장)고울연/단장할장
燁然 (엽연)빛날엽/그럴연
南怡 (남이)남녘남/기쁠이
長鎰 (장일)긴장/무게이름일

▶ 반대자 ◀

(반대의 뜻을 이해하면서) 독음을 보고 한자로 써 보세요.

1. 加減 (가감) 더할가/덜감
2. 可否 (가부) 옳을가/아닐부
3. 干戈 (간과) 방패간/창과
4. 干滿 (간만) 방패간[간조]/찰만[만조]
5. 簡細 (간세) 간략할간[간단]/가늘[세밀]
6. 甘苦 (감고) 달감/쓸고
7. 江山 (강산) 강강/메산
8. 強弱 (강약) 강할강/약할약
9. 剛柔 (강유) 굳셀강/부드러울유
10. 開閉 (개폐) 열개/닫을폐
11. 去來 (거래) 갈거/올래
12. 去留 (거류) 갈거[떠남]/머무를류
13. 巨細 (거세) 클거/가늘세
14. 乾坤 (건곤) 하늘건/땅곤
15. 乾濕 (건습) 마를건/젖을습
16. 硬軟 (경연) 굳을경/연할연
17. 經緯 (경위) 지날경[경도,날줄]/씨위[위도,씨줄]
18. 慶弔 (경조) 경사경[경사]/조상할조[초상]
19. 輕重 (경중) 가벼울경/무거울중
20. 京鄕 (경향) 서울경/시골향
21. 繼絶 (계절) 이을계/끊을절
22. 啓閉 (계폐) 열계/닫을폐
23. 古今 (고금) 예고/이제금
24. 苦樂 (고락) 괴로울고/즐길락
25. 姑婦 (고부) 시어미고/며느리부
26. 高低 (고저) 높을고/낮을저
27. 曲直 (곡직) 굽을곡/곧을직
28. 骨肉 (골육) 뼈골/몸육
29. 功過 (공과) 공공[공로]/지날과[과실]
30. 攻防 (공방) 칠공/막을방
31. 公私 (공사) 공평할공[공적]/사사사[사적]
32. 攻守 (공수) 칠공[공격]/지킬수[수비]
33. 寬猛 (관맹) 너그러울관/사나울맹
34. 官民 (관민) 벼슬관/백성민
35. 光陰 (광음) 빛광[해]/그늘음[달]
36. 巧拙 (교졸) 공교할교/졸할졸
37. 敎學 (교학) 가르칠교/배울학
38. 君臣 (군신) 임금군/신하신
39. 屈伸 (굴신) 굽힐굴/펼신
40. 貴賤 (귀천) 귀할귀/천할천
41. 勤怠 (근태) 부지런할근/게으를태
42. 今昔 (금석) 이제금/예석
43. 禽獸 (금수) 새금[날짐승]/짐승수[길짐승]
44. 起伏 (기복) 일어날기/엎드릴복
45. 起臥 (기와) 일어날기/누울와
46. 吉凶 (길흉) 길할길/흉할흉
47. 難易 (난이) 어려울난/쉬울이
48. 南北 (남북) 남녘남/북녘북
49. 來往 (내왕) 올래/갈왕
50. 內外 (내외) 안내/바깥외
51. 冷熱 (냉열) 찰랭/더울열
52. 冷溫 (냉온) 찰랭/따뜻할온
53. 奴婢 (노비) 종노[男]/계집종비[女]
54. 勞使 (노사) 일할로[노동자]/부릴사[사용자]
55. 老少 (노소) 늙을로/젊을소
56. 濃淡 (농담) 짙을농/맑을담

- 113 -

57. 多少 (다소) 많을다/적을소
58. 單複 (단복) 홑단[단수,단식]/겹칠복[복수,복식]
59. 旦夕 (단석) 아침단/저녁석
60. 斷續 (단속) 끊을단/이을속
61. 當落 (당락) 마땅당[당선]/떨어질락[낙선]
62. 大小 (대소) 큰대/작을소
63. 貸借 (대차) 빌려줄대/빌릴차
64. 都農 (도농) 도읍도/농사농
65. 東西 (동서) 동녘동/서녘서
66. 動靜 (동정) 움직일동[동적]/고요할정[정적]
67. 頭尾 (두미) 머리두/꼬리미
68. 得失 (득실) 얻을득/잃을실
69. 登落 (등락) 오를등/떨어질락
70. 騰落 (등락) 오를등/떨어질락
71. 賣買 (매매) 팔매/살매
72. 明暗 (명암) 밝을명/어두울암
73. 矛盾 (모순) 창모/방패순
74. 問答 (문답) 물을문/대답답
75. 文武 (문무) 글월문[문관]/호반무[무관]
76. 物心 (물심) 물건물[물질]/마음심
77. 美醜 (미추) 아름다울미/추할추
78. 班常 (반상) 나눌반[양반]/떳떳할상[상민]
79. 發着 (발착) 필발[출발]/붙을착[도착]
80. 方圓 (방원) 모방[네모]/둥글원
81. 煩簡 (번간) 번거로울번/간략할간
82. 腹背 (복배) 배복/등배
83. 本末 (본말) 근본본[시작]/끝말
84. 父母 (부모) 아비부/어미모
85. 夫婦 (부부) 지아비부/아내부
86. 夫妻 (부처) 지아비부/아내처
87. 浮沈 (부침) 뜰부/잠길침
88. 分合 (분합) 나눌분/합할합
89. 貧富 (빈부) 가난할빈/부자부
90. 賓主 (빈주) 손빈/주인주
91. 氷炭 (빙탄) 얼음빙/숯탄[성질이 서로 차이남]
92. 死生 (사생) 죽을사/살생
93. 邪正 (사정) 간사할사[사악]/바를정[정의]
94. 師弟 (사제) 스승사/아우제[제자]
95. 死活 (사활) 죽을사/살활
96. 朔望 (삭망) 초하루삭/바랄망[보름15일]
97. 山川 (산천) 메산/내천
98. 山河 (산하) 메산/물하
99. 詳略 (상략) 자세할상/간략할략
100. 賞罰 (상벌) 상줄상/벌할벌
101. 生死 (생사) 날생/죽을사
102. 生熟 (생숙) 날생/익을숙
103. 善惡 (선악) 착할선/악할악
104. 先後 (선후) 먼저선/뒤후
105. 盛衰 (성쇠) 성할성/쇠할쇠
106. 成敗 (성패) 이룰성[성공]/패할패[실패]
107. 疏密 (소밀) 트일소/빽빽할밀
108. 損益 (손익) 덜손[손해]/더할익[이익]
109. 送迎 (송영) 보낼송/맞을영
110. 需給 (수급) 쓰일수[수요]/줄급[공급]
111. 首尾 (수미) 머리수/꼬리미
112. 授受 (수수) 줄수/받을수
113. 手足 (수족) 손수/발족
114. 收支 (수지) 거둘수[수입]/지탱할지[지출]
115. 叔姪 (숙질) 아재비숙/조카질
116. 順逆 (순역) 순할순[순종]/거스릴역[거역]

117. 昇降 (승강) 오를승/내릴강
118. 乘降 (승강) 탈승/내릴강
119. 勝負 (승부) 이길승/질부
120. 乘除 (승제) 탈승[곱셈]/덜제[나눗셈]
121. 勝敗 (승패) 이길승/패할패
122. 始末 (시말) 비로소시[시작]/끝말
123. 是非 (시비) 옳을시/아닐비
124. 始終 (시종) 비로소시/마칠종
125. 視聽 (시청) 볼시/들을청
126. 新舊 (신구) 새신[신식]/예구[구식]
127. 伸縮 (신축) 펼신/줄일축
128. 心身 (심신) 마음심/몸신
129. 深淺 (심천) 깊을심/얕을천
130. 雅俗 (아속) 맑을아[고아]/풍속속[비속]
131. 安危 (안위) 편안안/위태할위
132. 愛憎 (애증) 사랑애/미울증
133. 哀歡 (애환) 슬플애/기쁠환
134. 良否 (양부) 어질량[좋음]/아닐부
135. 抑揚 (억양) 누를억[伏]/날릴양[起]
136. 言行 (언행) 말씀언/다닐행[행동]
137. 與受 (여수) 더불여,줄여/받을수
138. 與野 (여야) 더불어[여당]/들야[야당]
139. 炎涼 (염량) 불꽃염[暑,융성]/서늘할량[寒,쇠퇴]
140. 榮枯 (영고) 영화영[번영]/마를고[고사]
141. 榮辱 (영욕) 영화영[영예]/욕될욕[치욕]
142. 盈虛 (영허) 찰영/빌허
143. 豫決 (예결) 미리예[예산]/결단할결[결산]
144. 銳鈍 (예둔) 날카로울예/둔할둔
145. 玉石 (옥석) 구슬옥/돌석
146. 緩急 (완급) 느릴완/급할급

147. 往來 (왕래) 갈왕/올래
148. 往復 (왕복) 갈왕/돌아올복
149. 用捨 (용사) 쓸용/버릴사
150. 優劣 (우열) 넉넉할우[우등]/못할렬[열등]
151. 遠近 (원근) 멀원/가까울근
152. 有無 (유무) 있을유/없을무
153. 陸海 (육해) 뭍륙/바다해
154. 恩怨 (은원) 은혜은/원망할원
155. 隱現 (은현) 숨을은/나타날현
156. 陰陽 (음양) 그늘음/볕양
157. 異同 (이동) 다를이/같을동
158. 利鈍 (이둔) 이할리[날카로움]/둔할둔
159. 離合 (이합) 떠날리/합할합
160. 利害 (이해) 이할리[이익]/해할해[손해]
161. 因果 (인과) 인할인[원인]/실과과[결과]
162. 日月 (일월) 날일,해일/달월
163. 任免 (임면) 맡길임/면할면
164. 子女 (자녀) 아들자/계집녀[딸]
165. 姉妹 (자매) 누이자/누이매
166. 雌雄 (자웅) 암컷자/수컷웅
167. 自至 (자지) 스스로자[始]/이를지[終]
168. 自他 (자타) 스스로자[자기]/다를타[남]
169. 昨今 (작금) 어제작/이제금
170. 長短 (장단) 긴장/짧을단
171. 將兵 (장병) 장수장/병사병
172. 長幼 (장유) 긴장[어른]/어릴유
173. 將卒 (장졸) 장수장/마칠졸[졸병]
174. 田畓 (전답) 밭전/논답
175. 前後 (전후) 앞전/뒤후
176. 正否 (정부) 바를정/아닐부

177. 正誤 (정오) 바를정/그르칠오
178. 早晩 (조만) 이를조/늦을만
179. 朝夕 (조석) 아침조/저녁석
180. 祖孫 (조손) 할아비조/손자손
181. 燥濕 (조습) 마를조/젖을습
182. 存亡 (존망) 있을존/망할망
183. 尊卑 (존비) 높을존/낮을비
184. 存廢 (존폐) 있을존/폐할폐
185. 縱橫 (종횡) 세로종/가로횡
186. 左右 (좌우) 왼좌/오른우
187. 罪刑 (죄형) 허물죄/형벌형
188. 主客 (주객) 주인주/손객
189. 晝夜 (주야) 낮주/밤야
190. 主從 (주종) 주인주/좇을종
191. 衆寡 (중과) 무리중[多]/적을과
192. 增減 (증감) 더할증/덜감
193. 遲速 (지속) 더딜지/빠를속
194. 知行 (지행) 알지[지식]/다닐행[행동]
195. 眞假 (진가) 참진/거짓가
196. 眞僞 (진위) 참진/거짓위
197. 進退 (진퇴) 나아갈진/물러날퇴
198. 集配 (집배) 모을집/나눌배
199. 集散 (집산) 모을집/흩을산
200. 贊反 (찬반) 도울찬[찬성]/돌아올반[반대]
201. 陟降 (척강) 오를척/내릴강
202. 天壤 (천양) 하늘천/흙덩이양
203. 天地 (천지) 하늘천/땅지
204. 添削 (첨삭) 더할첨[첨가]/깎을삭[삭감]
205. 淸濁 (청탁) 맑을청[善, 是]/흐릴탁[惡, 非]
206. 初終 (초종) 처음초[초생]/마칠종[졸곡]
207. 春秋 (춘추) 봄춘/가을추
208. 出缺 (출결) 날출[출석]/이지러질결[결석]
209. 出納 (출납) 날출/들일납
210. 出沒 (출몰) 날출/빠질몰
211. 出入 (출입) 날출/들입
212. 忠逆 (충역) 충성충/거스릴역
213. 取捨 (취사) 가질취/버릴사
214. 親疏 (친소) 친할친[친근]/트일소[소원]
215. 表裏 (표리) 겉표/속리
216. 豊凶 (풍흉) 풍년풍/흉할흉
217. 皮骨 (피골) 가죽피/뼈골
218. 彼此 (피차) 저피/이차
219. 夏冬 (하동) 여름하/겨울동
220. 寒暖 (한난) 찰한/따뜻할난
221. 閑忙 (한망) 한가할한/바쁠망
222. 向背 (향배) 향할향[복종]/등배[배반]
223. 虛實 (허실) 빌허[허위]/열매실[진실]
224. 賢愚 (현우) 어질현[현명]/어리석을우
225. 好惡 (호오) 좋을호/미워할오
226. 呼吸 (호흡) 부를호/마실흡
227. 禍福 (화복) 재앙화/복복
228. 厚薄 (후박) 두터울후/엷을박
229. 胸背 (흉배) 가슴흉/등배
230. 黑白 (흑백) 검을흑/흰백
231. 興亡 (흥망) 일흥[흥함]/망할망
232. 喜怒 (희로) 기쁠희/성낼노
233. 喜悲 (희비) 기쁠희/슬플비

- 116 -

▶ 반대자 독음 쓰기 ◀

뜻을 생각하면서　　　　　　　　　　　　　　　　　정답 113쪽

2. 可否 ( )	68. 得失 ( )	129. 深淺 ( )	191. 衆寡 ( )
4. 干滿 ( )	75. 文武 ( )	131. 安危 ( )	192. 增減 ( )
9. 剛柔 ( )	77. 美醜 ( )	132. 愛憎 ( )	195. 眞假 ( )
15. 乾濕 ( )	80. 方圓 ( )	133. 哀歡 ( )	197. 進退 ( )
16. 硬軟 ( )	81. 煩簡 ( )	135. 抑揚 ( )	198. 集配 ( )
17. 經緯 ( )	82. 腹背 ( )	141. 榮辱 ( )	200. 贊反 ( )
18. 慶弔 ( )	87. 浮沈 ( )	142. 盈虛 ( )	204. 添削 ( )
20. 京鄕 ( )	90. 賓主 ( )	144. 銳鈍 ( )	205. 淸濁 ( )
25. 姑婦 ( )	100. 賞罰 ( )	146. 緩急 ( )	213. 取捨 ( )
29. 功過 ( )	105. 盛衰 ( )	150. 優劣 ( )	214. 親疏 ( )
31. 公私 ( )	107. 疏密 ( )	156. 陰陽 ( )	215. 表裏 ( )
41. 勤怠 ( )	108. 損益 ( )	158. 利鈍 ( )	218. 彼此 ( )
44. 起伏 ( )	109. 送迎 ( )	163. 任免 ( )	220. 寒暖 ( )
47. 難易 ( )	110. 需給 ( )	166. 雌雄 ( )	223. 虛實 ( )
54. 勞使 ( )	111. 首尾 ( )	172. 長幼 ( )	224. 賢愚 ( )
56. 濃淡 ( )	114. 收支 ( )	178. 早晚 ( )	225. 好惡 ( )
58. 單複 ( )	115. 叔姪 ( )	182. 存亡 ( )	226. 呼吸 ( )
59. 旦夕 ( )	117. 昇降 ( )	183. 尊卑 ( )	227. 禍福 ( )
63. 貸借 ( )	123. 是非 ( )	185. 縱橫 ( )	228. 厚薄 ( )
66. 動靜 ( )	127. 伸縮 ( )	190. 主從 ( )	233. 喜悲 ( )

양쪽을 테스트 해 보세요.　　▶ 반대자 테스트 ◀　　정답 113, 117쪽

2. 可 - ( )	68. 得 - ( )	129. 深 - ( )	191. 衆 - ( )
4. 干 - ( )	75. 文 - ( )	131. 安 - ( )	192. 增 - ( )
9. 剛 - ( )	77. 美 - ( )	132. 愛 - ( )	195. 眞 - ( )
15. 乾 - ( )	80. 方 - ( )	133. 哀 - ( )	197. 進 - ( )
16. 硬 - ( )	81. 煩 - ( )	135. 抑 - ( )	198. 集 - ( )
17. 經 - ( )	82. 腹 - ( )	141. 榮 - ( )	200. 贊 - ( )
18. 慶 - ( )	87. 浮 - ( )	142. 盈 - ( )	204. 添 - ( )
20. 京 - ( )	90. 賓 - ( )	144. 銳 - ( )	205. 淸 - ( )
25. 姑 - ( )	100. 賞 - ( )	146. 緩 - ( )	213. 取 - ( )
29. 功 - ( )	105. 盛 - ( )	150. 優 - ( )	214. 親 - ( )
31. 公 - ( )	107. 疏 - ( )	156. 陰 - ( )	215. 表 - ( )
41. 勤 - ( )	108. 損 - ( )	158. 利 - ( )	218. 彼 - ( )
44. 起 - ( )	109. 送 - ( )	163. 任 - ( )	220. 寒 - ( )
47. 難 - ( )	110. 需 - ( )	166. 雌 - ( )	223. 虛 - ( )
54. 勞 - ( )	111. 首 - ( )	172. 長 - ( )	224. 賢 - ( )
56. 濃 - ( )	114. 收 - ( )	178. 早 - ( )	225. 好 - ( )
58. 單 - ( )	115. 叔 - ( )	182. 存 - ( )	226. 呼 - ( )
59. 旦 - ( )	117. 昇 - ( )	183. 尊 - ( )	227. 禍 - ( )
63. 貸 - ( )	123. 是 - ( )	185. 縱 - ( )	228. 厚 - ( )
66. 動 - ( )	127. 伸 - ( )	190. 主 - ( )	233. 喜 - ( )

▶ 반대어 ◀

(반대의 뜻을 이해하면서) 양쪽을 테스트 해 보세요.

1자만 바꾸어도 반대어가 되는 한자어

1. 可決 (가결)-(부결) 否決
2. 加害 (가해)-(피해) 被害
3. 幹線 (간선)-(지선) 支線
4. 干潮 (간조)-(만조) 滿潮
5. 強風 (강풍)-(미풍) 微風
6. 概算 (개산)-(정산) 精算
7. 蓋然 (개연)-(필연) 必然
8. 開會 (개회)-(폐회) 閉會
9. 傑作 (걸작)-(졸작) 拙作
10. 決算 (결산)-(예산) 豫算
11. 結婚 (결혼)-(이혼) 離婚
12. 經度 (경도)-(위도) 緯度
13. 輕視 (경시)-(중시) 重視
14. 高調 (고조)-(저조) 低調
15. 空腹 (공복)-(만복) 滿腹
16. 攻勢 (공세)-(수세) 守勢
17. 共有 (공유)-(전유) 專有
18. 求心 (구심)-(원심) 遠心
19. 口語 (구어)-(문어) 文語
20. 屈辱 (굴욕)-(설욕) 雪辱
21. 急性 (급성)-(만성) 慢性
22. 急進 (급진)-(점진) 漸進
23. 急行 (급행)-(완행) 緩行
24. 錦衣 (금의)-(포의) 布衣
25. 旣決 (기결)-(미결) 未決
26. 奇數 (기수)-(우수) 偶數
27. 起寢 (기침)-(취침) 就寢
28. 吉兆 (길조)-(흉조) 凶兆
29. 樂觀 (낙관)-(비관) 悲觀
30. 落第 (낙제)-(급제) 及第
31. 暖流 (난류)-(한류) 寒流
32. 濫讀 (남독)-(정독) 精讀
33. 朗讀 (낭독)-(묵독) 默讀
34. 冷房 (냉방)-(난방) 暖房
35. 能動 (능동)-(피동) 被動
36. 多元 (다원)-(일원) 一元
37. 單式 (단식)-(복식) 複式
38. 貸邊 (대변)-(차변) 借邊
39. 大乘 (대승)-(소승) 小乘
40. 同議 (동의)-(이의) 異議
41. 得意 (득의)-(실의) 失意
42. 登山 (등산)-(하산) 下山
43. 登場 (등장)-(퇴장) 退場
44. 等質 (등질)-(이질) 異質
45. 漠然 (막연)-(확연) 確然
46. 微官 (미관)-(현관) 顯官
47. 未備 (미비)-(완비) 完備
48. 薄土 (박토)-(옥토) 沃土
49. 發信 (발신)-(수신) 受信
50. 放心 (방심)-(조심) 操心
51. 背恩 (배은)-(보은) 報恩
52. 凡人 (범인)-(초인) 超人
53. 別居 (별거)-(동거) 同居
54. 本業 (본업)-(부업) 副業
55. 不當 (부당)-(타당) 妥當
56. 否認 (부인)-(시인) 是認
57. 否定 (부정)-(긍정) 肯定
58. 不調 (부조)-(쾌조) 快調
59. 不法 (불법)-(합법) 合法
60. 不備 (불비)-(완비) 完備
61. 不運 (불운)-(행운) 幸運
62. 非番 (비번)-(당번) 當番
63. 貧者 (빈자)-(부자) 富者
64. 辭任 (사임)-(취임) 就任
65. 散文 (산문)-(운문) 韻文
66. 詳述 (상술)-(약술) 略述
67. 生家 (생가)-(양가) 養家
68. 生食 (생식)-(화식) 火食
69. 先天 (선천)-(후천) 後天
70. 成熟 (성숙)-(미숙) 未熟
71. 歲出 (세출)-(세입) 歲入
72. 消極 (소극)-(적극) 積極
73. 送信 (송신)-(수신) 受信
74. 守節 (수절)-(훼절) 毁節
75. 順行 (순행)-(역행) 逆行
76. 勝因 (승인)-(패인) 敗因
77. 惡意 (악의)-(선의) 善意
78. 與黨 (여당)-(야당) 野黨
79. 連作 (연작)-(윤작) 輪作

80. 連敗 (연패)-(연승) 連勝
81. 溫情 (온정)-(냉정) 冷情
82. 緩行 (완행)-(급행) 急行
83. 優待 (우대)-(학대) 虐待
84. 偶然 (우연)-(필연) 必然
85. 原告 (원고)-(피고) 被告
86. 有能 (유능)-(무능) 無能
87. 異說 (이설)-(정설) 定說
88. 引渡 (인도)-(인수) 引受
89. 自律 (자율)-(타율) 他律
90. 自意 (자의)-(타의) 他意
91. 專用 (전용)-(공용) 共用
92. 絶對 (절대)-(상대) 相對
93. 漸進 (점진)-(급진) 急進
94. 精管 (정관)-(난관) 卵管
95. 正常 (정상)-(이상) 異常
96. 弔客 (조객)-(하객) 賀客
97. 主觀 (주관)-(객관) 客觀
98. 直系 (직계)-(방계) 傍系
99. 直接 (직접)-(간접) 間接
100. 進步 (진보)-(퇴보) 退步
101. 淺學 (천학)-(석학) 碩學
102. 最大 (최대)-(최소) 最小
103. 最初 (최초)-(최종) 最終
104. 出席 (출석)-(결석) 缺席
105. 胎生 (태생)-(난생) 卵生
106. 退院 (퇴원)-(입원) 入院
107. 退化 (퇴화)-(진화) 進化
108. 破婚 (파혼)-(약혼) 約婚
109. 平凡 (평범)-(비범) 非凡
110. 布衣 (포의)-(금의) 錦衣
111. 豊年 (풍년)-(흉년) 凶年
112. 必然 (필연)-(우연) 偶然
113. 寒流 (한류)-(난류) 暖流
114. 合法 (합법)-(위법) 違法
115. 幸運 (행운)-(불운) 不運
116. 現役 (현역)-(전역) 轉役
117. 好材 (호재)-(악재) 惡材
118. 好轉 (호전)-(역전) 逆轉
119. 好況 (호황)-(불황) 不況
120. 厚待 (후대)-(박대) 薄待

2자 다 반대로 바뀌면 반대어가 되는 한자어

121. 強大 (강대)-(약소) 弱小
122. 輕減 (경감)-(가중) 加重
123. 輕薄 (경박)-(중후) 重厚
124. 高雅 (고아)-(비속) 卑俗
125. 卑近 (비근)-(고원) 高遠
126. 悲哀 (비애)-(환희) 歡喜
127. 貧賤 (빈천)-(부귀) 富貴
128. 削減 (삭감)-(첨가) 添加
129. 上昇 (상승)-(하강) 下降
130. 生前 (생전)-(사후) 死後
131. 收入 (수입)-(지출) 支出
132. 愛好 (애호)-(혐오) 嫌惡
133. 利益 (이익)-(손해) 損害
134. 前進 (전진)-(후퇴) 後退
135. 增加 (증가)-(감소) 減少
136. 增進 (증진)-(감퇴) 減退
137. 天干 (천간)-(지지) 地支
138. 親近 (친근)-(소원) 疏遠

다른 형태로 반대어가 되는 한자어

139. 架空 (가공)-(실재) 實在
140. 加熱 (가열)-(냉각) 冷却
141. 加入 (가입)-(탈퇴) 脫退
142. 却下 (각하)-(수리) 受理
143. 干涉 (간섭)-(방임) 放任
144. 感情 (감정)-(이성) 理性
145. 剛健 (강건)-(유약) 柔弱
146. 強健 (강건)-(병약) 病弱
147. 強硬 (강경)-(유화) 柔和
148. 降臨 (강림)-(승천) 昇天
149. 強制 (강제)-(임의) 任意
150. 開放 (개방)-(폐쇄) 閉鎖
151. 個別 (개별)-(전체) 全體
152. 巨大 (거대)-(미소) 微小
153. 巨富 (거부)-(극빈) 極貧
154. 拒絶 (거절)-(승낙) 承諾
155. 建設 (건설)-(파괴) 破壞
156. 乾燥 (건조)-(습윤) 濕潤
157. 儉約 (검약)-(낭비) 浪費
158. 決裂 (결렬)-(합의) 合意
159. 決定 (결정)-(유보) 留保
160. 結合 (결합)-(분리) 分離

#			#			#		
161.	經常 (경상)-(임시)	臨時	190.	奇拔 (기발)-(평범)	平凡	219.	物質 (물질)-(정신)	精神
162.	輕率 (경솔)-(신중)	愼重	191.	飢餓 (기아)-(포식)	飽食	220.	敏速 (민속)-(지둔)	遲鈍
163.	硬直 (경직)-(유연)	柔軟	192.	緊密 (긴밀)-(소원)	疏遠	221.	密集 (밀집)-(산재)	散在
164.	故意 (고의)-(과실)	過失	193.	緊張 (긴장)-(완화)	緩和	222.	反目 (반목)-(화목)	和睦
165.	固定 (고정)-(유동)	流動	194.	樂園 (낙원)-(지옥)	地獄	223.	返濟 (반제)-(차용)	借用
166.	困難 (곤란)-(용이)	容易	195.	樂天 (낙천)-(염세)	厭世	224.	反抗 (반항)-(복종)	服從
167.	公開 (공개)-(비밀)	秘密	196.	濫用 (남용)-(절약)	節約	225.	發生 (발생)-(소멸)	消滅
168.	公開 (공개)-(은폐)	隱蔽	197.	內容 (내용)-(형식)	形式	226.	白髮 (백발)-(홍안)	紅顏
169.	供給 (공급)-(수요)	需要	198.	內憂 (내우)-(외환)	外患	227.	白晝 (백주)-(심야)	深夜
170.	空想 (공상)-(현실)	現實	199.	內包 (내포)-(외연)	外延	228.	繁忙 (번망)-(한산)	閑散
171.	空前 (공전)-(절후)	絶後	200.	老鍊 (노련)-(미숙)	未熟	229.	保守 (보수)-(혁신)	革新
172.	公平 (공평)-(편파)	偏頗	201.	濃厚 (농후)-(희박)	稀薄	230.	普遍 (보편)-(특수)	特殊
173.	過去 (과거)-(미래)	未來	202.	單獨 (단독)-(공동)	共同	231.	本質 (본질)-(현상)	現象
174.	過激 (과격)-(온건)	穩健	203.	單純 (단순)-(복잡)	複雜	232.	扶桑 (부상)-(함지)	咸池
175.	寬大 (관대)-(엄격)	嚴格	204.	短縮 (단축)-(연장)	延長	233.	敷衍 (부연)-(생략)	省略
176.	官尊 (관존)-(민비)	民卑	205.	對話 (대화)-(독백)	獨白	234.	富裕 (부유)-(빈궁)	貧窮
177.	巧妙 (교묘)-(졸렬)	拙劣	206.	都心 (도심)-(교외)	郊外	235.	分離 (분리)-(통합)	統合
178.	郊外 (교외)-(도심)	都心	207.	獨創 (독창)-(모방)	模倣	236.	分散 (분산)-(집중)	集中
179.	拘禁 (구금)-(석방)	釋放	208.	動機 (동기)-(결과)	結果	237.	分析 (분석)-(종합)	綜合
180.	拘束 (구속)-(방면)	放免	209.	動搖 (동요)-(안정)	安定	238.	分裂 (분열)-(통일)	統一
181.	具體 (구체)-(추상)	抽象	210.	杜絶 (두절)-(연락)	連絡	239.	紛爭 (분쟁)-(화해)	和解
182.	君子 (군자)-(소인)	小人	211.	鈍濁 (둔탁)-(예리)	銳利	240.	分解 (분해)-(합성)	合成
183.	屈服 (굴복)-(저항)	抵抗	212.	末尾 (말미)-(모두)	冒頭	241.	死藏 (사장)-(활용)	活用
184.	權利 (권리)-(의무)	義務	213.	忘却 (망각)-(기억)	記憶	242.	酸化 (산화)-(환원)	還元
185.	僅少 (근소)-(과다)	過多	214.	埋沒 (매몰)-(발굴)	發掘	243.	喪失 (상실)-(획득)	獲得
186.	近接 (근접)-(원격)	遠隔	215.	滅亡 (멸망)-(융성)	隆盛	244.	相違 (상위)-(유사)	類似
187.	禁止 (금지)-(해금)	解禁	216.	名目 (명목)-(실질)	實質	245.	仙界 (선계)-(홍진)	紅塵
188.	急激 (급격)-(완만)	緩慢	217.	名譽 (명예)-(치욕)	恥辱	246.	性急 (성급)-(유장)	悠長
189.	起立 (기립)-(착석)	着席	218.	文明 (문명)-(야만)	野蠻	247.	洗練 (세련)-(치졸)	稚拙

248. 歲暮 (세모)-(연두) 年頭
249. 所得 (소득)-(손실) 損失
250. 消費 (소비)-(생산) 生産
251. 續行 (속행)-(중지) 中止
252. 紳士 (신사)-(숙녀) 淑女
253. 失敗 (실패)-(성공) 成功
254. 安全 (안전)-(위험) 危險
255. 暗黑 (암흑)-(광명) 光明
256. 抑制 (억제)-(촉진) 促進
257. 連結 (연결)-(분단) 分斷
258. 憐憫 (연민)-(증오) 憎惡
259. 劣惡 (열악)-(우량) 優良
260. 榮轉 (영전)-(좌천) 左遷
261. 誤報 (오보)-(진상) 眞相
262. 憂鬱 (우울)-(명랑) 明朗
263. 憂柔 (우유)-(강건) 剛健
264. 遠交 (원교)-(근공) 近攻
265. 原理 (원리)-(응용) 應用
266. 遠洋 (원양)-(근해) 近海
267. 原因 (원인)-(결과) 結果
268. 肉體 (육체)-(영혼) 靈魂
269. 隆起 (융기)-(멸망) 滅亡
270. 隱蔽 (은폐)-(노출) 露出
271. 恩惠 (은혜)-(원한) 怨恨
272. 凝固 (응고)-(융해) 融解
273. 依存 (의존)-(자립) 自立
274. 依他 (의타)-(자립) 自立
275. 異端 (이단)-(정통) 正統
276. 理論 (이론)-(실제) 實際

277. 離別 (이별)-(상봉) 相逢
278. 理想 (이상)-(현실) 現實
279. 離脫 (이탈)-(접근) 接近
280. 人爲 (인위)-(자연) 自然
281. 立體 (입체)-(평면) 平面
282. 諮問 (자문)-(의결) 議決
283. 雌伏 (자복)-(웅비) 雄飛
284. 低俗 (저속)-(고상) 高尚
285. 貯蓄 (저축)-(낭비) 浪費
286. 敵對 (적대)-(우호) 友好
287. 切斷 (절단)-(연결) 連結
288. 絶長 (절장)-(보단) 補短
289. 絶讚 (절찬)-(혹평) 酷評
290. 接近 (접근)-(이탈) 離脫
291. 整頓 (정돈)-(난잡) 亂雜
292. 靜肅 (정숙)-(소란) 騷亂
293. 正午 (정오)-(자정) 子正
294. 定着 (정착)-(표류) 漂流
295. 助長 (조장)-(억제) 抑制
296. 尊敬 (존경)-(경멸) 輕蔑
297. 地方 (지방)-(중앙) 中央
298. 眞實 (진실)-(허위) 虛僞
299. 質疑 (질의)-(응답) 應答
300. 集合 (집합)-(해산) 解散
301. 斬新 (참신)-(진부) 陳腐
302. 處女 (처녀)-(총각) 總角
303. 超過 (초과)-(미달) 未達
304. 聰明 (총명)-(우둔) 愚鈍
305. 縮小 (축소)-(확대) 擴大

306. 稱讚 (칭찬)-(비난) 非難
307. 快樂 (쾌락)-(고통) 苦痛
308. 快勝 (쾌승)-(참패) 慘敗
309. 敗北 (패배)-(승리) 勝利
310. 平等 (평등)-(차별) 差別
311. 平和 (평화)-(전쟁) 戰爭
312. 合理 (합리)-(모순) 矛盾
313. 向上 (향상)-(저하) 低下
314. 現實 (현실)-(이상) 理想
315. 荒野 (황야)-(옥토) 沃土
316. 劃一 (획일)-(다양) 多樣
317. 興奮 (흥분)-(안정) 安靜
318. 興奮 (흥분)-(진정) 鎭靜
319. 巨視的 - 微視的
320. 高踏的 - 世俗的
321. 根本的 - 彌縫的
322. 內在律 - 外在律
323. 大丈夫 - 拙丈夫
324. 門外漢 - 專門家
325. 背日性 - 向日性
326. 白眼視 - 靑眼視
327. 不文律 - 成文律
328. 嚴侍下 - 慈侍下
329. 唯物論 - 唯心論

▶ 반대어 독음 쓰기 ◀

정답 119쪽

123. 輕薄(　)-(　)重厚　　189. 起立(　)-(　)着席　　239. 紛爭(　)-(　)和解
126. 悲哀(　)-(　)歡喜　　192. 緊密(　)-(　)疏遠　　241. 死藏(　)-(　)活用
128. 削減(　)-(　)添加　　193. 緊張(　)-(　)緩和　　248. 歲暮(　)-(　)年頭
129. 上昇(　)-(　)下降　　197. 內容(　)-(　)形式　　250. 消費(　)-(　)生産
140. 加熱(　)-(　)冷却　　201. 濃厚(　)-(　)稀薄　　252. 紳士(　)-(　)淑女
142. 却下(　)-(　)受理　　203. 單純(　)-(　)複雜　　257. 連結(　)-(　)分斷
144. 感情(　)-(　)理性　　204. 短縮(　)-(　)延長　　260. 榮轉(　)-(　)左遷
145. 剛健(　)-(　)柔弱　　205. 對話(　)-(　)獨白　　271. 恩惠(　)-(　)怨恨
152. 巨大(　)-(　)微小　　206. 都心(　)-(　)郊外　　274. 依他(　)-(　)自立
154. 拒絶(　)-(　)承諾　　207. 獨創(　)-(　)模倣　　275. 異端(　)-(　)正統
155. 建設(　)-(　)破壞　　210. 杜絶(　)-(　)連絡　　284. 低俗(　)-(　)高尙
156. 乾燥(　)-(　)濕潤　　213. 忘却(　)-(　)記憶　　290. 接近(　)-(　)離脫
157. 儉約(　)-(　)浪費　　217. 名譽(　)-(　)恥辱　　294. 定着(　)-(　)漂流
161. 經常(　)-(　)臨時　　220. 敏速(　)-(　)遲鈍　　295. 助長(　)-(　)抑制
162. 輕率(　)-(　)愼重　　221. 密集(　)-(　)散在　　298. 眞實(　)-(　)虛僞
163. 硬直(　)-(　)柔軟　　222. 反目(　)-(　)和睦　　299. 質疑(　)-(　)應答
166. 困難(　)-(　)容易　　224. 反抗(　)-(　)服從　　301. 斬新(　)-(　)陳腐
169. 供給(　)-(　)需要　　232. 扶桑(　)-(　)咸池　　306. 稱讚(　)-(　)非難
183. 屈服(　)-(　)抵抗　　233. 敷衍(　)-(　)省略　　307. 快樂(　)-(　)苦痛
184. 權利(　)-(　)義務　　237. 分析(　)-(　)綜合　　316. 劃一(　)-(　)多樣

- 123 -

양쪽을 테스트 해 보세요. ▶ 반대어 공부 테스트 ◀ 정답 119, 123쪽

123. 輕薄 - ( )	189. 起立 - ( )	239. 紛爭 - ( )
126. 悲哀 - ( )	192. 緊密 - ( )	241. 死藏 - ( )
128. 削減 - ( )	193. 緊張 - ( )	248. 歲暮 - ( )
129. 上昇 - ( )	197. 內容 - ( )	250. 消費 - ( )
140. 加熱 - ( )	201. 濃厚 - ( )	252. 紳士 - ( )
142. 却下 - ( )	203. 單純 - ( )	257. 連結 - ( )
144. 感情 - ( )	204. 短縮 - ( )	260. 榮轉 - ( )
145. 剛健 - ( )	205. 對話 - ( )	271. 恩惠 - ( )
152. 巨大 - ( )	206. 都心 - ( )	274. 依他 - ( )
154. 拒絶 - ( )	207. 獨創 - ( )	275. 異端 - ( )
155. 建設 - ( )	210. 杜絶 - ( )	284. 低俗 - ( )
156. 乾燥 - ( )	213. 忘却 - ( )	290. 接近 - ( )
157. 儉約 - ( )	217. 名譽 - ( )	294. 定着 - ( )
161. 經常 - ( )	220. 敏速 - ( )	295. 助長 - ( )
162. 輕率 - ( )	221. 密集 - ( )	298. 眞實 - ( )
163. 硬直 - ( )	222. 反目 - ( )	299. 質疑 - ( )
166. 困難 - ( )	224. 反抗 - ( )	301. 斬新 - ( )
169. 供給 - ( )	232. 扶桑 - ( )	306. 稱讚 - ( )
183. 屈服 - ( )	233. 敷衍 - ( )	307. 快樂 - ( )
184. 權利 - ( )	237. 分析 - ( )	316. 劃一 - ( )

▶ 유의자 ◀

(비슷한 뜻을 이해하면서) 독음을 보고 한자로 써 보세요.

1. 歌曲 (가곡)
2. 街路 (가로)
3. 家屋 (가옥)
4. 歌謠 (가요)
5. 歌唱 (가창)
6. 價値 (가치)
7. 家宅 (가택)
8. 街巷 (가항)
9. 覺悟 (각오)
10. 間隔 (간격)
11. 簡略 (간략)
12. 減省 (감생)
13. 減損 (감손)
14. 監視 (감시)
15. 監察 (감찰)
16. 康寧 (강녕)
17. 鋼鐵 (강철)
18. 距離 (거리)
19. 居住 (거주)
20. 健康 (건강)
21. 建立 (건립)
22. 檢査 (검사)
23. 憩息 (게식)
24. 揭揚 (게양)
25. 堅固 (견고)
26. 牽引 (견인)
27. 決斷 (결단)
28. 潔白 (결백)
29. 訣別 (결별)
30. 結束 (결속)
31. 警覺 (경각)
32. 警戒 (경계)
33. 境界 (경계)
34. 經過 (경과)
35. 經歷 (경력)
36. 傾斜 (경사)
37. 競爭 (경쟁)
38. 慶祝 (경축)
39. 慶賀 (경하)
40. 階段 (계단)
41. 計算 (계산)
42. 繼紹 (계소)
43. 繼續 (계속)
44. 繼承 (계승)
45. 契約 (계약)
46. 季節 (계절)
47. 計策 (계책)
48. 階層 (계층)
49. 孤獨 (고독)
50. 考慮 (고려)
51. 告白 (고백)
52. 高尙 (고상)
53. 告示 (고시)
54. 雇傭 (고용)
55. 困窮 (곤궁)
56. 攻擊 (공격)
57. 恭敬 (공경)
58. 恐怖 (공포)
59. 空虛 (공허)
60. 貢獻 (공헌)
61. 功勳 (공훈)
62. 過去 (과거)
63. 過失 (과실)
64. 果實 (과실)
65. 果實 (과실)
66. 過誤 (과오)
67. 關鍵 (관건)
68. 觀覽 (관람)
69. 慣習 (관습)
70. 觀察 (관찰)
71. 貫徹 (관철)
72. 貫通 (관통)
73. 怪奇 (괴기)
74. 橋脚 (교각)
75. 橋梁 (교량)
76. 巧妙 (교묘)
77. 矯正 (교정)
78. 敎訓 (교훈)
79. 購買 (구매)
80. 區別 (구별)
81. 區分 (구분)
82. 具備 (구비)
83. 救援 (구원)
84. 救濟 (구제)
85. 構築 (구축)
86. 君主 (군주)
87. 群衆 (군중)
88. 屈曲 (굴곡)
89. 屈折 (굴절)
90. 宮闕 (궁궐)
91. 窮極 (궁극)
92. 窮僻 (궁벽)
93. 勸奬 (권장)
94. 貴重 (귀중)
95. 歸還 (귀환)
96. 規範 (규범)
97. 規則 (규칙)
98. 均等 (균등)
99. 龜裂 (균열)
100. 極端 (극단)
101. 劇甚 (극심)
102. 極盡 (극진)
103. 根本 (근본)
104. 謹愼 (근신)
105. 急速 (급속)
106. 給與 (급여)
107. 紀綱 (기강)
108. 機械 (기계)
109. 記錄 (기록)
110. 起立 (기립)
111. 飢餓 (기아)
112. 技藝 (기예)
113. 緊要 (긴요)
114. 吉祥 (길상)
115. 羅列 (나열)
116. 勞務 (노무)
117. 奴隷 (노예)
118. 老翁 (노옹)
119. 祿俸 (녹봉)
120. 論議 (논의)
121. 農耕 (농경)
122. 濃厚 (농후)
123. 樓閣 (누각)
124. 段階 (단계)
125. 單獨 (단독)
126. 鍛鍊 (단련)
127. 端末 (단말)
128. 斷絶 (단절)
129. 端正 (단정)
130. 達成 (달성)
131. 擔任 (담임)
132. 談話 (담화)
133. 圖畫 (도화)
134. 到達 (도달)
135. 徒黨 (도당)
136. 逃亡 (도망)
137. 跳躍 (도약)
138. 盜賊 (도적)
139. 到着 (도착)
140. 逃避 (도피)
141. 敦篤 (돈독)
142. 動搖 (동요)
143. 屯陣 (둔진)
144. 謄寫 (등사)
145. 末端 (말단)
146. 末尾 (말미)
147. 網羅 (망라)
148. 脈絡 (맥락)
149. 勉勵 (면려)
150. 滅亡 (멸망)

151. 命令 (명령)	183. 覆蓋 (복개)	215. 散漫 (산만)	247. 授與 (수여)	279. 連絡 (연락)
152. 毛髮 (모발)	184. 賦稅 (부세)	216. 商賈 (상고)	248. 收穫 (수확)	280. 研磨 (연마)
153. 模倣 (모방)	185. 附屬 (부속)	217. 想念 (상념)	249. 純潔 (순결)	281. 戀慕 (연모)
154. 模範 (모범)	186. 敷衍 (부연)	218. 嘗味 (상미)	250. 殉死 (순사)	282. 憐憫 (연민)
155. 沐浴 (목욕)	187. 扶助 (부조)	219. 祥瑞 (상서)	251. 巡廻 (순회)	283. 年歲 (연세)
156. 沒溺 (몰닉)	188. 副次 (부차)	220. 喪失 (상실)	252. 崇高 (숭고)	284. 連續 (연속)
157. 茂盛 (무성)	189. 紛亂 (분란)	221. 相互 (상호)	253. 崇尙 (숭상)	285. 練習 (연습)
158. 貿易 (무역)	190. 墳墓 (분묘)	222. 省略 (생략)	254. 習慣 (습관)	286. 閱覽 (열람)
159. 門戶 (문호)	191. 分析 (분석)	223. 生産 (생산)	255. 濕潤 (습윤)	287. 念慮 (염려)
160. 物件 (물건)	192. 佛寺 (불사)	224. 生活 (생활)	256. 承繼 (승계)	288. 厭惡 (염오)
161. 微細 (미세)	193. 崩壞 (붕괴)	225. 逝去 (서거)	257. 施設 (시설)	289. 靈魂 (영혼)
162. 迷惑 (미혹)	194. 朋友 (붕우)	226. 書籍 (서적)	258. 始作 (시작)	290. 娛樂 (오락)
163. 敏速 (민속)	195. 悲慨 (비개)	227. 釋放 (석방)	259. 始初 (시초)	291. 誤謬 (오류)
164. 返還 (반환)	196. 比較 (비교)	228. 船舶 (선박)	260. 試驗 (시험)	292. 傲慢 (오만)
165. 發射 (발사)	197. 悲哀 (비애)	229. 選拔 (선발)	261. 申告 (신고)	293. 溫暖 (온난)
166. 紡績 (방적)	198. 費用 (비용)	230. 選擇 (선택)	262. 尋訪 (심방)	294. 完成 (완성)
167. 紡織 (방직)	199. 匪賊 (비적)	231. 旋回 (선회)	263. 心情 (심정)	295. 完全 (완전)
168. 放出 (방출)	200. 批評 (비평)	232. 設置 (설치)	264. 安寧 (안녕)	296. 料量 (요량)
169. 賠償 (배상)	201. 賓客 (빈객)	233. 說話 (설화)	265. 眼目 (안목)	297. 遙遠 (요원)
170. 配偶 (배우)	202. 貧困 (빈곤)	234. 纖細 (섬세)	266. 殃禍 (앙화)	298. 容貌 (용모)
171. 俳優 (배우)	203. 貧窮 (빈궁)	235. 成就 (성취)	267. 哀悼 (애도)	299. 容易 (용이)
172. 排斥 (배척)	204. 思考 (사고)	236. 洗濯 (세탁)	268. 約束 (약속)	300. 優秀 (우수)
173. 配匹 (배필)	205. 詐欺 (사기)	237. 消滅 (소멸)	269. 掠奪 (약탈)	301. 憂愁 (우수)
174. 汎濫 (범람)	206. 思慮 (사려)	238. 昭明 (소명)	270. 糧穀 (양곡)	302. 宇宙 (우주)
175. 法典 (법전)	207. 赦免 (사면)	239. 素朴 (소박)	271. 楊柳 (양류)	303. 憂患 (우환)
176. 變化 (변화)	208. 思想 (사상)	240. 訴訟 (소송)	272. 養育 (양육)	304. 怨望 (원망)
177. 兵卒 (병졸)	209. 辭說 (사설)	241. 素質 (소질)	273. 諒知 (양지)	305. 怨恨 (원한)
178. 病患 (병환)	210. 使役 (사역)	242. 衰弱 (쇠약)	274. 良好 (양호)	306. 尉官 (위관)
179. 報告 (보고)	211. 飼育 (사육)	243. 睡眠 (수면)	275. 嚴肅 (엄숙)	307. 偉大 (위대)
180. 報償 (보상)	212. 寺刹 (사찰)	244. 搜索 (수색)	276. 旅客 (여객)	308. 委任 (위임)
181. 補繕 (보선)	213. 舍宅 (사택)	245. 輸送 (수송)	277. 歷史 (역사)	309. 危殆 (위태)
182. 保守 (보수)	214. 削減 (삭감)	246. 修習 (수습)	278. 連繫 (연계)	310. 遊戲 (유희)

311. 幼稚 (유치)	343. 戰爭 (전쟁)	375. 俊秀 (준수)	407. 淸淨 (청정)	439. 疲困 (피곤)
312. 肉身 (육신)	344. 戰鬪 (전투)	376. 遵守 (준수)	408. 請託 (청탁)	440. 皮膚 (피부)
313. 輪廻 (윤회)	345. 竊盜 (절도)	377. 重複 (중복)	409. 締結 (체결)	441. 皮革 (피혁)
314. 隆盛 (융성)	346. 節約 (절약)	378. 中央 (중앙)	410. 超過 (초과)	442. 畢竟 (필경)
315. 隆昌 (융창)	347. 接續 (접속)	379. 增加 (증가)	411. 招聘 (초빙)	443. 寒冷 (한랭)
316. 恩惠 (은혜)	348. 淨潔 (정결)	380. 贈與 (증여)	412. 超越 (초월)	444. 恒常 (항상)
317. 音聲 (음성)	349. 停留 (정류)	381. 憎惡 (증오)	413. 催促 (최촉)	445. 該當 (해당)
318. 吟詠 (음영)	350. 征伐 (정벌)	382. 贈呈 (증정)	414. 蓄積 (축적)	446. 解釋 (해석)
319. 宜當 (의당)	351. 整齊 (정제)	383. 至極 (지극)	415. 趣意 (취의)	447. 海洋 (해양)
320. 醫療 (의료)	352. 停止 (정지)	384. 知識 (지식)	416. 趣旨 (취지)	448. 幸福 (행복)
321. 意志 (의지)	353. 正直 (정직)	385. 智慧 (지혜)	417. 稱頌 (칭송)	449. 鄕村 (향촌)
322. 離別 (이별)	354. 政治 (정치)	386. 珍寶 (진보)	418. 稱讚 (칭찬)	450. 虛空 (허공)
323. 移轉 (이전)	355. 帝王 (제왕)	387. 陳列 (진열)	419. 打擊 (타격)	451. 獻納 (헌납)
324. 忍耐 (인내)	356. 製作 (제작)	388. 進就 (진취)	420. 墮落 (타락)	452. 賢良 (현량)
325. 引導 (인도)	357. 製造 (제조)	389. 質問 (질문)	421. 探索 (탐색)	453. 顯現 (현현)
326. 認識 (인식)	358. 彫刻 (조각)	390. 窒塞 (질색)	422. 貪慾 (탐욕)	454. 嫌惡 (혐오)
327. 仁慈 (인자)	359. 調査 (조사)	391. 秩序 (질서)	423. 怠慢 (태만)	455. 協和 (협화)
328. 認知 (인지)	360. 租稅 (조세)	392. 差別 (차별)	424. 泰平 (태평)	456. 形狀 (형상)
329. 賃貸 (임대)	361. 造作 (조작)	393. 差異 (차이)	425. 討伐 (토벌)	457. 惠澤 (혜택)
330. 慈愛 (자애)	362. 組織 (조직)	394. 參與 (참여)	426. 土壤 (토양)	458. 毫髮 (호발)
331. 姿態 (자태)	363. 措置 (조치)	395. 倉庫 (창고)	427. 通達 (통달)	459. 婚姻 (혼인)
332. 殘餘 (잔여)	364. 尊貴 (존귀)	396. 創始 (창시)	428. 統率 (통솔)	460. 和睦 (화목)
333. 障礙 (장애)	365. 存在 (존재)	397. 滄海 (창해)	429. 退却 (퇴각)	461. 確固 (확고)
334. 長久 (장구)	366. 尊重 (존중)	398. 菜蔬 (채소)	430. 退去 (퇴거)	462. 歡喜 (환희)
335. 帳幕 (장막)	367. 拙劣 (졸렬)	399. 責任 (책임)	431. 鬪爭 (투쟁)	463. 皇帝 (황제)
336. 將帥 (장수)	368. 終結 (종결)	400. 處所 (처소)	432. 透徹 (투철)	464. 懷抱 (회포)
337. 裝飾 (장식)	369. 終了 (종료)	401. 尺度 (척도)	433. 特殊 (특수)	465. 獲得 (획득)
338. 財産 (재산)	370. 終末 (종말)	402. 淺薄 (천박)	434. 販賣 (판매)	466. 休憩 (휴게)
339. 災殃 (재앙)	371. 終止 (종지)	403. 撤收 (철수)	435. 包容 (포용)	467. 携帶 (휴대)
340. 財貨 (재화)	372. 坐席 (좌석)	404. 添加 (첨가)	436. 捕獲 (포획)	468. 休息 (휴식)
341. 貯蓄 (저축)	373. 朱紅 (주홍)	405. 淸潔 (청결)	437. 表皮 (표피)	469. 稀貴 (희귀)
342. 抵抗 (저항)	374. 俊傑 (준걸)	406. 聽聞 (청문)	438. 豊足 (풍족)	470. 希望 (희망)

▶ 유의자 공부 테스트 ◀

정답 125쪽

▽ 한쪽테스트 ▽　　　　　　　　▽ 양쪽테스트 ▽

한쪽테스트		양쪽테스트	
42. ( ) - 紹	23. 憩 - ( )	9. (覺)-( )	299. (容)-( )
54. ( ) - 傭	24. 揭 - ( )	25. (堅)-( )	301. (憂)-( )
58. ( ) - 怖	79. 購 - ( )	26. (牽)-( )	314. (隆)-( )
67. ( ) - 鍵	126. 鍛 - ( )	35. (經)-( )	326. (認)-( )
92. ( ) - 僻	147. 網 - ( )	49. (孤)-( )	330. (慈)-( )
156. ( ) - 溺	155. 沐 - ( )	56. (攻)-( )	331. (姿)-( )
166. ( ) - 績	169. 賠 - ( )	57. (恭)-( )	351. (整)-( )
181. ( ) - 繕	174. 氾 - ( )	60. (貢)-( )	357. (製)-( )
212. ( ) - 刹	199. 匡 - ( )	62. (過)-( )	360. (租)-( )
216. ( ) - 賈	207. 赦 - ( )	87. (群)-( )	361. (造)-( )
219. ( ) - 瑞	211. 飼 - ( )	111. (飢)-( )	373. (朱)-( )
228. ( ) - 舶	234. 纖 - ( )	135. (徒)-( )	381. (憎)-( )
251. ( ) - 廻	288. 厭 - ( )	141. (敦)-( )	386. (珍)-( )
267. ( ) - 悼	306. 尉 - ( )	149. (勉)-( )	398. (菜)-( )
291. ( ) - 謬	358. 彫 - ( )	170. (配)-( )	400. (處)-( )
320. ( ) - 療	363. 措 - ( )	190. (墳)-( )	401. (尺)-( )
382. ( ) - 呈	390. 窒 - ( )	201. (賓)-( )	414. (蓄)-( )
408. ( ) - 託	397. 滄 - ( )	236. (洗)-( )	436. (捕)-( )
416. ( ) - 旨	403. 撤 - ( )	257. (施)-( )	442. (畢)-( )
440. ( ) - 膚	409. 締 - ( )	262. (尋)-( )	444. (恒)-( )

▶ 유의어 ◀

양쪽을 테스트 해 보세요.

架空 (가공) - (허구) 虛構	過激 (과격) - (급진) 急進	獨占 (독점) - (전유) 專有
家訓 (가훈) - (정훈) 庭訓	過失 (과실) - (실패) 失敗	凍梨 (동리) - (졸수) 卒壽
各別 (각별) - (특별) 特別	冠省 (관생) - (제번) 除煩	同意 (동의) - (찬성) 贊成
覺悟 (각오) - (결심) 決心	掛冠 (괘관) - (괘면) 掛冕	明哲 (명석) - (총명) 聰明
角逐 (각축) - (축록) 逐鹿	交涉 (교섭) - (절충) 折衝	冒頭 (모두) - (허두) 虛頭
干城 (간성) - (동량) 棟梁	驅迫 (구박) - (학대) 虐待	謀叛 (모반) - (반역) 叛逆
間諜 (간첩) - (오열) 五列	九泉 (구천) - (황천) 黃泉	茅屋 (모옥) - (초옥) 草屋
感染 (감염) - (전염) 傳染	權數 (권수) - (권술) 權術	沒頭 (몰두) - (전심) 專心
强仕 (강사) - (불혹) 不惑	龜鑑 (귀감) - (모범) 模範	無事 (무사) - (안전) 安全
改良 (개량) - (개선) 改善	歸省 (귀성) - (귀향) 歸鄉	無視 (무시) - (묵살) 默殺
拒否 (거부) - (거절) 拒絶	根底 (근저) - (기초) 基礎	未開 (미개) - (원시) 原始
巨星 (거성) - (대가) 大家	企圖 (기도) - (기획) 企劃	彌滿 (미만) - (충만) 充滿
去就 (거취) - (진퇴) 進退	器量 (기량) - (재능) 才能	未熟 (미숙) - (유아) 幼兒
儉約 (검약) - (절약) 節約	氣質 (기질) - (성격) 性格	未然 (미연) - (사전) 事前
缺點 (결점) - (단점) 短點	氣品 (기품) - (풍격) 風格	尾行 (미행) - (추적) 追跡
境界 (경계) - (구획) 區劃	納得 (납득) - (요해) 了解	方法 (방법) - (수단) 手段
經驗 (경험) - (체험) 體驗	冷淡 (냉담) - (박정) 薄情	背恩 (배은) - (망덕) 忘德
故國 (고국) - (조국) 祖國	冷靜 (냉정) - (침착) 沈着	變遷 (변천) - (연혁) 沿革
高名 (고명) - (유명) 有名	勞思 (노사) - (초로) 焦勞	分別 (분별) - (사려) 思慮
故鄉 (고향) - (향리) 鄉里	雷同 (뇌동) - (부동) 附同	奔走 (분주) - (진력) 盡力
骨肉 (골육) - (혈육) 血肉	能辯 (능변) - (달변) 達辯	不運 (불운) - (비운) 悲運
共鳴 (공명) - (수긍) 首肯	斷腸 (단장) - (단혼) 斷魂	鵬圖 (붕도) - (웅도) 雄圖
功績 (공적) - (업적) 業績	達成 (달성) - (성취) 成就	非命 (비명) - (횡사) 橫死
貢獻 (공헌) - (기여) 寄與	道德 (도덕) - (윤리) 倫理	使命 (사명) - (임무) 任務

四寶 (사보) - (사우) 四友	永眠 (영면) - (타계) 他界	正氣 (정기) - (활기) 活氣
寺院 (사원) - (사찰) 寺刹	領土 (영토) - (판도) 版圖	靜養 (정양) - (휴양) 休養
山斗 (산두) - (태두) 泰斗	外觀 (외관) - (외견) 外見	情趣 (정취) - (풍정) 風情
狀況 (상황) - (정세) 情勢	外國 (외국) - (이국) 異國	制壓 (제압) - (진압) 鎭壓
書簡 (서간) - (서한) 書翰	運命 (운명) - (운세) 運勢	早春 (조춘) - (초춘) 初春
先哲 (선철) - (선현) 先賢	運送 (운송) - (운수) 運輸	志望 (지망) - (지원) 志願
說明 (설명) - (해설) 解說	運營 (운영) - (운용) 運用	支配 (지배) - (통치) 統治
素行 (소행) - (품행) 品行	月老 (월로) - (빙인) 氷人	至上 (지상) - (최고) 最高
俗世 (속세) - (진세) 塵世	威嚴 (위엄) - (위신) 威信	地獄 (지옥) - (나락) 奈落
衰盡 (쇠진) - (쇠퇴) 衰退	流離 (유리) - (표박) 漂泊	質問 (질문) - (질의) 質疑
隨機 (수기) - (응변) 應辯	唯美 (유미) - (탐미) 耽美	贊助 (찬조) - (협찬) 協贊
修理 (수리) - (수선) 修繕	潤澤 (윤택) - (풍부) 豊富	蒼空 (창공) - (벽공) 碧空
熟讀 (숙독) - (정독) 精讀	依存 (의존) - (의지) 依支	天地 (천지) - (건곤) 乾坤
宿命 (숙명) - (천명) 天命	異論 (이론) - (이의) 異議	淸濁 (청탁) - (선악) 善惡
順序 (순서) - (차제) 此際	利用 (이용) - (활용) 活用	滯留 (체류) - (체재) 滯在
視野 (시야) - (안계) 眼界	移轉 (이전) - (전거) 轉居	招待 (초대) - (초청) 招請
始祖 (시조) - (비조) 鼻祖	認可 (인가) - (허가) 許可	寸土 (촌토) - (척토) 尺土
實行 (실행) - (실시) 實施	一律 (일률) - (획일) 劃一	推量 (추량) - (추측) 推測
尋常 (심상) - (평범) 平凡	一門 (일문) - (일족) 一族	平素 (평소) - (평상) 平常
心臟 (심장) - (방촌) 方寸	一致 (일치) - (합치) 合致	抱腹 (포복) - (절도) 絶倒
斡旋 (알선) - (주선) 周旋	一毫 (일호) - (추호) 秋毫	風燭 (풍촉) - (누란) 累卵
暗示 (암시) - (시사) 示唆	自負 (자부) - (자신) 自信	海外 (해외) - (이역) 異域
壓迫 (압박) - (위압) 威壓	資産 (자산) - (재산) 財産	換骨 (환골) - (탈태) 奪胎
燃眉 (연미) - (초미) 焦眉	自然 (자연) - (천연) 天然	效能 (효능) - (효용) 效用
廉價 (염가) - (저가) 低價	自讚 (자찬) - (칭찬) 稱讚	休憩 (휴게) - (휴식) 休息
永久 (영구) - (영원) 永遠	自暴 (자포) - (자기) 自棄	希望 (희망) - (원망) 願望

■ 略字 ■

▽ 반드시 정자를 익힌 후 약자 습득 합니다 ▽

〈가나다順〉

정자		약자	정자		약자	정자		약자	정자		약자	정자		약자
값 가	價	価	넓을광	廣	広	멜 담	擔	担	그리울 련	戀	恋	필 발	發	発
거짓가	假	仮	쇳돌광	鑛	鉱	쓸개담	膽	胆	사냥렵	獵	猟	변할변	變	変
겨를가	暇	昄	무너질괴	壞	壊	무리당	黨	党	신령령	靈	灵	가 변	邊	辺
깨달을 각	覺	覚	가르칠교	敎	教	마땅당	當	当	예도례	禮	礼	보배보	寶	宝
덮을개	蓋	盖	예 구	舊	旧	대 대	臺	台	일할로	勞	労	부처불	佛	仏
들 거	擧	挙	구분할구	區	区	대할대	對	対	화로로	爐	炉	실 사	絲	糸
근거거	據	拠	구라파구	歐	欧	그림도	圖	図	용 룡	龍	竜	말씀사	辭	辞
뛰어날걸	傑	杰	나라국	國	国	홀로독	獨	独	다락루	樓	楼	베낄사	寫	写
검사할검	檢	検	권할권	勸	劝	읽을독	讀	読	여러루	屢	屡	스승사	師	师
굳을견	堅	坚	권세권	權	权	한가지동	同	仝	떠날리	離	难	맛볼상	嘗	甞
이지러질결	缺	欠	거북귀	龜	亀	등 등	燈	灯	찰 만	滿	満	뽕나무 상	桑	桒
가벼울경	輕	軽	돌아올귀	歸	帰	즐길락	樂	楽	일만만	萬	万	풀 석	釋	釈
지날경	經	経	기운기	氣	気	어지러울란	亂	乱	보리맥	麥	麦	다스릴섭	攝	摂
이을계	繼	継	버릴기	棄	弃	올 래	來	来	줄기맥	脈	脉	소리성	聲	声
닭 계	鷄	雞	편안녕	寧	寍	두 량	兩	両	모양모	貌	皃	인간세	世	卋
볼 관	觀	观	번뇌할뇌	惱	悩	힘쓸려	勵	励	꿈 몽	夢	梦	사를소	燒	焼
관계할관	關	関	끊을단	斷	断	고울려	麗	麗	사당묘	廟	庿	붙일속	屬	属
집 관	館	舘	둥글단	團	団	연이을 련	聯	联	미륵미	彌	弥	이을속	續	続

	정자	약자		정자	약자		정자	약자		정자	약자		정자	약자
거둘수	收	収	번역할역	譯	訳	긴 장	長	镸	다할진	盡	尽	옻 칠	漆	柒
따를수	隨	随	소금염	鹽	塩	섞일잡	雜	雑	보배진	珍	珎	일컬을칭	稱	称
목숨수	壽	寿	경영할영	營	営	장할장	壯	壮	바탕질	質	貭	탄알탄	彈	弾
셈 수	數	数	영화영	榮	栄	꾸밀장	裝	装	참여할참	參	参	가릴택	擇	択
짐승수	獸	獣	미리예	豫	予	장수장	將	将	곳 처	處	処	버릴폐	廢	廃
엄숙할숙	肅	粛	기릴예	譽	誉	다툴쟁	爭	争	밟을천	踐	践	풍년풍	豊	豊
젖을습	濕	湿	재주예	藝	芸	싸움전	戰	战	옮길천	遷	迁	배울학	學	学
탈 승	乘	乗	답답할울	鬱	欝	전할전	傳	伝	쇠 철	鐵	鉄	풀 해	解	觧
열매실	實	実	둥글원	圓	円	구를전	轉	転	들을청	聽	聴	빌 허	虛	虚
쌍 쌍	雙	双	에워쌀위	圍	囲	돈 전	錢	銭	관청청	廳	庁	드릴헌	獻	献
아이아	兒	児	할 위	爲	為	훔칠절	竊	窃	청할청	請	請	시험할험	驗	験
악할악	惡	悪	숨을은	隱	隠	점 점	點	点	몸 체	體	体	나타날현	顯	顕
바위암	巖	岩	그늘음	陰	陰	건널제	濟	済	갈릴체	遞	逓	어질현	賢	賢
누를압	壓	圧	응할응	應	応	가지조	條	条	닿을촉	觸	触	이름호	號	号
거리낄애	礙	碍	의원의	醫	医	마칠졸	卒	卆	다 총	總	総	그림화	畵	画
모양양	樣	様	두 이	貳	弐	좇을종	從	从	귀밝을총	聰	聡	넓힐확	擴	拡
흙덩이양	壤	壌	한 일	壹	壱	쇠북종	鍾	鐘	취할취	醉	酔	기쁠환	歡	欢
남을여	餘	余	남을잔	殘	残	낮 주	晝	昼	부끄러울치	恥	耻	모일회	會	会
더불여	與	与	누에잠	蠶	蚕	증거증	證	証	이 치	齒	歯	놀이희	戲	戱

▶ 약자 테스트 정답 ◀

價(価)	黨(党)	變(変)	訳(譯)	珎(珍)
假(仮)	當(当)	邊(辺)	塩(鹽)	貭(質)
蓋(盖)	對(対)	寶(宝)	譽(譽)	参(參)
據(拠)	圖(図)	佛(仏)	芸(藝)	処(處)
傑(杰)	獨(独)	辭(辞)	囲(圍)	鉄(鐵)
輕(軽)	讀(読)	寫(写)	応(應)	庁(廳)
繼(継)	燈(灯)	嘗(甞)	弐(貳)	体(體)
觀(观)	亂(乱)	釋(釈)	壱(壹)	逓(遞)
關(関)	來(来)	攝(摂)	残(殘)	触(觸)
廣(広)	兩(両)	屬(属)	蚕(蠶)	総(總)
舊(旧)	勵(励)	壽(寿)	战(戰)	酔(醉)
區(区)	獵(猟)	數(数)	伝(傳)	柒(漆)
國(国)	靈(灵)	濕(湿)	窃(竊)	称(稱)
權(权)	禮(礼)	實(実)	点(點)	択(擇)
龜(亀)	爐(炉)	雙(双)	済(濟)	觧(解)
歸(帰)	龍(竜)	惡(悪)	条(條)	献(獻)
棄(弃)	離(难)	巖(岩)	从(從)	験(驗)
斷(断)	麥(麦)	壓(圧)	昼(晝)	号(號)
團(団)	夢(梦)	礙(碍)	証(證)	画(畫)
擔(担)	發(発)	與(与)	尽(盡)	会(會)

약자 테스트

정답 133쪽　　정자는 약자로, 약자는 정자로 쓰세요.

價 (　)　　黨 (　)　　變 (　)　　訳 (　)　　珎 (　)
假 (　)　　當 (　)　　邊 (　)　　塩 (　)　　質 (　)
蓋 (　)　　對 (　)　　寶 (　)　　譽 (　)　　参 (　)
據 (　)　　圖 (　)　　佛 (　)　　芸 (　)　　処 (　)
傑 (　)　　獨 (　)　　辭 (　)　　囲 (　)　　鉄 (　)
輕 (　)　　讀 (　)　　寫 (　)　　応 (　)　　庁 (　)
繼 (　)　　燈 (　)　　嘗 (　)　　弐 (　)　　体 (　)
觀 (　)　　亂 (　)　　釋 (　)　　壱 (　)　　逓 (　)
關 (　)　　來 (　)　　攝 (　)　　残 (　)　　触 (　)
廣 (　)　　兩 (　)　　屬 (　)　　蚕 (　)　　総 (　)
舊 (　)　　勵 (　)　　壽 (　)　　戦 (　)　　酔 (　)
區 (　)　　獵 (　)　　數 (　)　　伝 (　)　　柒 (　)
國 (　)　　靈 (　)　　濕 (　)　　窃 (　)　　称 (　)
權 (　)　　禮 (　)　　實 (　)　　点 (　)　　択 (　)
龜 (　)　　爐 (　)　　雙 (　)　　済 (　)　　鮮 (　)
歸 (　)　　龍 (　)　　惡 (　)　　条 (　)　　献 (　)
棄 (　)　　離 (　)　　巖 (　)　　从 (　)　　験 (　)
斷 (　)　　麥 (　)　　壓 (　)　　昼 (　)　　号 (　)
團 (　)　　夢 (　)　　礙 (　)　　証 (　)　　画 (　)
擔 (　)　　發 (　)　　與 (　)　　尽 (　)　　会 (　)

▷ 單語工夫(단어공부) ◁

1 단　　문 … 136
2 신문사설 … 143
3 생활한자 … 150

▷ 순 우리말 ……………… 156

▶ 1 短文 ◀

자주 보아 눈에 익히고 모든 한자어를 연습해 봅시다.

일이 發生하게 된 情狀을 參酌하여 容恕하다	1. 일이 발생하게 된 정상을 참작하여 용서하다
水泳大會에서 僅少한 差異로 優勝했다	2. 수영대회에서 근소한 차이로 우승했다
週末엔 郊外로 나들이 나가요	3. 주말엔 교외로 나들이 나가요
스크린쿼터로 邦畫의 上映이 保障되었다	4. 스크린쿼터로 방화의 상영이 보장되었다
道路邊의 아파트는 騷音이 甚하다	5. 도로변의 아파트는 소음이 심하다
남을 侵犯하는 挑發이 일어나서는 안 된다	6. 남을 침범하는 도발이 일어나서는 안 된다
經濟 成長의 跳躍을 爲하여 合心하자	7. 경제 성장의 도약을 위하여 합심하자
오늘의 集會는 雨天으로 霧散되었다	8. 오늘의 집회는 우천으로 무산되었다
지키지 못할 選擧公約의 濫發은 삼가자	9. 지키지 못할 선거공약의 남발은 삼가자
나의 抱負는 未來의 建築設計士	10. 나의 포부는 미래의 건축설계사
우리 學校엔 許可된 自體 燒却場이 있다	11. 우리 학교엔 허가된 자체 소각장이 있다
商品弘報를 爲하여 販促에 나섰다	12. 상품홍보를 위하여 판촉에 나섰다
오늘은 放學中 非常 召集이 있는 날	13. 오늘은 방학중 비상 소집이 있는 날
年末年始 不遇이웃돕기의 募金運動에 同參하자	14. 연말연시 불우이웃돕기의 모금운동에 동참하자
銳利한 칼날에 손을 다쳤다	15. 예리한 칼날에 손을 다쳤다
著名人士를 顧問으로 두다	16. 저명인사를 고문으로 두다
좋은 날씨로 올 農事는 收穫이 늘었다	17. 좋은 날씨로 올 농사는 수확이 늘었다
勤勉誠實한 사람으로 推薦 해 주세요	18. 근면성실한 사람으로 추천 해 주세요
누가 들어도 너의 얘기가 普遍 妥當하다	19. 누가 들어도 너의 얘기가 보편 타당하다
患者분의 快愈를 빕니다	20. 환자분의 쾌유를 빕니다
급작스런 他界로 絶叫하는 遺家族	21. 급작스런 타계로 절규하는 유가족
나의 趣味는 무엇이든 分析하는 것이다	22. 나의 취미는 무엇이든 분석하는 것이다
屈曲道路에서는 事故가 頻繁하게 發生한다	23. 굴곡도로에서는 사고가 빈번하게 발생한다
公園에는 便宜施設이 提供된다	24. 공원에는 편의시설이 제공된다
有名 講師를 招聘하였다	25. 유명 강사를 초빙하였다

남의 얘기는 取捨選擇 해야 한다	26. 남의 얘기는 취사선택 해야 한다
技能者 選拔大會에서 1等을 했다	27. 기능자 선발대회에서 1등을 했다
仲介를 함에 있어 반드시 手數料가 있다	28. 중개를 함에 있어 반드시 수수료가 있다
言行이 그 사람과 類似하다	29. 언행이 그 사람과 유사하다
無理한 工場 擴張으로 會社가 倒産 되다	30. 무리한 공장 확장으로 회사가 도산되다
財産上 損害를 입히면 補償을 해야 한다	31. 재산상 손해를 입히면 보상을 해야 한다
오늘은 나의 生涯에서 가장 기쁜 날	32. 오늘은 나의 생애에서 가장 기쁜 날
萬一의 境遇 臟器를 寄贈하는 사람이 많다	33. 만일의 경우 장기를 기증하는 사람이 많다
空港 出入國時 身分證 提示는 必須이다	34. 공항 출입국시 신분증 제시는 필수이다
노후된 機械를 새로운 것으로 全面 交替하였다	35. 노후된 기계를 새로운 것으로 전면 교체하였다
일의 處理는 透明하고 신속하게	36. 일의 처리는 투명하고 신속하게
民主主義에서는 法을 遵守합시다	37. 민주주의에서는 법을 준수합시다
交通滯症으로 因한 遲刻은 辨明에 不過하다	38. 교통체증으로 인한 지각은 변명에 불과하다
百貨店에서 顧客 謝恩 대잔치가 열린다	39. 백화점에서 고객 사은 대잔치가 열린다
課長님이 海外勤務者로 派遣 되었다	40. 과장님이 해외근무자로 파견 되었다
經營戰略으로 全世界를 蠶食하고 있다	41. 경영전략으로 전세계를 잠식하고 있다
開封을 앞둔 映畵 弘報에 나섰다	42. 개봉을 앞둔 영화 홍보에 나섰다
在庫品을 廉價에 割引 販賣합니다	43. 재고품을 염가에 할인 판매합니다
돌아온 手票 代金 決濟를 못하면 不渡가 난다	44. 돌아온 수표 대금 결제를 못하면 부도가 난다
經濟가 어려울수록 庶民은 힘들다	45. 경제가 어려울수록 서민은 힘들다
平素 實力을 發揮하여 揮毫大會에서 大賞受賞	46. 평소 실력을 발휘하여 휘호대회에서 대상수상
入出國時 携帶物品을 檢閱 받는다	47. 입출국시 휴대물품을 검열 받는다
選擧를 앞두고 輿論 調査를 하였다	48. 선거를 앞두고 여론 조사를 하였다
競爭社間에는 相互 牽制하는 마음이 있다	49. 경쟁사간에는 상호 견제하는 마음이 있다
親睦間의 不信으로 모임이 瓦解 되었다	50. 친목간의 불신으로 모임이 와해 되었다

더욱 알찬 內容으로 新刊이 나왔습니다
幹線道路에서는 交通事故가 頻繁히 일어난다
履歷書 記載는 모든 事項을 正確히 쓰세요
選手訓練을 通하여 莫强한 힘을 갖고 있다
先輩로서 後輩를 사랑하자

무슨 일이든 概念 整理가 되면 순조롭다
國家 豫算 浪費를 줄이고 效率的으로 쓰자
似而非 宗敎團體에 현혹되지 마세요
萬若의 境遇에 對備하여 操心합시다
供給보다 需要가 많음으로써 品貴現狀이 인다

精誠을 다한 우리 製品이 逸品이예요
그분은 高尙한 趣味의 所有者
犯人檢擧에 있어 市民의 提報는 端緖가 된다
나는 每日 新聞에 連載된 小說을 읽는다
苗木을 栽培하는 것은 忍耐心을 要求한다

말보다 行動으로 實踐하는 삶을 살아요
近代史를 새로운 視覺으로 照明하다
大學修學能力考査 首席을 祝賀 드려요
交通 通信의 發達로 貿易이 늘어났다
提報者에게는 懸賞金이 걸렸다

家族構成員間에 和睦이야말로 最高의 德目
自然을 硏究하면 哲學이 된다
中小 企業이 繁榮해야 正常的이다
勤勉 誠實 正直을 土臺로 挑戰하겠다
式前에는 恒常 愛國歌 齊唱이 當然하다

51. 더욱 알찬 신간이 나왔습니다
52. 간선도로에서는 교통사고가 빈번히 일어난다
53. 이력서 기재는 모든 사항을 정확히 쓰세요
54. 선수훈련을 통하여 막강한 힘을 갖고 있다
55. 선배로서 후배를 사랑하자

56. 무슨 일이든 개념 정리가 되면 순조롭다
57. 국가 예산 낭비를 줄이고 효율적으로 쓰자
58. 사이비 종교단체에 현혹되지 마세요
59. 만약의 경우에 대비하여 조심합시다
60. 공급보다 수요가 많음으로써 품귀현상이 인다

61. 정성을 다한 우리 제품이 일품이예요
62. 그분은 고상한 취미의 소유자
63. 범인검거에 있어 시민의 제보는 단서가 된다
64. 나는 매일 신문에 연재된 소설을 읽는다
65. 묘목을 재배하는 것은 인내심을 요구한다

66. 말보다 행동으로 실천하는 삶을 살아요
67. 근대사를 새로운 시각으로 조명하다
68. 대학수학능력고사 수석을 축하 드려요
69. 교통 통신의 발달로 무역이 늘어났다
70. 제보자에게는 현상금이 걸렸다

71. 가족구성원간에 화목이야말로 최고의 덕목
72. 자연을 연구하면 철학이 된다
73. 중소 기업이 번영해야 정상적이다
74. 근면 성실 정직을 토대로 도전하겠다
75. 식전에는 항상 애국가 제창이 당연하다

흔히 大學을 象牙塔이라 한다	76. 흔히 대학을 <u>상아탑</u>이라 한다
自動車를 割賦로 購入했다	77. 자동차를 <u>할부</u>로 구입했다
어려운 現實에서 聖職者들이 先驅者 役割을 한다	78. 어려운 현실에서 성직자들이 <u>선구자</u> 역할을 한다
年賀狀에 謹賀新年이란 말을 使用한다	79. 연하장에 <u>근하신년</u>이란 말을 사용한다
手術費 마련에 篤志家가 나타났다	80. 수술비 마련에 <u>독지가</u>가 나타났다
英國領의 홍콩이 中國으로 返還 되었다	81. 영국령의 홍콩이 중국으로 <u>반환</u> 되었다
勞使間 妥協을 하여 問題를 解決하자	82. 노사간 <u>타협</u>을 하여 문제를 해결하자
우리 先生님은 英語가 流暢 하시다	83. 우리 선생님은 영어가 <u>유창</u> 하시다
重要科目外 其他科目도 優秀한 成績	84. 중요과목외 <u>기타</u>과목도 우수한 성적
冊 代金을 現金으로 支拂하다	85. 책 대금을 현금으로 <u>지불</u>하다
東西獨의 統一로 베를린 障壁이 崩壞 되었다	86. 동서독의 통일로 베를린 장벽이 <u>붕괴</u>되었다
贊反投票에 惟獨 한 사람의 反對가 있었다	87. 찬반투표에 <u>유독</u> 한 사람의 반대가 있었다
公正한 法의 判定을 받기 위해 訴訟이 必要하다	88. 공정한 법의 판정을 받기 위해 <u>소송</u>이 필요하다
尖端科學으로 전자태그가 나왔다	89. <u>첨단</u>과학으로 전자태그가 나왔다
勞動者의 權益保障要求로 罷業 했다	90. 노동자의 권익보장요구로 <u>파업</u> 했다
賀客들의 名單을 적는 芳名錄에 記錄했다	91. 하객들의 명단을 적는 <u>방명록</u>에 기록했다
己未獨立運動을 紀念하는 三一節	92. 기미독립운동을 <u>기념</u>하는 삼일절
顯忠日 殉國 先烈에 대한 默念이 있었다	93. 현충일 <u>순국</u> 선열에 대한 묵념이 있었다
憲法이 公布된 것을 紀念하는 制憲節	94. <u>헌법</u>이 공포된 것을 기념하는 제헌절
大韓民國 政府 樹立을 慶祝하는 날은 光復節	95. 대한민국 정부 <u>수립</u>을 경축하는 날은 광복절
失禮를 할 땐 相對方의 諒解를 求해야 한다	96. 실례를 할 땐 상대방의 <u>양해</u>를 구해야 한다
直接 編著한 冊을 母校에 寄贈하다	97. 직접 <u>편저</u>한 책을 모교에 기증하다
不必要한 事項은 削除 하겠습니다	98. 불필요한 사항은 <u>삭제</u> 하겠습니다
優劣의 隔差를 解消하는 方案	99. 우열의 <u>격차</u>를 해소하는 방안
知性人들이 이 社會의 牽引車 役割을 해야죠	100. 지성인들이 이 사회의 <u>견인차</u> 역할을 해야죠

外部組織과 連繫되어 있다	101. 외부조직과 연계되어 있다
宇宙船이 타원 軌道에 進入하다	102. 우주선이 타원 궤도에 진입하다
侵掠行爲의 糾彈大會가 있었다	103. 침략행위의 규탄대회가 있었다
페인트는 塗料商에 가면 많아	104. 페인트는 도료상에 가면 많아
株價가 暴騰한 原因은 무엇일까?	105. 주가가 폭등한 원인은 무엇일까?

獵銃 所持者는 申告義務	106. 엽총 소지자는 신고의무
職場 同僚의 昇進을 祝賀해야지	107. 직장 동료의 승진을 축하해야지
남을 侮辱하면 그것은 나의 人格問題	108. 남을 모욕하면 그것은 나의 인격문제
날씨가 和暢하여 完然한 봄을 느낀다	109. 날씨가 화창하여 완연한 봄을 느낀다
禁煙하겠다고 盟誓하고 作心三日	110. 금연하겠다고 맹서하고 작심삼일

水平의 反對는 垂直	111. 수평의 반대는 수직
證據 收集을 爲하여 現場 搜査 依賴	112. 증거 수집을 위하여 현장 수사 의뢰
經濟 發展의 跳躍 段階	113. 경제 발전의 도약 단계
圖書 閱覽은 署名 해 주세요	114. 도서 열람은 서명 해 주세요
人權을 擁護하다	115. 인권을 옹호하다

온 國民의 熱意가 凝集된 結果	116. 온 국민의 열의가 응집된 결과
남의 物件을 훔치는 竊盜犯	117. 남의 물건을 훔치는 절도범
卓越한 솜씨의 피아노 演奏	118. 탁월한 솜씨의 피아노 연주
强度 높은 地震으로 많은 被害 發生	119. 강도 높은 지진으로 많은 피해 발생
大衆交通 利用으로 滯症을 막자	120. 대중교통 이용으로 체증을 막자

各國의 頂上 會談이 열렸다	121. 각국의 정상 회담이 열렸다
親舊 結婚式에 司會를 맡았다	122. 친구 결혼식에 사회를 맡았다
小包를 부칠때는 直接 郵遞局을 가야 해	123. 소포를 부칠때는 직접 우체국을 가야 해
衡平에 맞는 일 處理	124. 형평에 맞는 일 처리
紫外線에 露出되면 皮膚에 해롭다	125. 자외선에 노출되면 피부에 해롭다

追突事故로 輕傷을 입었다	126. 추돌사고로 경상을 입었다
國際 貿易에서 經常 收支가 높아졌다	127. 국제 무역에서 경상 수지가 높아졌다
職場內에서 人事 異動이 있었다	128. 직장내에서 인사 이동이 있었다
아들의 軍部隊 移動으로 딴 곳으로 옮겼다	129. 아들의 군부대 이동으로 딴 곳으로 옮겼다
實物과 模造品의 異同 調査로 眞品이 밝혀졌다	130. 실물과 모조품의 이동 조사로 진품이 밝혀졌다
반드시 祖上의 뿌리인 始祖를 알아야 한다	131. 반드시 조상의 뿌리인 시조를 알아야 한다
우리나라 固有의 定型詩를 時調라 한다	132. 우리나라 고유의 정형시를 시조라 한다
福音을 傳播하다	133. 복음을 전파하다
地震으로 온 집안이 全破 되었다	134. 지진으로 온 집안이 전파 되었다
無線 交戰時 電波가 잘 傳達 된다	135. 무선 교전시 전파가 잘 전달 된다
다친 傷處部位가 再發되었다	136. 다친 상처부위가 재발되었다
婦人을 잃고 喪妻하면 더 쓸쓸하다	137. 부인을 잃고 상처하면 더 쓸쓸하다
大統領의 海外巡訪에 祕書陣이 隨行하다	138. 대통령의 해외순방에 비서진이 수행하다
道를 닦고 修行하는 過程에는 忍耐心을 要한다	139. 도를 닦고 수행하는 과정에는 인내심을 요한다
맡은 바 일을 잘 遂行하고 있다	140. 맡은 바 일을 잘 수행하고 있다
公衆道德을 잘 지켜야 現代人이다	141. 공중도덕을 잘 지켜야 현대인이다
空中의 잠자리를 잡느라 餘念이 없다	142. 공중의 잠자리를 잡느라 여념이 없다
冊의 內容을 改訂하여 新版이 나오다	143. 책의 내용을 개정하여 신판이 나오다
年初에 公共料金의 改定이 있다	144. 연초에 공공요금의 개정이 있다
法廷에서 開廷하면 嚴肅해야 한다	145. 법정에서 개정하면 엄숙해야 한다
職員 採用에 當身을 考慮 해 보겠소	146. 직원 채용에 당신을 고려 해 보겠소
王建이 開城에 都邑을 定한 나라는 高麗	147. 왕건이 개성에 도읍을 정한 나라는 고려
建物을 지을 땐 周圍과 調和롭게 하자	148. 건물을 지을 땐 주위과 조화롭게 하자
造花는 香이 없는 代身 오래 간다	149. 조화는 향이 없는 대신 오래 간다
돌아가신분의 冥福을 빌며 弔花를 바쳤다	150. 돌아가신분의 명복을 빌며 조화를 바쳤다

運動服으론 伸縮성이 좋은 옷감이라야 한다	151. 운동복으론 신축성이 좋은 옷감이라야 한다
봄이 되니 新築하는 建物이 많아졌다	152. 봄이 되니 신축하는 건물이 많아졌다
덧니로 齒列을 矯正하다	153. 덧니로 치열을 교정하다
冊原稿와 對照하여 校正을 보다	154. 책원고와 대조하여 교정을 보다
卒業을 하고 나니 校庭이 그립다	155. 졸업을 하고 나니 교정이 그립다

임금의 賜藥도 달게 받는 臣下	156. 임금의 사약도 달게 받는 신하
먹으면 죽는 藥은 死藥이다	157. 먹으면 죽는 약은 사약이다
갑작스런 悲鳴소리에 全部 놀랐다	158. 갑작스런 비명소리에 전부 놀랐다
碑銘에 새긴 글을 보고 業績을 알 수 있다	159. 비명에 새긴 글을 보고 업적을 알 수 있다
火災로 온 家族이 非命에 갔다	160. 화재로 온 가족이 비명에 갔다

國産品 愛用으로 輸入은 節制 합시다	161. 국산품 애용으로 수입은 절제 합시다
景氣 惡化로 收入이 줄었다	162. 경기 악화로 수입이 줄었다
突然 그 아이가 優勝 候補로 浮上하다	163. 돌연 그 아이가 우승 후보로 부상하다
競試大會에서 入賞하면 副賞이 주어진다	164. 경시대회에서 입상하면 부상이 주어진다
父喪을 當한 親舊에게 弔意를 標하다	165. 부상을 당한 친구에게 조의를 표하다

故鄕을 떠나 客地에서 遊學生活을 하다	166. 고향을 떠나 객지에서 유학생활을 하다
海外로 早期留學은 考慮할 問題다	167. 해외로 조기유학은 고려할 문제다
秩序를 維持함으로써 安定이 온다	168. 질서를 유지함으로써 안정이 온다
奉仕하는 그 사람은 동네 有志이다	169. 봉사하는 그 사람은 동네 유지이다
父親의 遺志를 받들어 家業을 잇다	170. 부친의 유지를 받들어 가업을 잇다

景氣浮揚은 政府의 責任이 크다	171. 경기부양은 정부의 책임이 크다
老母를 모신 長男으로 家族을 扶養해야 한다	172. 노모를 모신 장남으로 가족을 부양해야 한다
社員募集의 社告를 보고 支援하게 되었다	173. 사원모집의 사고를 보고 지원하게 되었다
안개로 飛行機 着陸 事故가 났다	174. 안개로 비행기 착륙 사고가 났다
어린이는 創意的인 思考力을 키워야 한다	175. 어린이는 창의적인 사고력을 키워야 한다

▷ 單語工夫 ◁

② 新聞社說

② 社 說

中國은 國際社會 一員 資格[1] 있나

中國[2]은 世界[3]貿易[4]機構[5] 加入[6] 등에 따라 이제 國際[7]社會[8]의 一員[9]으로서 제대로 行動[10]해야 함은 當然[11]하다. 앞으로 責任[12] 있는 리더로서의 役割[13]도 하게 될 것으로 많은 世界人들이 믿고 있기에 더욱 그러하다. 이를 爲해서는 무엇보다 國際法과 國際 慣行[14]을 遵守[15]하는 모습을 보여줘야 한다. 그것이야말로 國際社會 一員으로서의 最小限[16]의 義務[17]다.

베이징 駐在[18] 韓國[19] 大使館[20] 領事府[21]에 進入[22]한 脫北[23]者 1名을 强制[24]連行[25]하는 過程[26]에서 보여준 中國側의 行爲는 이러한 世界人들의 企待[27]를 저버리는 대단히 失望[28]스러운 것이다. 許可[29]도 없이 우리 領事府 境內[30]에까지 無斷[31]侵入[32]해 脫北者를 强制連行해 가는 한편, 이를 制止[33]하는 우리 外交官[34]과 取材[35] 中인 言論[36]人까지 暴行[37]한 行爲[38]는 明白[39]한 國際法 違反[40]일 뿐 아니라 反 文明的[41]인 野蠻[42] 行爲에 다름 아니다. 萬에 하나 그것을 '大國의 自尊心[43]'쯤으로 생각한다면 錯覺[44]이라도 한참 錯覺일 뿐이다. 아직 제대로 '깨어나지 못한' 나라의 劣等[45] 意識[46] 乃至[47]는 傲慢[48]일뿐임을 깨달아야 한다. '外交關係[49]에 依한 빈 協約[50]'에 規定[51]된 '外交公館의 不可侵權[52]'과 '外交官 身體[53] 不可侵權'은 外交特權 중에서도 가장 重要[54]하다. 그러나 中國側은 이를 徹底[55]히 無視[56]해 버렸다. 外交關係를 가진 國家間에 이러한 主權[57] 侵害[58] 行爲가 發生[59]할 수 있다는 말인가. 이는 '脫北者 處理[60]問題[61]'와 또 다른 次元[62]의 國際的 問題다. 中國側은 이에 대해 어떻게 辨明[63]할 것인가. 中國이 國際社會의 一員으로서 堂堂[64]히 待接[65]받고 싶다면 이번 事態[66]에 대해 어떤 方式[67]으로든 責任을 져야 한다. 또한 再發[68]防止[69]를 國際社會에 約束[70]해야 한다.

中國이 '竹의 帳幕[71]' 너머에 숨어 있어도 크게 不便[72]함이 없던 그러한 時代[73]가 이제는 더 以上[74] 아니다. 中國이 國際化 時代에 걸맞지 않은 '낡은 意識'의 옷을 하루라도 빨리 벗어던지는 게 그들의 未來[75]를 爲해서도 좋을 것이다. 이웃 國家[76]로서 우리가 그들에게 해 주고 싶은 友情[77]어린 忠告[78]이다.

중국은 국제사회 일원 자격[1] 있나

▽밑줄 친 한자어를 한자로 써 보세요▽

중국[2]은 세계[3]무역[4]기구[5] 가입[6] 등에 따라 이제 국제[7]사회[8]의 일원[9]으로서 제대로 행동[10]해야 함은 당연[11]하다. 앞으로 책임[12] 있는 리더로서의 역할[13]도 하게 될 것으로 많은 세계인들이 믿고 있기에 더욱 그러하다. 이를 爲해서는 무엇보다 국제법과 국제 관행[14]을 준수[15]하는 모습을 보여줘야 한다. 그것이야말로 국제사회 일원으로서의 최소한[16]의 의무[17]다.

베이징 주재[18] 한국[19] 대사관[20] 영사부[21]에 진입[22]한 탈북[23]자 1名을 강제[24]연행[25]하는 과정[26]에서 보여준 중국측의 행위는 이러한 세계인들의 기대[27]를 저버리는 대단히 실망[28]스러운 것이다. 허가[29]도 없이 우리 영사부 경내[30]에까지 무단[31]침입[32]해 탈북자를 강제연행해 가는 한편, 이를 제지[33]하는 우리 외교관[34]과 취재[35] 中인 언론[36]인까지 폭행[37]한 행위[38]는 명백[39]한 국제법 위반[40]일 뿐 아니라 反 문명적[41]인 야만[42] 행위에 다름 아니다. 萬에 하나 그것을 '대국의 자존심[43]'쯤으로 생각한다면 착각[44]이라도 한참 착각일 뿐이다. 아직 제대로 '깨어나지 못한' 나라의 열등[45] 의식[46] 내지[47]는 오만[48]일뿐임을 깨달아야 한다. '외교관계[49]에 의한 빈 협약[50]'에 규정[51]된 '외교공관의 불가침권[52]'과 '외교관 신체[53] 불가침권'은 외교특권 중에서도 가장 중요[54]하다. 그러나 중국측은 이를 철저[55]히 무시[56]해 버렸다. 외교관계를 가진 국가간에 이러한 주권[57] 침해[58] 행위가 발생[59]할 수 있다는 말인가. 이는 '탈북자 처리[60]문제[61]'와 또 다른 차원[62]의 국제적 문제다. 중국측은 이에 대해 어떻게 변명[63]할 것인가. 중국이 국제사회의 일원으로서 당당[64]히 대접[65]받고 싶다면 이번 사태[66]에 대해 어떤 방식[67]으로든 책임을 져야 한다. 또한 재발[68]방지[69]를 국제사회에 약속[70]해야 한다.

중국이 '죽의 장막[71]' 너머에 숨어 있어도 크게 불편[72]함이 없던 그러한 시대[73]가 이제는 더 이상[74] 아니다. 중국이 국제화 시대에 걸맞지 않은 '낡은 의식'의 옷을 하루라도 빨리 벗어던지는 게 그들의 미래[75]를 위해서도 좋을 것이다. 이웃 국가[76]로서 우리가 그들에게 해 주고 싶은 우정[77]어린 충고[78]이다.

흔들리는 社會保險

社會[1]保險의 2代 기둥이라 할 國民年金[2]과 醫療保險이 그 뿌리부터 흔들리고 있다. 두 制度[3]가 最惡[4]의 危機[5]를 맞고 있는 共通[6]된 理由[7]는 크게 세 가지로 볼 수 있다. 첫째는 두 制度의 基盤[8]이 되어야 할 財政[9]狀態[10]가 極度[11]로 不實[12]해져 더 以上[13] 그 自體[14]로는 굴러 가기가 힘들어졌다는 것. 두번째는 所得再分配[15] 機能[16]을 해 줘야 할 두 制度가 加入者[17]의 職種[18]-階層間[19] 所得의 衡平性을 잃어 租稅[20]正義[21]와 社會正義에 거스르는 '所得逆進[22]' 現狀[23]을 빚게 됐다는 點. 세번째는 지난달부터 實施[24]한 國民年金 擴大[25]와 來年[26] 1月부터 施行[27]할 統合[28]醫療保險制가 모두 '國際[29]通貨[30]基金[31](IMF)危機'와 맞물리면서 不滿[32]과 抵抗[33]을 더욱 크게 하고 있다는 點. 이밖에 이런 總體的[34] 不實과 危機를 불러 오기 까지 보여 온 政府[35]當局[36]의 近視眼[37]的이고 臨時[38]方便[39]的인 政策[40]을 들지 않을 수 없다.

國民年金 擴大 實施가 그 實例[41]. 都市[42]自營者[43]와 俸給[44]生活[45]者를 한데 묶어 公的[46]扶助[47]의 連帶[48]를 이끌어 낸다는 本來[49] 趣旨는 좋다. 그러나 自營者의 課稅[50]所得 把握率이 고작 25~30% 水準[51]인 現實[52]에서 申告[53]所得을 基準[54]으로 無理[55]하게 推進[56]하다보니 所得이 琉璃(유리)알처럼 드러나는 俸給쟁이만 鳳이 될 수 밖에 없다. 더구나 失業者[57]와 休廢業[58]者가 量産[59]되고 全般的[60]으로 所得이 줄어든 時點[61]에서 밀어 붙이다보니, 納付[62]例外[63]者가 折半[64]을 넘는 '반쪽 年金'이 되고 말았고, 거기에 所得의 下向[65]申告가 겹치면서 財政의 脆弱性(취약성)은 피할 수 없게 됐다.

醫療保險의 深刻性[66]은 더하다. 來年 統合醫療保險에서는 職場[67]醫保의 境遇[68] 旣存[69]의 基本給[70] 基準에서 賞與金[71]과 手當[72]을 합친 總所得[73] 基準으로 保險料[74]를 내야 하고 扶養[75]家族[76]도 所得이 있으면 保險料를 내게 돼 保險料 負擔[77]이 1.5~2倍 늘어나게 됐다는 報道[78]다. 反面[79] 地域[80]加入者는 2年前 申告한 所得 基準으로만 保險料를 내면 돼 相對的[81]으로 保險料 負擔이 줄어들 豫想[82]이다. 이대로 간다면 國民年金에 이어 職場 加入者의 不滿과 抵抗은 불을 보듯 뻔하다.

事情[83]이 이렇게 나빠진 데는 每年 20%씩 늘어나는 醫療給與[84]에 保險料 收入[85]이 못 미치는 構造[86]的 要因[87]이 絶對[88]的이다. 慢性[89]赤字[90]인 地域醫保는 말할 것도 없고 比較[91]的 괜찮던 職場醫保 財政도 거덜날 판이다. 여기에는 財政에 대한 分析[92]이나 經濟[93]與件[94]에 대한 展望[95] 등은 없이 選擧[96]철만 되면 無理한 善心[97]性 公約[98]으로 醫療保險惠澤[99]을 늘려온 政治[100]圈의 責任[101]이 크다.

國民年金과 醫療保險은 어떡하든 살려 나가야 할 基本的 社會保險이다. 于先[102] 그 實狀[103]을 낱낱이 알리고 國民의 同意[104]와 協助[105]를 얻어 根本[106]的인 手術[107]을 해야 한다. 그때그때 一方的[108]으로 保險料나 올리고 月給[109] 封套(봉투)에서 뭉텅뭉텅 年金이나 떼는 彌縫策(미봉책)으로는 더 以上 解決[110]될 問題[111]가 아니다.

흔들리는 사회보험

 사회¹보험의 2대 기둥이라 할 국민연금²과 의료보험이 그 뿌리부터 흔들리고 있다. 두 제도³가 최악⁴의 위기⁵를 맞고 있는 공통⁶된 이유⁷는 크게 세 가지로 볼 수 있다. 첫째는 두 제도의 기반⁸이 되어야 할 재정⁹상태¹⁰가 극도¹¹로 부실¹²해져 더 이상¹³ 그 자체¹⁴로는 굴러 가기가 힘들어졌다는 것. 두번째는 소득재분배¹⁵ 기능¹⁶을 해 줘야 할 두 제도가 가입자¹⁷의 직종¹⁸-계층간¹⁹ 소득의 형평성을 잃어 조세²⁰정의²¹와 사회정의에 거스르는 '소득역진²²' 현상²³을 빚게 됐다는 점. 세번째는 지난달부터 실시²⁴한 국민연금 확대²⁵와 내년²⁶ 1월부터 시행²⁷할 통합²⁸의료보험제가 모두 '국제²⁹통화³⁰기금³¹(IMF)위기'와 맞물리면서 불만³²과 저항³³을 더욱 크게 하고 있다는 점. 이밖에 이런 총체적³⁴ 부실과 위기를 불러 오기 까지 보여 온 정부³⁵당국³⁶의 근시안³⁷적이고 임시³⁸방편³⁹적인 정책⁴⁰을 들지 않을 수 없다.

 국민연금 확대 실시가 그 실례⁴¹. 도시⁴² 자영자⁴³와 봉급⁴⁴생활⁴⁵자를 한데 묶어 공적⁴⁶부조⁴⁷의 연대⁴⁸를 이끌어 낸다는 본래⁴⁹ 취지는 좋다. 그러나 자영자의 과세⁵⁰소득 파악률이 고작 25~30% 수준⁵¹인 현실⁵²에서 신고⁵³소득을 기준⁵⁴으로 무리⁵⁵하게 추진⁵⁶하다보니 소득이 琉璃(유리)알처럼 드러나는 봉급쟁이만 봉이 될 수 밖에 없다. 더구나 실업자⁵⁷와 휴폐업⁵⁸者가 양산⁵⁹되고 전반적⁶⁰으로 소득이 줄어든 시점⁶¹에서 밀어 붙이다보니, 납부⁶²예외⁶³자가 절반⁶⁴을 넘는 '반쪽 연금'이 되고 말았고, 거기에 소득의 하향⁶⁵신고가 겹치면서 재정의 脆弱性(취약성)은 피할 수 없게 됐다.

 의료보험의 심각성⁶⁶은 더하다. 내년 통합의료보험에서는 직장⁶⁷의보의 경우⁶⁸ 기존⁶⁹의 기본급⁷⁰ 기준에서 상여금⁷¹과 수당⁷²을 합친 총소득⁷³ 기준으로 보험료⁷⁴를 내야 하고 부양⁷⁵가족⁷⁶도 소득이 있으면 보험료를 내게 돼 보험료 부담⁷⁷이 1.5~2배 늘어나게 됐다는 보도⁷⁸다. 반면⁷⁹ 지역⁸⁰가입자는 2년전 신고한 소득 기준으로만 보험료를 내면 돼 상대적⁸¹으로 보험료 부담이 줄어들 예상⁸²이다. 이대로 간다면 국민연금에 이어 직장 가입자의 불만과 저항은 불을 보듯 뻔하다.

 사정⁸³이 이렇게 나빠진 데는 매년 20%씩 늘어나는 의료급여⁸⁴에 보험료 수입⁸⁵이 못 미치는 구조⁸⁶的 요인⁸⁷이 절대⁸⁸的이다. 만성⁸⁹적자⁹⁰인 지역의보는 말할 것도 없고 비교⁹¹的 괜찮던 직장의보 재정도 거덜날 판이다. 여기에는 재정에 대한 분석⁹²이나 경제⁹³여건⁹⁴에 대한 전망⁹⁵ 등은 없이 선거⁹⁶철만 되면 무리한 선심⁹⁷性 공약⁹⁸으로 의료보험혜택⁹⁹을 늘려온 정치¹⁰⁰권의 책임¹⁰¹이 크다.

 국민연금과 의료보험은 어떡하든 살려 나가야 할 기본적 사회보험이다. 우선¹⁰² 그 실상¹⁰³을 낱낱이 알리고 국민의 동의¹⁰⁴와 협조¹⁰⁵를 얻어 근본¹⁰⁶的인 수술¹⁰⁷을 해야 한다. 그때그때 일방적¹⁰⁸으로 보험료나 올리고 월급¹⁰⁹ 封套(봉투)에서 뭉텅뭉텅 연금이나 떼는 彌縫策(미봉책)으로는 더 이상 해결¹¹⁰될 문제¹¹¹가 아니다.

偉業을 自祝하며 마무리할 때

　우리는 餘恨[3]이 없다. 월드컵 '4强 神話[4]'를 創造[5]하지 않았던가. 太極[6]戰士[7]들! 정말 壯하고 자랑스럽다. 決勝[8]에 오르지 못했어도 아쉬울 것이 없다. 우리 選手[9]들은 끝까지 最善[10]을 다했고, 붉은 惡魔[11]와 全國民[12]應援의 熱誠[13]은 하늘에 닿았다. 그동안 4700萬 國民과 500萬 在外[14]同胞[15]들은 感動[16]의 喜悅[17]과 感激[18]의 成就[19]感을 맛보았다. 얼마나 신명나고 幸福[20]한 나날이었던가.

　월드컵 1勝을 목말라했던 우리는 國民的 念願[21]인 16强을 훌쩍 뛰어넘어 8强, 그리고 亞細亞[22] 最初[23]로 4强에 進入[24]하는 偉業을 達成[25]했다. 强靭(강인)한 體力[26], 빠른 스피드, 不屈[27]의 精神[28]力으로 武裝[29]한 太極 戰士들은 유럽의 强豪[30]들을 잇달아 擊破[31]하며 世界[32] 蹴球[33]歷史[34]를 새로 썼다. '파워蹴球'라는 新兵器[35]로 韓國팀을 세계 頂上[36]에 올려놓은 히딩크 監督[37]의 用兵術[38]과 指導力[39]은 國民的 讚辭[40]를 받아 마땅하다.

　우리는 이번 월드컵을 通해 4强의 奇蹟[41] 그 以上[42]의 成果[43]를 일궈냈다.

우리가 해냈다는 自信感[44]과 더불어 우리의 참모습을 發見[45]한 것이다. 붉은 惡魔의 出現[46]은 韓國人[47]의 意識[48]과 文化[49]코드를 바꿔놓은 一代[50]事件[51]이었다. 光化門[52]에서 始作[53]되어 全國[54]으로 번진 700萬 거리 應援의 熱情[55]은 우리와 세계를 놀라게 했다. 歷代[56]어느 政權[57], 어떤 指導者[58]도 이뤄내지 못한 國民 和合[59]을 國民 應援團[60]이 이루었다. 歷史 以來[61] 韓國民의 底力[62]과 自矜心(자긍심)을 이처럼 萬邦[63]에 誇示[64]한 적이 있었던가.

　이제는 祝杯[65]를 들며 기쁨을 함께 나누면서 成功[66]的인 마무리를 할 때다. 熱氣[67]와 興奮[68]을 가라앉히고 우리가 얼마나 '偉大한 歷史'를 만들었으며, '文化의 位相[69]'을 어떻게 업그레이드 시켰나를 생각해 보아야 한다. 젊은 世代들이 일궈낸 自發[70]的인 祝祭[71]文化는 韓國 社會[72] 全般[73]에 變化[74]의 물꼬를 텄다. 그들이 追求[75]하는 幸福, 넘치는 自信感, 未來[76]의 可能性[77]을 우리 社會가 어떻게 充足[78]시키느냐가 앞으로의 課題[79]다.

〔朝鮮日報 2002. 6. 26日字 社說[80] 引用[81]〕

위업¹을 자축²하며 마무리할 때

우리는 여한³이 없다. 월드컵 '4强 신화⁴'를 창조⁵하지 않았던가. 태극⁶전사⁷들! 정말 壯하고 자랑스럽다. 결승⁸에 오르지 못했어도 아쉬울 것이 없다. 우리 선수⁹들은 끝까지 최선¹⁰을 다했고, 붉은 악마¹¹와 全국민¹²응원의 열성¹³은 하늘에 닿았다. 그동안 4700萬 국민과 500萬 재외¹⁴동포¹⁵들은 감동¹⁶의 희열¹⁷과 감격¹⁸의 성취¹⁹감을 맛보았다. 얼마나 신명나고 행복²⁰한 나날이었던가.

월드컵 1勝을 목말라했던 우리는 국민적 염원²¹인 16强을 훌쩍 뛰어넘어 8强, 그리고 아세아²² 최초²³로 4强에 진입²⁴하는 위업을 달성²⁵했다. 強靭(강인)한 체력²⁶, 빠른 스피드, 불굴²⁷의 정신²⁸력으로 무장²⁹한 태극 전사들은 유럽의 강호³⁰들을 잇달아 격파³¹하며 세계³² 축구³³역사³⁴를 새로 썼다. '파워축구'라는 新병기³⁵로 한국팀을 세계 정상³⁶에 올려놓은 히딩크 감독³⁷의 용병술³⁸과 지도력³⁹은 국민적 찬사⁴⁰를 받아 마땅하다.

우리는 이번 월드컵을 통해 4强의 기적⁴¹ 그 이상⁴²의 성과⁴³를 일궈냈다.

우리가 해냈다는 자신감⁴⁴과 더불어 우리의 참모습을 발견⁴⁵한 것이다. 붉은 악마의 출현⁴⁶은 한국인⁴⁷의 의식⁴⁸과 문화⁴⁹코드를 바꿔놓은 일대⁵⁰사건⁵¹이었다. 광화문⁵²에서 시작⁵³되어 전국⁵⁴으로 번진 700萬 거리 응원의 열정⁵⁵은 우리와 세계를 놀라게 했다. 역대⁵⁶어느 정권⁵⁷, 어떤 지도자⁵⁸도 이뤄내지 못한 국민 화합⁵⁹을 국민 응원단⁶⁰이 이루었다. 역사 이래⁶¹ 한국민의 저력⁶²과 自矜心(자긍심)을 이처럼 만방⁶³에 과시⁶⁴한 적이 있었던가.

이제는 축배⁶⁵를 들며 기쁨을 함께 나누면서 성공⁶⁶적인 마무리를 할 때다. 열기⁶⁷와 흥분⁶⁸을 가라앉히고 우리가 얼마나 '위대한 역사'를 만들었으며, '문화의 위상⁶⁹'을 어떻게 업그레이드 시켰나를 생각해 보아야 한다. 젊은 세대들이 일궈낸 자발⁷⁰적인 축제⁷¹문화는 한국 사회⁷² 전반⁷³에 변화⁷⁴의 물꼬를 텄다. 그들이 추구⁷⁵하는 행복, 넘치는 자신감, 미래⁷⁶의 가능성⁷⁷을 우리 사회가 어떻게 충족⁷⁸시키느냐가 앞으로의 과제⁷⁹다.

〔조선일보 2002. 6. 26일자 사설⁸⁰ 인용⁸¹〕

반복하여 연습하고
다른 사설도 한자로 전환하여 봅시다.

▶ 3 生活漢字 ◀

독음만 보고 뜻을 추리하면서 한자로 써 보기 ●국어사전 필수●

可憐 (가련)	客觀 (객관)	繼走 (계주)	過誤 (과오)	購入 (구입)	企業 (기업)
假說 (가설)	更新 (갱신)	顧客 (고객)	課外 (과외)	國運 (국운)	寄與 (기여)
假飾 (가식)	拒否 (거부)	高度 (고도)	誇張 (과장)	國益 (국익)	寄贈 (기증)
價値 (가치)	健康 (건강)	孤立 (고립)	課程 (과정)	國際 (국제)	氣體 (기체)
角逐 (각축)	建設 (건설)	顧問 (고문)	觀光 (관광)	歸屬 (귀속)	基礎 (기초)
簡單 (간단)	建議 (건의)	告白 (고백)	觀念 (관념)	歸還 (귀환)	幾何 (기하)
幹線 (간선)	健全 (건전)	高尙 (고상)	寬待 (관대)	規模 (규모)	機會 (기회)
間接 (간접)	儉素 (검소)	告訴 (고소)	關聯 (관련)	規制 (규제)	樂觀 (낙관)
看板 (간판)	結束 (결속)	高手 (고수)	貫徹 (관철)	克己 (극기)	落島 (낙도)
刊行 (간행)	缺如 (결여)	雇用 (고용)	交流 (교류)	克服 (극복)	浪費 (낭비)
看護 (간호)	缺點 (결점)	高原 (고원)	交付 (교부)	根幹 (근간)	勞苦 (노고)
感氣 (감기)	決定 (결정)	固定 (고정)	敎師 (교사)	近代 (근대)	怒氣 (노기)
甘受 (감수)	傾斜 (경사)	苦痛 (고통)	交涉 (교섭)	近來 (근래)	路邊 (노변)
感化 (감화)	輕傷 (경상)	曲調 (곡조)	交易 (교역)	勤勞 (근로)	勞使 (노사)
講究 (강구)	輕視 (경시)	骨格 (골격)	郊外 (교외)	僅少 (근소)	露宿 (노숙)
强調 (강조)	經緯 (경위)	共感 (공감)	敎材 (교재)	禁忌 (금기)	露出 (노출)
强化 (강화)	傾聽 (경청)	功過 (공과)	交際 (교제)	給料 (급료)	樓閣 (누각)
皆勤 (개근)	景致 (경치)	供給 (공급)	交替 (교체)	急速 (급속)	漏出 (누출)
槪念 (개념)	輕快 (경쾌)	公式 (공식)	交通 (교통)	及第 (급제)	多發 (다발)
開發 (개발)	傾向 (경향)	公園 (공원)	交換 (교환)	棄權 (기권)	多樣 (다양)
改善 (개선)	經驗 (경험)	公平 (공평)	敎會 (교회)	紀念 (기념)	團結 (단결)
開拓 (개척)	契機 (계기)	貢獻 (공헌)	具備 (구비)	記錄 (기록)	端緖 (단서)
改編 (개편)	啓蒙 (계몽)	果敢 (과감)	驅使 (구사)	基本 (기본)	單純 (단순)
改革 (개혁)	繼承 (계승)	科目 (과목)	構成 (구성)	飢餓 (기아)	斷案 (단안)

- 150 -

斷行(단행)	敦篤(돈독)	命中(명중)	發展(발전)	復舊(복구)	死亡(사망)
擔當(담당)	動機(동기)	募金(모금)	拔取(발취)	本部(본부)	使命(사명)
糖尿(당뇨)	同僚(동료)	模倣(모방)	發表(발표)	奉養(봉양)	社務(사무)
堂堂(당당)	同盟(동맹)	牧場(목장)	發揮(발휘)	部署(부서)	寫生(사생)
當到(당도)	動員(동원)	目的(목적)	芳年(방년)	副食(부식)	私淑(사숙)
對比(대비)	頭角(두각)	目標(목표)	訪問(방문)	副應(부응)	事實(사실)
代案(대안)	頭目(두목)	霧散(무산)	方法(방법)	赴任(부임)	使用(사용)
貸與(대여)	登用(등용)	武藝(무예)	放送(방송)	敷地(부지)	詐稱(사칭)
待遇(대우)	莫強(막강)	默念(묵념)	方言(방언)	腐敗(부패)	事態(사태)
貸借(대차)	滿開(만개)	文盲(문맹)	邦畵(방화)	復活(부활)	司會(사회)
對策(대책)	漫談(만담)	問病(문병)	背景(배경)	分類(분류)	産苦(산고)
對處(대처)	萬般(만반)	問安(문안)	排球(배구)	墳墓(분묘)	上京(상경)
代替(대체)	萬歲(만세)	文集(문집)	配給(배급)	分野(분야)	相反(상반)
代表(대표)	萬若(만약)	勿論(물론)	配慮(배려)	紛爭(분쟁)	相逢(상봉)
德澤(덕택)	晩餐(만찬)	物色(물색)	背叛(배반)	奮鬪(분투)	喪失(상실)
道具(도구)	亡命(망명)	物質(물질)	排斥(배척)	不過(불과)	上程(상정)
到來(도래)	買收(매수)	未備(미비)	飜譯(번역)	不拘(불구)	相互(상호)
都賣(도매)	埋葬(매장)	微笑(미소)	煩雜(번잡)	不吉(불길)	狀況(상황)
圖謀(도모)	賣盡(매진)	尾行(미행)	法典(법전)	不平(불평)	索出(색출)
挑發(도발)	脈絡(맥락)	反感(반감)	別途(별도)	不許(불허)	省略(생략)
倒産(도산)	猛獸(맹수)	反對(반대)	別世(별세)	崩壞(붕괴)	生命(생명)
圖書(도서)	勉勵(면려)	反映(반영)	病苦(병고)	肥滿(비만)	生産(생산)
到處(도처)	面目(면목)	反應(반응)	病患(병환)	悲鳴(비명)	生涯(생애)
倒置(도치)	明答(명답)	返還(반환)	報償(보상)	比重(비중)	序曲(서곡)
圖畵(도화)	銘心(명심)	發明(발명)	保障(보장)	詐欺(사기)	西紀(서기)
獨善(독선)	名譽(명예)	發信(발신)	普通(보통)	謝禮(사례)	書道(서도)

序頭 (서두)	歲暮 (세모)	首席 (수석)	始動 (시동)	安定 (안정)	沿岸 (연안)
庶民 (서민)	洗濯 (세탁)	輸送 (수송)	是非 (시비)	謁見 (알현)	連載 (연재)
西洋 (서양)	燒却 (소각)	需要 (수요)	施賞 (시상)	暗誦 (암송)	聯合 (연합)
書籍 (서적)	消毒 (소독)	受容 (수용)	時速 (시속)	壓倒 (압도)	熱望 (열망)
席卷 (석권)	騷亂 (소란)	守節 (수절)	施策 (시책)	壓縮 (압축)	廉價 (염가)
釋放 (석방)	所望 (소망)	修訂 (수정)	植物 (식물)	野望 (야망)	念慮 (염려)
惜別 (석별)	昭明 (소명)	垂直 (수직)	植樹 (식수)	野戰 (야전)	染色 (염색)
石油 (석유)	所聞 (소문)	輸出 (수출)	新刊 (신간)	藥局 (약국)	葉書 (엽서)
鮮明 (선명)	訴訟 (소송)	水平 (수평)	信賴 (신뢰)	掠奪 (약탈)	令愛 (영애)
先輩 (선배)	所願 (소원)	收穫 (수확)	新聞 (신문)	洋服 (양복)	英雄 (영웅)
宣言 (선언)	所謂 (소위)	熟達 (숙달)	身世 (신세)	養分 (양분)	營爲 (영위)
先烈 (선열)	所有 (소유)	熟語 (숙어)	新式 (신식)	洋藥 (양약)	領土 (영토)
善意 (선의)	騷音 (소음)	宿題 (숙제)	信任 (신임)	養育 (양육)	銳利 (예리)
選定 (선정)	所任 (소임)	宿直 (숙직)	愼重 (신중)	兩親 (양친)	豫防 (예방)
先親 (선친)	所重 (소중)	叔姪 (숙질)	申請 (신청)	諒解 (양해)	豫備 (예비)
選擇 (선택)	素質 (소질)	瞬間 (순간)	信號 (신호)	抑揚 (억양)	豫測 (예측)
說得 (설득)	召集 (소집)	殉國 (순국)	實感 (실감)	言聲 (언성)	娛樂 (오락)
設令 (설령)	疏忽 (소홀)	巡察 (순찰)	實務 (실무)	餘暇 (여가)	汚染 (오염)
設定 (설정)	速度 (속도)	習作 (습작)	失手 (실수)	旅路 (여로)	午餐 (오찬)
性格 (성격)	率直 (솔직)	勝利 (승리)	失身 (실신)	輿論 (여론)	溫和 (온화)
成果 (성과)	衰退 (쇠퇴)	勝算 (승산)	實情 (실정)	與否 (여부)	瓦解 (와해)
省墓 (성묘)	首肯 (수긍)	乘車 (승차)	實際 (실제)	逆說 (역설)	完結 (완결)
省察 (성찰)	手段 (수단)	市價 (시가)	實踐 (실천)	連結 (연결)	完工 (완공)
成形 (성형)	收錄 (수록)	時計 (시계)	實現 (실현)	聯關 (연관)	完敗 (완패)
世紀 (세기)	樹立 (수립)	施工 (시공)	深度 (심도)	連絡 (연락)	緩和 (완화)
洗面 (세면)	睡眠 (수면)	試圖 (시도)	案件 (안건)	硏磨 (연마)	外信 (외신)

料金 (요금)	流失 (유실)	忍耐 (인내)	場面 (장면)	節約 (절약)	宗敎 (종교)
料理 (요리)	有用 (유용)	人類 (인류)	財界 (재계)	情談 (정담)	終了 (종료)
要因 (요인)	留意 (유의)	人物 (인물)	財物 (재물)	程度 (정도)	種類 (종류)
優勢 (우세)	誘引 (유인)	人性 (인성)	栽培 (재배)	情報 (정보)	綜合 (종합)
運命 (운명)	維持 (유지)	印刷 (인쇄)	財産 (재산)	情勢 (정세)	週期 (주기)
雲集 (운집)	流暢 (유창)	認識 (인식)	才致 (재치)	靜肅 (정숙)	主導 (주도)
雄大 (웅대)	誘致 (유치)	隣接 (인접)	再活 (재활)	整然 (정연)	主流 (주류)
元旦 (원단)	流行 (유행)	日課 (일과)	著述 (저술)	訂正 (정정)	週末 (주말)
原理 (원리)	育英 (육영)	一般 (일반)	貯蓄 (저축)	停止 (정지)	注目 (주목)
願書 (원서)	倫理 (윤리)	日産 (일산)	低下 (저하)	提供 (제공)	住所 (주소)
怨聲 (원성)	隱蔽 (은폐)	一切 (일체)	適當 (적당)	堤防 (제방)	株式 (주식)
元首 (원수)	吟味 (음미)	一致 (일치)	適應 (적응)	提案 (제안)	注意 (주의)
遠洋 (원양)	音速 (음속)	一行 (일행)	適切 (적절)	提議 (제의)	主張 (주장)
原因 (원인)	應試 (응시)	立脚 (입각)	展開 (전개)	弟子 (제자)	主題 (주제)
圓周 (원주)	意見 (의견)	入試 (입시)	專攻 (전공)	齊唱 (제창)	周知 (주지)
源泉 (원천)	醫師 (의사)	立春 (입춘)	展望 (전망)	製品 (제품)	準據 (준거)
越境 (월경)	意義 (의의)	自給 (자급)	專門 (전문)	提携 (제휴)	遵法 (준법)
慰問 (위문)	依支 (의지)	資源 (자원)	傳說 (전설)	調査 (조사)	準備 (준비)
位相 (위상)	理念 (이념)	自由 (자유)	全然 (전연)	弔意 (조의)	仲介 (중개)
慰安 (위안)	以上 (이상)	子正 (자정)	專用 (전용)	助長 (조장)	重大 (중대)
威脅 (위협)	理性 (이성)	自招 (자초)	前提 (전제)	調整 (조정)	重病 (중병)
儒敎 (유교)	二重 (이중)	作別 (작별)	傳統 (전통)	組織 (조직)	重任 (중임)
惟獨 (유독)	理致 (이치)	殘金 (잔금)	轉學 (전학)	調和 (조화)	卽時 (즉시)
由來 (유래)	理解 (이해)	蠶食 (잠식)	絶景 (절경)	朝會 (조회)	證據 (증거)
類似 (유사)	隣近 (인근)	潛在 (잠재)	絶叫 (절규)	族譜 (족보)	贈呈 (증정)
遊說 (유세)	人氣 (인기)	將來 (장래)	切實 (절실)	尊敬 (존경)	支給 (지급)

地理 (지리)	着想 (착상)	初步 (초보)	妥協 (타협)	飽食 (포식)	該當 (해당)
地方 (지방)	錯誤 (착오)	招聘 (초빙)	脫落 (탈락)	表意 (표의)	解釋 (해석)
支拂 (지불)	着地 (착지)	礎石 (초석)	奪取 (탈취)	表情 (표정)	解除 (해제)
知性 (지성)	贊成 (찬성)	草案 (초안)	探究 (탐구)	標準 (표준)	幸運 (행운)
知識 (지식)	參觀 (참관)	草原 (초원)	態度 (태도)	標識 (표지)	享樂 (향락)
止揚 (지양)	創意 (창의)	超越 (초월)	怠慢 (태만)	風聞 (풍문)	向上 (향상)
遲延 (지연)	創作 (창작)	寸刻 (촌각)	討伐 (토벌)	豊富 (풍부)	虛弱 (허약)
地位 (지위)	債權 (채권)	墜落 (추락)	通過 (통과)	風習 (풍습)	現行 (현행)
支障 (지장)	債務 (채무)	秋分 (추분)	統一 (통일)	避難 (피난)	亨通 (형통)
指摘 (지적)	採擇 (채택)	秋夕 (추석)	退却 (퇴각)	被害 (피해)	混亂 (혼란)
指定 (지정)	薦擧 (천거)	推薦 (추천)	退治 (퇴치)	畢竟 (필경)	弘報 (홍보)
支持 (지지)	遷都 (천도)	推測 (추측)	投棄 (투기)	筆談 (필담)	話頭 (화두)
持參 (지참)	天然 (천연)	縮小 (축소)	特殊 (특수)	必須 (필수)	擴張 (확장)
遲滯 (지체)	徹底 (철저)	祝願 (축원)	派遣 (파견)	荷役 (하역)	環境 (환경)
直角 (직각)	哲學 (철학)	祝賀 (축하)	破壞 (파괴)	學問 (학문)	歡迎 (환영)
直接 (직접)	尖端 (첨단)	出世 (출세)	破局 (파국)	學識 (학식)	繪畫 (회화)
眞價 (진가)	添削 (첨삭)	充電 (충전)	破棄 (파기)	漢江 (한강)	效果 (효과)
眞理 (진리)	尖銳 (첨예)	趣味 (취미)	罷業 (파업)	寒流 (한류)	孝誠 (효성)
陳述 (진술)	聽覺 (청각)	取捨 (취사)	播種 (파종)	含蓄 (함축)	效率 (효율)
質量 (질량)	廳舍 (청사)	測定 (측정)	販賣 (판매)	合成 (합성)	後悔 (후회)
秩序 (질서)	青春 (청춘)	恥辱 (치욕)	評價 (평가)	合意 (합의)	訓練 (훈련)
執權 (집권)	體系 (체계)	親分 (친분)	閉鎖 (폐쇄)	抗拒 (항거)	訓示 (훈시)
次女 (차녀)	體制 (체제)	親知 (친지)	廢水 (폐수)	航空 (항공)	毀損 (훼손)
借用 (차용)	體操 (체조)	沈默 (침묵)	弊害 (폐해)	解渴 (해갈)	揮毫 (휘호)
着工 (착공)	初等 (초등)	妥當 (타당)	抛棄 (포기)	解雇 (해고)	携帶 (휴대)
着陸 (착륙)	招來 (초래)	打鍾 (타종)	抱負 (포부)	解禁 (해금)	休養 (휴양)

脚線美 (각선미)	篤志家 (독지가)	所在地 (소재지)	再昨年 (재작년)
開天節 (개천절)	免稅品 (면세품)	受動的 (수동적)	貯水池 (저수지)
擧國的 (거국적)	名勝地 (명승지)	殉敎者 (순교자)	專門家 (전문가)
建交部 (건교부)	無窮花 (무궁화)	視覺性 (시각성)	全般的 (전반적)
計劃表 (계획표)	文化圈 (문화권)	甚至於 (심지어)	正常化 (정상화)
古蹟地 (고적지)	未亡人 (미망인)	阿修羅 (아수라)	制憲節 (제헌절)
告知書 (고지서)	發電所 (발전소)	野生花 (야생화)	造語力 (조어력)
共感帶 (공감대)	芳名錄 (방명록)	如反掌 (여반장)	走馬燈 (주마등)
公文書 (공문서)	傍聽客 (방청객)	燕尾服 (연미복)	次善策 (차선책)
公休日 (공휴일)	汎國民 (범국민)	令夫人 (영부인)	天主敎 (천주교)
果樹園 (과수원)	普遍的 (보편적)	藝術家 (예술가)	靑果物 (청과물)
廣範圍 (광범위)	本格化 (본격화)	要塞地 (요새지)	肖像畵 (초상화)
光復節 (광복절)	副班長 (부반장)	原動力 (원동력)	催淚彈 (최루탄)
具體的 (구체적)	副作用 (부작용)	原子力 (원자력)	推理力 (추리력)
機械化 (기계화)	不在中 (부재중)	應援團 (응원단)	縮約力 (축약력)
耐久性 (내구성)	不適合 (부적합)	義務化 (의무화)	太極旗 (태극기)
論理的 (논리적)	不可避 (불가피)	依存度 (의존도)	通信網 (통신망)
能動的 (능동적)	不如歸 (불여귀)	履歷書 (이력서)	被動的 (피동적)
茶飯事 (다반사)	似而非 (사이비)	一貫性 (일관성)	被疑者 (피의자)
代辯人 (대변인)	想像力 (상상력)	日程表 (일정표)	筆寫本 (필사본)
大使館 (대사관)	象牙塔 (상아탑)	自家用 (자가용)	限時的 (한시적)
對象國 (대상국)	賞與金 (상여금)	自動化 (자동화)	解像力 (해상력)
大丈夫 (대장부)	生態系 (생태계)	自慢心 (자만심)	懸賞金 (현상금)
大衆化 (대중화)	先驅者 (선구자)	張本人 (장본인)	顯忠日 (현충일)
大統領 (대통령)	設計圖 (설계도)	長蛇陣 (장사진)	劃一的 (획일적)
都大體 (도대체)	纖維素 (섬유소)	奬學金 (장학금)	休憩室 (휴게실)

▶ 순 우리말 ◀

요령: 뜻풀이를 의역으로 최대한 간략하게!

可及的 … 되도록	伯父 …… 큰아버지	尤甚 …… 심지어
加一層 … 한층 더	白晝 …… 대낮	惟獨 …… 홀로
間斷없다 … 끊임없다	別般 …… 그다지	意外 …… 뜻밖에
間或 …… 어쩌다가	不得不 … 마지 못해	移秧 …… 모내기
故意 …… 일부러	不得已 … 하는수없이	雌雄 …… 암수
貢獻 …… 이바지	負債 …… 빚	全然 …… 전혀, 도무지
過誤 …… 잘못	不遠間 … 멀지 않아	丁寧 …… 틀림없이, 꼭
球根 …… 알뿌리	思慮 …… 생각	早晚間 … 어느때든지
臼齒 …… 어금니	嘗不 … 아닌게 아니라	終乃 …… 끝끝내
近者 …… 요즈음	相互 …… 서로	左右間 … 어쨌든간에
及其也 … 마침내	生涯 …… 한평생	指環 …… 가락지
幾年 …… 몇 해	設令 …… 그렇다 하더라도	次女 …… 둘째 딸
幾日 …… 며칠	所謂 …… 이른바	秋夕 …… 한가위
期必 …… 반드시	所以 …… 까닭, 이유	出迎 …… 마중
幾何 …… 얼마	瞬息間 … 잠깐	針線 …… 바느질
期限 …… 마감	昇降 …… 오르내림	胎土 …… 바탕흙
乃至 …… 또한	視線 …… 눈길	畢竟 …… 마침내
露天 …… 한데	甚至於 … 심하게는	畢生 …… 한평생
當分間 … 잠시동안	夜三更 … 한밤중	必是 …… 반드시
當然 …… 마땅히	兩端間 … 어찌하든	何必 …… 어째서 꼭
大抵 …… 무릇	於焉間 … 어느덧	行客 …… 나그네
都是 …… 도무지, 전혀	於中間 … 중간쯤	行年 …… 먹은 나이
到底하다 … 깊고 철저함	如何間 … 어찌되든지	螢光 …… 반딧불
到底히 …… 아무리 하여도	軟骨 …… 물렁뼈	或是 …… 만일에
蔑視 …… 업신여김	誤謬 …… 잘못됨	幻影 …… 허깨비
矛盾 …… 창과 방패	午睡 …… 낮잠	況且 …… 하물며
紡績 …… 길쌈	往往 …… 이따금, 가끔	休暇 …… 말미

▷틀리기 쉬운 부수◁

▶틀리기 쉬운 部首◀

테스트	①부수명 알기	②한자로 쓰고 부수 표시	③부수에 속하는 한자 써 보기

제부수	阜 韋 艮 鼎 龜 麥 鹿 麻 矛 舟 瓦 辛 齊 支 玄 鼓 谷 鬼 片 干 甘 用 香 行 長 風 高 角 非 止 走 臣 比 音 飛 至 里 生 父 革 舌 示 馬 魚 鳥
색깔	色 黑 白 黃 靑 赤
사람	自己. 心身. 手足. 耳目口鼻. 血肉. 皮骨. 面毛. 齒. 首

ㄱ
可(口)
加(力)
功(力)
街(行)
脚(肉)
各(口)
覺(見)
幹(干)
看(目)
間(門)
監(皿)
甲(田)
疆(田)
改(攵)
巨(工)
去(厶)
擧(手)
居(尸)
杰(木)
堅(土)
兼(八)
京(亠)
耕(耒)
競(立)

慶(心)
更(曰)
曲(曰)
卿(卩)
頃(頁)
灵(火)
契(大)
階(阜)
系(糸)
計(言)
季(子)
孤(子)
古(口)
告(口)
皐(白)
哭(口)
穀(禾)
攻(攵)
孔(子)
共(八)
公(八)
果(木)
科(禾)
光(儿)
卦(卜)

交(亠)
舊(臼)
區(匸)
久(丿)
求(水)
球(玉)
九(乙)
丘(一)
具(八)
究(穴)
群(羊)
歸(止)
奎(大)
克(儿)
禽(内)
及(又)
競(儿)
企(人)
器(口)
奇(大)
豈(豆)
棄(木)
記(言)
幾(幺)
畿(田)

起(走)
冀(八)
其(八)
ㄴ
南(十)
男(田)
乃(丿)
耐(而)
年(干)
農(辰)
能(肉)
ㄷ
多(夕)
斷(斤)
端(立)
段(殳)
短(矢)
丹(丶)
畓(田)
黨(黑)
臺(至)
對(寸)
帶(巾)
都(邑)
塗(土)

到(刀)
島(山)
毒(毋)
豚(豕)
童(立)
同(口)
冬(冫)
頭(頁)
得(彳)
ㄹ
羅(网)
樂(木)
亂(乙)
卵(卩)
覽(見)
良(艮)
亮(亠)
量(里)
麗(鹿)
慮(心)
歷(止)
列(刀)
隸(隶)
魯(魚)
勞(力)

努(力)
弄(廾)
了(亅)
料(斗)
累(田)
類(頁)
六(八)
率(玄)
利(刀)
裏(衣)
ㅁ
盟(皿)
幕(巾)
末(木)
罔(网)
望(月)
亡(亠)
猛(犬)
孟(子)
覓(見)
免(儿)
鳴(鳥)
名(口)
明(日)
暮(日)

慕(力)
某(木)
母(毋)
每(毋)
貌(豸)
夢(夕)
卯(卩)
墓(土)
戊(戈)
務(力)
武(止)
舞(舛)
墨(土)
默(黑)
問(口)
聞(耳)
民(氏)
ㅂ
博(十)
半(十)
班(玉)
叛(又)
反(又)
髮(髟)
妨(女)

房(戶)
配(酉)
帛(巾)
百(白)
飜(飛)
犯(犬)
凡(几)
辯(辛)
辨(辛)
變(言)
邊(辶)
兵(八)
秉(禾)
補(衣)
甫(用)
寶(宀)
普(日)
步(止)
報(土)
福(示)
腹(肉)
伏(人)
本(木)
奉(大)
夫(大)

部(邑)	燮(火)	尋(寸)	尤(尢)	壯(士)	州(川)	初(刀)	ㅎ
赴(走)	聖(耳)	ㅇ	友(又)	將(寸)	準(水)	焦(火)	夏(夊)
北(匕)	成(戈)	亞(二)	于(二)	獎(大)	中(丨)	最(日)	下(一)
弗(弓)	盛(皿)	我(戈)	項(頁)	栽(木)	重(里)	秋(禾)	學(子)
不(一)	省(目)	兒(儿)	云(二)	才(手)	衆(血)	丑(一)	寒(宀)
卑(十)	勢(力)	雁(隹)	袁(衣)	災(火)	曾(日)	畜(田)	翰(羽)
丕(一)	世(一)	案(木)	員(口)	的(白)	知(矢)	築(竹)	合(口)
賓(貝)	歲(止)	央(大)	元(儿)	前(刀)	只(口)	出(山)	巷(己)
氷(水)	少(小)	愛(心)	胃(肉)	典(八)	之(丿)	充(儿)	亢(亠)
ㅅ	疏(疋)	夜(夕)	威(女)	點(黑)	旨(日)	就(尢)	奚(大)
私(禾)	所(戶)	惹(心)	委(女)	占(卜)	直(目)	臭(自)	亥(亠)
舍(舌)	束(木)	也(乙)	爲(爪)	情(心)	盡(皿)	取(又)	幸(干)
師(巾)	隨(阜)	耶(耳)	尉(寸)	亭(亠)	眞(目)	趣(走)	向(口)
史(口)	囚(囗)	養(食)	育(肉)	整(攵)	質(貝)	置(网)	憲(心)
社(示)	壽(士)	御(彳)	尹(尸)	井(二)	集(隹)	致(至)	協(十)
死(歹)	受(又)	業(木)	允(儿)	正(止)	ㅊ	則(刀)	亨(亠)
赦(赤)	須(頁)	與(臼)	誾(言)	丁(一)	差(工)	七(一)	兄(儿)
謝(言)	叔(又)	予(亅)	應(心)	帝(巾)	且(一)	ㅌ	好(女)
射(寸)	肅(聿)	如(女)	矣(矢)	帳(巾)	次(欠)	卓(十)	乎(丿)
寺(寸)	孰(子)	輿(車)	義(羊)	祭(示)	着(目)	炭(火)	互(二)
産(生)	舜(舛)	亦(亠)	醫(酉)	條(木)	參(厶)	奪(大)	或(戈)
三(一)	巡(川)	然(火)	疑(疋)	朝(月)	創(刀)	態(心)	鴻(鳥)
狀(犬)	順(頁)	延(廴)	易(日)	兆(儿)	窓(穴)	太(大)	和(口)
商(口)	習(羽)	鹽(鹵)	夷(大)	早(日)	采(采)	兌(儿)	化(匕)
相(目)	承(手)	葉(艸)	以(人)	存(子)	冊(冂)	鬪(鬥)	畫(田)
尚(小)	勝(力)	泳(水)	移(禾)	尊(寸)	處(虍)	ㅍ	丸(丶)
上(一)	乘(丿)	永(水)	益(皿)	卒(十)	戚(戈)	敗(攵)	會(曰)
塞(土)	升(十)	豫(豕)	ㅈ	坐(土)	斥(斤)	平(干)	灰(火)
西(襾)	是(日)	五(二)	雌(隹)	左(工)	夭(大)	蔽(艸)	劃(刀)
書(曰)	息(心)	午(十)	資(貝)	罪(网)	泉(水)	包(勹)	孝(子)
席(巾)	識(言)	烏(火)	字(子)	周(口)	千(十)	暴(日)	訓(言)
碩(頁)	式(弋)	歪(止)	玆(玄)	奏(大)	喆(口)	票(示)	徽(彳)
善(口)	申(田)	外(夕)	爵(爪)	酒(酉)	鐵(金)	表(衣)	凶(凵)
鮮(魚)	失(大)	要(襾)	張(弓)	晝(日)	尖(小)	匹(匚)	興(臼)
暹(日)	甚(甘)	謠(言)	章(立)	主(丶)	聽(耳)	必(心)	喜(口)

▶同音異義語와 長·短音◀

【ː】장음이란? 첫음절이 길게 소리나는 것
① 低長高短(낮은소리는 장음, 높은소리는 단음)
② 終聲(받침)이 ㄱ,ㄹ,ㅂ은 단음

뜻풀이→문법에 맞는 조어력→어휘력·단어분별력 향상　　　　한자를 가리고 테스트 해 보세요

──────── 가공
架空　공중에 건너지름. 근거 없는 일
加工　재료에 손을 더 대어 새로운 물건을 만드는 일
可ː恐　두려워할 만하다. 놀랄 만하다

──────── 가구
家具　가정 살림에 쓰이는 온갖 세간
家口　주거와 생계를 같이 하는 단위
佳句　좋은 글귀

──────── 가산
家産　집안의 재산
加算　더하여 계산함
家山　(자기 집이 있는) 고향 산천

──────── 가설
街說　사회에 떠도는 소문
架設　건너질러 시설함(전선, 다리)
假ː設　임시로 설치함
假ː說　아직 증명되지 아니한 이론

──────── 가연
可ː燃　불에 탈 수 있음
佳ː宴　경사스러운 연회, 잔치
佳ː緣　좋은 인연

──────── 각도
各道　각각의 행정구역
角度　각의 크기
刻刀　새기는 칼

──────── 감사
監事　공공 단체의 서무를 맡아보는 직책
監査　감독하고 검사함
感ː謝　고마움

──────── 감상
感ː傷　받은 느낌이 마음 아파하는 일
感ː想　마음에 느끼어 일어나는 감각

──────── 개량
改ː量　토지를 다시 측량함
改ː良　고쳐서 좋게 함

──────── 개정
改ː正　고쳐서 바르게 함
改定　고쳐서 다시 정함
改訂　고쳐서 바로잡음(책의 내용)
開廷　재판을 시작함

──────── 경계
警ː戒　미리 살피어 조심함
境界　지역이 갈라지는 한계

──────── 경기
景氣　경제활동의 상황
競ː技　기술의 낫고 못함을 서로 겨룸
京畿　서울 근교
驚氣　어린아이의 놀라는 병

──────── 경로
經路　지나가는 길
敬ː老　노인을 공경함

──────── 경비
經費　어떠한 일을 하는데 드는 비용
警ː備　만일에 대비하여 경계하고 지킴

──────── 경주
慶州　신라의 도읍지
競ː走　달리기하여 빠르기를 겨루는 운동
競舟　배로 경주함

- 160 -

######## 경향
京鄕　서울과 시골
傾向　어떤 방향으로 기울어 쏠림

######## 계기
計:器　길이·면적·무게·양 등을 재는 기계나 기구
契:機　어떤 일이 일어나거나 결정되는 근거나 기회

######## 고문
顧問　자문에 응하여 의견을 말하는 직책
古:文　옛 글
高文　격조 높은 문장

######## 고사
枯死　나무나 풀이 말라 죽음
故:事　옛날에 있었던 일
考:査　생각하여 조사함
古:寺　오래된 사찰

######## 고지
高地　높은 위치의 땅
告:知　알려서 앎
枯枝　마른 나뭇가지
高志　고상한 뜻
固持　의견이나 태도 등을 바꾸지 않고 굳게 지님

######## 공법
公法　국가와 개인간의 규정된 법률
空法　항공법
工法　공사하는 방법

######## 공사
公私　공적인 일과 사사로운 일
工事　공사하는 일
空士　공군사관학교의 준말
公使　特命全權公使를 흔히 일컫는 말

######## 공산
空山　사람이 없는 산중
公算　확실성의 정도. 확률
工産　<공산물>의 준말
共:産　재산을 공동으로 관리하고 소유함

######## 공약
空約　헛된 약속
公約　사회 공중에 대한 약속

######## 공용
公用　공공의 목적으로 사용함
共用　함께 사용함

######## 공원
工員　공장의 노동자
公園　대중이 이용하는 정원

######## 공중
公衆　사회의 여러 사람
空中　지구 표면을 둘러싸고 있는 공간

######## 공해
公害　생활환경에 미치는 해로움
空海　하늘처럼 가히 없는 바다
公海　모든 나라가 공통으로 사용하는 바다

######## 과거
科擧　벼슬아치를 뽑기 위한 시험
過:去　지나간 때

######## 과실
過:失　잘못이나 실수
果:實　열매

######## 과장
科場　과거를 보는 장소
誇:張　사실보다 지나치게 말함

######## 과정
課程　학업의 정도
過:程　일이 되어가는 경로

######## 관리
官吏　관직에 있는 사람
管理　어떤 일을 맡아 관할함

######## 교감
交感　서로 접촉되어 감응함
校:監　학교 일을 감독하는 직책

········ 교단
敎:團 종교 단체
敎:壇 가르칠 때 올라서는 단
········ 교정
矯:正 결점 따위를 바로 잡아 고침
校:庭 학교의 운동장
校:正 글자의 잘못된 것을 바로잡음
校:訂 책의 잘못된 글자나 어구를 고치는 일
········ 교훈
敎:訓 가르쳐서 깨우침
校:訓 학교의 교육 이념
········ 구도
舊:都 옛 도읍
求道 불법의 정도를 구함
構圖 조화되게 배치하는 도면
········ 구상
構想 이리 저리 생각하는 일
球狀 공같이 둥근 모양
········ 구성
九星 길흉 판단에 쓰는 아홉 별
構成 여러요소를 얽어 하나로 만드는 일
········ 구전
口:傳 말로 전해 옴
舊:典 옛날 책
········ 구조
構造 전체를 이루는 관계나 체계
救:助 도와서 구원함
········ 구호
口:號 주장 따위를 나타내는 짤막한 호소
救:護 도와서 보호함
········ 국사
國事 나라의 중대한 일
國史 나라의 역사
國使 나라의 사신

········ 귀중
貴:中 단체명의 높임말
貴:重 매우 소중함
········ 급수
給水 물을 공급함
級數 우열에 따라 매기는 등급
········ 기계
機械 베틀
奇計 기묘한 대책
········ 기사
技:士 기술직에 종사하는 사람
記事 사실을 적음
飢死 굶어 죽음
········ 기원
技員 기술을 가진 사람
紀元 햇수를 세는 기준이 되는 해
········ 노력
勞力 어떤 일을 하는 데 드는 힘
努力 힘을 다하여 애쓰는 힘
········ 녹음
錄音 소리를 기록함
綠陰 푸른 잎이 우거진 나무의 그늘
········ 농가
農家 농사를 짓는 집
農歌 農夫歌의 준말
········ 농로
農老 농사일에 익숙함. 老:익숙할로
農路 농사일에 많이 이용되는 길
········ 단정
斷:定 분명한 태도로 결정함
端正 흐트러짐이 없이 바름
········ 대결
對:決 서로 대하여 결정함
代:決 대신 결제함

######## 대비
大:妃 선왕의 후비
對:比 서로 맞대어 비교함
對:備 앞으로 있을 일에 대응함

######## 대신
大臣 나라의 벼슬아치
代:身 대리자

######## 대지
臺紙 두껍고 큰 종이
大:地 넓고 큰 땅
大:志 원대한 뜻
大:智 뛰어난 지혜
貸:地 세를 받고 빌려 주는 땅

######## 대풍
大:風 큰 바람
大:豊 곡식이 썩 잘된 풍작

######## 독자
獨子 외아들
獨自 저 혼자
讀者 책을 읽는 사람

######## 동기
動:機 어떤 행동을 일으키게 하는 내적인 요인
冬:期 겨울철
同氣 형제 자매
同期 같은 시기

######## 동시
同時 같은 때
凍:屍 얼어 죽은 시체
童:詩 아이들을 위한 글

######## 동요
動:搖 움직이고 흔들림
童:謠 아이들이 즐겨 부르는 노래

######## 동정
同情 남의 불행을 위로함
動:靜 일의 변화와 상태

######## 동지
同志 뜻을 같이 함
動地 땅이 흔들거림
冬至 이십사절기의 하나(겨울시작)

######## 동향
同鄕 같은 고향
動:向 사람의 마음이나 사물의 정세·상태 따위의 움직임

######## 두유
豆油 콩기름
豆乳 콩으로 만든 우유

######## 무성
茂:盛 초목이 우거짐
無聲 소리나 음성이 없음

######## 문재
文才 글재주
門材 문의 재료

######## 발전
發電 전기를 일으킴
發展 세력 따위가 성하게 뻗어 감

######## 방문
訪:問 남을 찾아봄
房門 방으로 드나드는 문

######## 방위
方位 방향
防衛 막아서 지킴

######## 방한
訪:韓 한국을 방문함
防寒 추위를 막음

######## 방화
邦畵 자기 나라에서 제작된 영화
防火 화재를 미리 막음(방화대책)
放:火 일부러 불을 지름

######## 보고
寶:庫 보물처럼 귀중한 것을 보관하는 곳
報:告 말이나 글로 알림

········ 보도
步:道 사람이 걷는 길
報:道 새 소식을 널리 알림

········ 보석
保:釋 미결수를 석방하는 일
寶:石 장식용으로 여기는 광물

········ 복속
服屬 복종하여 따름
復屬 퇴직시킨 아전을 다시 복직시킴

········ 봉사
奉:仕 남을 위해 심신을 다해 일함
奉:事 소경

········ 부동
不同 서로 같지 않음
不動 움직이지 않음(부동자세)

········ 부상
浮上 물위로 떠오름
父喪 부친을 잃음
負:傷 몸에 상처를 입음
副:賞 덧붙여서 주는 상
負:商 등짐장수

········ 부인
夫人 남의 아내를 높여 부름
婦人 결혼한 여자
副因 주된 다음의 원인
否:認 인정하지 아니함

········ 부정
不正 바르지 않음
不貞 정조를 지키지 않음
不淨 깨끗하지 않음
否定 인정하지 않음
不定 정해져 있지 않음(주거지부정)

········ 부족
部族 조상이 같은 공동체
不足 충분하지 못함

········ 분수
分水 갈라서 나오는 물
分數 분자와 분모로 나타낸 숫자

········ 분실
紛失 잃어버림
分室 따로 마련된 사무실

········ 비명
悲鳴 놀라거나 급하여 외치는 소리
非命 재해나 사고로 죽음
碑銘 비석에 새긴 글

········ 비보
飛報 급하게 날아든 소식
悲報 슬픈 소식

········ 비상
非常 정상적인 상태가 아닌 일
飛上 날아 오름

········ 비행
飛行 하늘을 날아다님(공중비행)
非行 바른 행동이 아님(비행청소년)

········ 사고
社告 회사에서 알리고자 하는 내용
私稿 자신의 원고
四苦 네 가지 고통(生老病死)
思考 생각
私庫 개인의 창고
事:故 뜻밖에 일어난 사건
史:庫 역사의 기록물을 두는 곳

········ 사기
士:氣 군사의 기개
史:記 역사적 사실을 적은 책
詐欺 못된 목적으로 남을 속임

········ 사료
史:料 역사의 연구에 필요한 자료
思料 생각하여 헤아림
飼料 가축 따위의 먹이

사모
思慕　마음에 두고 몹시 그리워함
師母　스승의 부인

사수
射手　총포나 활을 쏘는 사람
死:守　목숨을 걸고 지킴
師受　스승에게서 가르침을 받음
死水　흐르지 않고 괴어 있는 물

사용
使:用　물건을 씀
私用　자기 개인의 용건

사은
師恩　스승의 은혜
謝:恩　은혜에 대하여 감사함

사정
司正　공직에 있는 사람의 규율, 질서를 바로잡는 일
射:程　사격에서 탄환이 나가는 최대 거리
査定　조사하여 정함
事:情　일의 형편이나 까닭

사지
沙地　모래땅
私地　개인소유의 땅
邪智　간사한 지혜
四:肢　사람의 팔다리
死:地　죽을 지경의 매우 위험한 곳

사형
死:刑　생명을 끊는 형벌
師兄　나이와 학덕이 자기보다 높은 사람을 일컫는 말

사회
社:會　공동생활을 하는 인간의 집단
司會　진행을 맡아 봄

상가
喪家　초상집
商街　상점이 늘어선 거리
商家　장사를 업으로 하는 집

상수
上:手　남보다 나은 솜씨
上:水　수도관을 통해 보내는 맑은 물

상품
上:品　좋은 품질의 물건
賞品　상으로 주는 물품
商品　사고파는 물품

선정
選:定　많은 것 중에서 골라서 정함
善:政　바르고 좋은 정치

성대
聲帶　소리를 내는 기관
盛大　아주 성하고 큼

성명
聲明　여러사람에게 공개하여 발표하는 일
姓:名　성과 이름

성인
聖:人　지덕이 뛰어난 사람
成人　이미 성년이 된 사람

소문
所聞　떠도는 말
小門　작은 문

소수
小:數　작은 수
少:數　적은 수효

소식
消息　안부 따위에 대한 기별이나 편지
小:食　음식을 적게 먹음

소재
素材　만들 때 바탕이 되는 재료
所:在　있는 곳

소화
消化　먹은 음식을 삭임
消火　불을 끔(소화기)

	수도
修道	도를 닦음
水道	상수도의 준말
首都	한나라의 중앙 정부가 있는 도시

	수량
數:量	수효와 분량
水量	물의 분량

	수사
手寫	손으로 베껴 씀
水使	수군절도사의 준말
搜査	찾아서 조사함
修辭	말이나 글을 아름답고 정연하게 꾸미고 다듬는 일

	수상
首相	내각의 우두머리
受賞	상을 받음

	수석
首席	맨 윗자리(1등)
水石	물과 돌

	수신
受信	통신을 받음
修身	심신을 닦음
水神	바다의 귀신

	수심
水深	물의 깊이
愁心	근심하는 마음

	수입
收入	거두어 들임
輸入	외국에서 물품 따위를 사들임

	수행
修行	행실을 바르게 닦음
隨行	높은 지위에 있는 사람을 따라감

	습득
拾得	잃어버린 물건을 주움
習得	배워 터득함

	시가
詩歌	시와 노래와 창곡을 통틀어 이름
時價	거래할 때의 가격

	시상
詩想	시를 짓기 위한 생각
施:賞	상을 주는 일

	시인
是:認	옳다고 인정함
詩人	시를 짓는 사람

	시정
施:政	정부가 정치를 행함
是:正	잘못된 것을 바로잡음

	시조
始:祖	한 가계나 왕계의 초대가 되는 사람
時調	우리나라 고유의 정형시

	시청
市:廳	시의 행정 사무를 맡아 보는 곳
視:聽	눈으로 보고 귀로 들음

	신선
新鮮	새롭고 산뜻함
神仙	신통력을 얻은 사람

	신임
信:任	믿고 일을 맡김
新任	새로 임명됨(신임사원)

	실수
失手	잘못을 저지름
實數	실제의 숫자

	실신
失神	정신을 잃음
失信	믿음을 잃음
失身	절개를 지키지 못함

	실정
實定	실제로 정해짐
實情	실제의 사정(상황)

######## 양식
洋食　서양식의 음식
糧食　살아가는데 필요한 먹을거리
良識　건전한 사고방식
樣式　공통의 형식이나 방식
洋式　서양식의 준말
養:殖　기르고 번식시키는 일

######## 역전
逆轉　지금까지와는 반대로 회전함
驛前　정거장 앞

######## 연금
軟:禁　신체의 자유를 속박하지 않는 감금
年金　해마다 지급되는 일정액의 돈

######## 연기
演:技　재주를 펼쳐 보임
延期　정해 놓은 기간을 늘임
煙氣　물건이 탈 때 생기는 빛깔이 있는 기체

######## 연소
延燒　화재의 불길이 번져 다른 곳까지 탐
燃燒　불이 붙어서 탐
年少　나이가 젊음

######## 연장
延長　길이 또는 시간을 늘임
年長　나이가 많음(연장자)

######## 영광
靈光　영묘한 빛
榮光　빛나는 영예

######## 영세
零細　썩 자잘하게 아주 적음
領洗　가톨릭에서 세례를 받는 일
永:世　끝없는 세월

######## 외형
外:兄　외사촌형
外:形　겉으로 드러난 모양
畏:兄　편지글에서 친구끼리 상대편을 대접하여 일컫는 말

######## 용기
用:器　어떤 일을 하는 데 쓰는 기구
勇:氣　씩씩하고 굳센 기운
容器　물건을 담는 그릇

######## 우수
憂愁　근심과 걱정
優秀　여럿 가운데 특별히 빼어남
雨:水　빗물

######## 원고
原稿　출판하기 위하여 초벌로 쓴 글
原告　재판을 청구한 사람

######## 원수
原水　근원이 되는 물
元首　최고통치권을 가진 사람(대통령)
元帥　군인의 가장 높은 계급
怨:讐　원한이 맺힌 사람(讐:원수수)

######## 원조
援:助　도와줌
元祖　한 겨레의 맨 처음 조상

######## 유사
幽思　깊은 생각
遺事　후세에 전하는 사적
有:司　단체의 사무를 맡아 보는 직무
類:似　비슷함

######## 유지
有:志　어떤 일에 관심이나 뜻이 있는 사람
維持　그대로 지니어 감
油脂　동식물에서 얻는 기름
遺志　죽은 이가 생전에 이루지 못하고 남긴 뜻
油紙　기름을 먹인 종이
乳脂　유지방

######## 유학
儒學　유교의 학문(공자의 사상)
留學　외국에 머물러 공부함
遊學　고향을 떠나 객지에서 공부함

의사
醫師　병을 고치는 직업의 사람
義士　의리와 지조를 굳게 지키는 사람
意思　생각이나 마음

의식
意識　깨어 있을 때 마음의 작용
儀式　의례(儀禮)를 갖추어 베푸는 행사
衣食　의복과 음식

의지
依支　다른 것에 몸과 마음을 기댐
意志　생각과 뜻

이성
二姓　두 개의 성씨
理性　사물의 이치를 논리적으로 생각
異姓　다른 성씨

이해
理解　사리를 분별하여 앎
利害　이익과 손해

인도
引渡　(물건이나 권리 따위를) 남에게 넘겨줌
引導　이끌어 지도함
人道　사람이 걷는 길(도리)

인상
印象　외래의 사물이 사람의 마음에 주는 감각
人相　사람의 얼굴 생김새
引上　끌어 올림(요금인상)

인정
人情　사람의 감정
認定　옳다고 믿고 정함

일기
一技　한 가지 기술. 한 가지 능한 솜씨
一氣　천지간에 가득한 대기(大氣)
一期　한평생
日記　그날 겪은 일이나 감상 등을 적은 개인의 기록
日氣　날씨. 천기(天氣)

일원
一員　단체 중의 하나(가족의 일원)
一元　근원이 오직 하나인 것

일정
日政　왜정(倭政). 일정 시대
日程　그날에 할 일(여행日程表)
一定　정해져 있어 한결같음(一定한 수입)

입각
入閣　내각 조직의 한 사람이 됨
立脚　근거로 삼아 그 처지에 섬

자모
字母　글자를 이루는 하나하나의 글자
子母　아들과 어머니
自侮　자기 자신을 업신여김
姉母　손위 누이와 어머니

자정
自淨　저절로 깨끗해짐
子正　밤 12시

장관
長官　국무를 맡아보는 행정기관의 직책
壯觀　굉장하여 볼 만한 경관
將官　장성급의 고급 장교를 이르는 말

장병
長病　오랜 병
將兵　장교와 사병

장사
葬事　예를 갖추어 시신을 묻거나 화장하는 일
壯士　기개와 체질이 굳센 사람

재고
再考　다시 생각함
在庫　창고에 있음

전경
全景　전체의 경치
前景　앞에 펼쳐진 경치

전기
電:氣 에너지
轉:機 어떤 상태에서 다른 상태로 변하는 계기
傳記 한 개인의 일생을 적은 기록
前期 나누었을 때 그 앞의 기간

전례
典:例 법의 예
前例 앞의 예(본보기)

전반
全般 통틀어 모두
前半 앞부분이 되는 절반

전선
前線 직접 뛰어든 일정한 활동 분야
戰:線 싸움터
電:線 전깃줄

전시
戰:時 전쟁이 일어난 시대
展:示 펼쳐서 보임

전용
專用 혼자서만 씀
全用 온통 다 씀

전원
全員 전체의 인원
田園 논밭과 동산

정기
精氣 깨끗한 기운
定:期 정해진 기간

정당
政黨 정치적 이념과 이상을 실현하는 단체
正:當 바르고 마땅함

정도
正:道 바른 길
政道 정치의 방침
程度 알맞는 한도

정부
正:副 으뜸과 버금
正:否 바른 것과 그른 것
政府 국가의 정책을 집행하는 행정부
貞婦 정조가 곧은 아내

정수
正:數 0보다 큰 수
淨水 깨끗한 물

정원
庭園 뜰과 동산
定:員 정해진 인원

정의
正:義 사람으로서 지켜야 할 바른 도리
定:義 다른 것과 구별할 수 있는 개념

정전
停戰 싸움을 그침
停電 전기 보내는 것을 멈춤

제도
制:度 정해진 법규
製:圖 그림을 그려 냄

조선
造:船 배를 만듦
朝鮮 우리나라의 옛 이름

조정
朝廷 임금이 나라의 정치를 집행하던 곳
調停 분쟁을 중간에서 화해시킴

조화
調和 서로 고르게 살 어울림
弔:花 弔喪하는 뜻으로 바치는 꽃
造:花 인공적으로 만든 꽃
造:化 천지자연의 이치

주부
主部 주되는 부분
主婦 한 가정의 아내

중지
中指 가운데 손가락
中止 중간에서 그만 둠
衆:智 뭇사람의 지혜

지각
遲刻 정한 시각보다 늦음
知覺 알아서 깨닫는 능력
地殼 지구의 표층을 이루는 단단한 부분

지급
支給 돈이나 물품을 내어줌
至急 매우 급함

지도
地圖 땅을 줄여서 그림
指導 가르쳐 이끎

지사
指事 사물을 가리켜 보임
知事 道知事의 준말
志士 크고 높은 뜻을 가진 사람(우국지사)
支社 지방이나 외국에 설치한 사업소

지원
支院 지방 법원 등에 따로 분설된 하부기관
支援 뒷받침하거나 편들어서 도움
至願 지극히 바람
志願 뜻하여 바람. 바라서 원함

직선
直選 직접 선거
直線 곧은 줄

천재
天災 하늘의 재앙
天才 뛰어난 재주
千載 오랜 세월

청산
淸算 깨끗하게 계산을 끝냄(정리를 함)
靑山 푸른 산

초대
招待 남을 청하여 대접함
初代 어떤 계통의 처음

초상
初霜 첫서리
初喪 사람이 죽어서 장사 지내기까지의 일
肖像 어떤 사람의 얼굴이나 모습

축전
祝電 축하하는 전보
祝典 축하하는 의식
蓄電 전기를 모아 둠

통화
通貨 나라 안에서 통용되고 있는 화폐
通話 말을 서로 주고받음

표지
標識 구분할 수 있는 표시나 특징
表紙 책의 겉장

풍속
風俗 사회적인 습관
風速 바람의 속도

학문
學文 글을 배움
學問 배우고 물어 익히는 것

향수
香水 액체 화장품
鄕愁 고향을 그리워하는 마음
享:受 복이나 혜택 따위를 받아서 누림

현상
現:狀 현재의 상태
現:象 지각(知覺)할 수 있는 사물의 모양이나 상태
懸:賞 상금이나 상품을 내 거는 일

이외 다른 동음이의어도 국어사전을 통하여 학습합니다.

▷ 故事成語(고사성어) ◁

① 한자를 보고 뜻풀이 해 보기

② 뜻풀이만 보고 고사성어 만들기

③ 독음만 보고 한자로 쓰기

▶7,8級◀ 故事成語 및 四字成語   *직역(의역)

③ ① ②

1. 가화만사성 家和萬事成 집안이 화목하면 모든(많은)일이 잘 이루어짐.
2. 남남북녀 南男北女 남쪽은 남자, 북쪽은 여자가 잘 생김
3. 남녀노소 男女老少 남자와 여자, 늙은이와 젊은이(모든 사람)
4. 대한민국 大韓民國 우리나라의 국명
5. 동문서답 東問西答 동쪽의 물음에 서쪽의 대답(엉뚱한 대답을 함)
6. 동서남북 東西南北 방향의 이름
7. 명산대천 名山大川 이름난 산과 큰 냇물(아름다운 자연)
8. 문전성시 門前成市 문 앞이 시장을 이룸(권세가 있어 찾아 오는 사람이 많음)
9. 불로장생 不老長生 늙지 않고 오래 삶
10. 불립문자 不立文字 문자를 세우지 않음(마음으로 전함)
11. 사해형제 四海兄弟 사면 바다(온세상 사람)가 형제와 같음
12. 삼삼오오 三三五五 셋이나 다섯명이 모여 다님
13. 삼일천하 三日天下 삼일(사흘)동안 천하를 다스림(짧은 권세의 허무함)
14. 산천초목 山川草木 산과 내와 풀과 나무(자연을 이르는 말)
15. 생년월일 生年月日 태어난 해와 달과 날짜
16. 신토불이 身土不二 몸과 흙은 둘이 아님(그 땅에서 나는 것을 먹어야 건강함)
17. 십중팔구 十中八九 열 가운데 여덟이나 아홉(거의 다)
18. 옥의옥식 玉衣玉食 좋은(구슬)옷과 좋은 음식
19. 유구무언 有口無言 입은 있으나 할 말이 없음
20. 인산인해 人山人海 사람이 산처럼 바다처럼 많이 모임
21. 일구이언 一口二言 한 입으로 두 말을 함(이랬다 저랬다 함)
22. 일일삼추 一日三秋 하루가 삼추(3년) 같음(아주 지루함)
23. 자문자답 自問自答 제가(스스로) 묻고 제가 답함
24. 자수성가 自手成家 스스로의 힘(손)으로 살림(집)을 이룸
25. 정심공부 正心工夫 바른 마음으로 공부함
26. 정정방방 正正方方 바르고 아주 바름
27. 천하태평 天下太平 천하(세상)가 태평함
28. 청천백일 靑天白日 푸른 하늘과 흰 날씨(아주 깨끗하고 결백함)
29. 춘하추동 春夏秋冬 봄과 여름과 가을과 겨울(사계절)
30. 칠월칠석 七月七夕 7월 7일밤(견우와 직녀가 만나는 날)

▶6級◀ 故事成語 및 四字成語   *직역(의역)

31.	각인각색	各人各色	각각 사람의 색깔이 다름
32.	견물생심	見物生心	물건을 보면 마음(욕심)이 생김
33.	공명정대	公明正大	마음이 공정하고 명백하며 바르고 큼
34.	구사일생	九死一生	아홉번 죽을 고비에 겨우(한번) 살아남
35.	다문다독	多聞多讀	많이 듣고 많이 읽음
36.	동고동락	同苦同樂	같이 고생하고 같이 즐김
37.	동서고금	東西古今	동양과 서양, 옛날과 지금
38.	명명백백	明明白白	밝고 희게 깨끗함(의심이 없이 매우 분명함)
39.	무주공산	無主空山	주인 없는 빈 산(쓸쓸한 산)
40.	백년대계	百年大計	백년동안(먼 훗날)의 큰 계획(교육을 이르는 말)
41.	백발백중	百發百中	백번 쏘면 백번 가운데 맞힘(총,활이 쏘는데로 꼭꼭 맞힘)
42.	백전백승	百戰百勝	백번 싸우면 백번 이김(싸울때마다 모조리 이김)
43.	부자유친	父子有親	아버지와 아들(부모와 자식)은 친함이 있음
44.	불원천리	不遠千里	천리길도 멀다 하지 않음(단숨에 달려감)
45.	사생유명	死生有命	죽고 사는 것은 천명에 있음
46.	산전수전	山戰水戰	산에서 싸움,물에서 싸움(세상일의 온갖 고난을 겪음)
47.	삼십육계	三十六計	36가지 계략(많은 꾀)
48.	생로병사	生老病死	四苦(태어나고, 늙고, 병들고, 죽음)
49.	생사고락	生死苦樂	삶과 죽음, 고생과 즐거움(모든 일)
50.	안심입명	安心立命	편안한 마음으로 천명을 세움(믿음으로 평화를 얻어 마음이 흔들리지 않음)
51.	요산요수	樂山樂水	산을 좋아하고 물을 좋아함
52.	일생일사	一生一死	한번 살고 한번 죽는 일
53.	일장일단	一長一短	하나의 장점과 하나의 단점
54.	일조일석	一朝一夕	하루 아침이나 하루 저녁같이 짧은 시간
55.	작심삼일	作心三日	마음을 먹은 것이 삼일(사흘)밖에 가지 못함
56.	전광석화	電光石火	번개의 빛과 부싯돌의 불똥(아주 빠른 시간)
57.	전무후무	前無後無	앞에도 없었고 뒤에도 없음(아주 놀라운 사건)
58.	청풍명월	清風明月	맑은 바람과 밝은 달(결백한 사람을 이름)
59.	초록동색	草綠同色	풀과 푸른 빛은 같은 색(어울려 지내는 것은 모두 같은 성격)
60.	형형색색	形形色色	모양과 빛이 다양함

▶5級◀ 故事成語 및 四字成語 *직역(의역)

61.	경천애인	敬天愛人	하늘을 공경하고 사람(남)을 사랑함	之:갈지.의지.는지.그지
62.	교학상장	敎學相長	가르치고 배움은 서로 같이 자람	
63.	다재다능	多才多能	많은 재주와 많은 능력	
64.	마이동풍	馬耳東風	말 귀에 동쪽 바람(남의 말을 귀담아 듣지 않고 흘러 들음)	
65.	망국지음	亡國之音	나라를 망치는 음악(아주 요사스러운 음악)	
66.	무용지물	無用之物	쓸모가 없는 물건	
67.	문일지십	聞一知十	하나를 들으면 열을 앎(아주 총명함)	
68.	백년하청	百年河淸	백년이 되어도 황하가 맑지 않음(오랜 세월이 지나도 변치 않음)	
69.	백면서생	白面書生	하얀얼굴의 글 읽는 선비(글만 읽어 세상일에 경험이 부족한 사람)	
70.	부전자전	父傳子傳	대대로 아버지가 아들에게 전함	
71.	북창삼우	北窓三友	(백거이 시에서 온 말로)거문고, 술, 시를 아울러 이르는 말	
72.	불문곡직	不問曲直	굽은지 곧은지 묻지 아니함(잘 잘못을 따지지 않음)	
73.	삼위일체	三位一體	세 가지 것이 하나로 통일됨	
74.	선남선녀	善男善女	착한 남자와 착한 여자	
75.	세한삼우	歲寒三友	추운 겨울철에도 잘 견디는 '소나무·대나무·매화나무'를 이르는 말	
76.	안분지족	安分知足	편안한 마음으로 분수를 지켜 만족을 안다	
77.	양약고구	良藥苦口	좋은 약은 입에 쓰다.	
78.	어부지리	漁父之利	어부의 이로움(제삼자의 이득)	
79.	월하빙인	月下氷人	달 아래 얼음 낚시 하는 사람(중매인을 일컬음)	
80.	유만부동	類萬不同	많은 것이 서로 같지 않음(분수에 맞지 않고 정도에 넘침)	
81.	유명무실	有名無實	이름이 있으나 실상이 없음	
82.	이실직고	以實直告	사실로써 바르게 알림	
83.	이심전심	以心傳心	마음으로써 마음을 전함	
84.	입춘대길	立春大吉	봄이 서니 크게 길함	
85.	전지전능	全知全能	모두 알고 모든 것에 능함	
86.	지과필개	知過必改	잘못을 알면 반드시 고쳐야 함	
87.	지행합일	知行合一	아는 것과 행실이 합하여 하나가 됨	
88.	추풍낙엽	秋風落葉	가을의 바람에 떨어지는 잎(갑자기 많이 떨어짐)	
89.	패가망신	敗家亡身	집의 재산을 날리고 몸을 망침(세력이나 형세가 갑자기 기울거나 시듦)	
90.	화조월석	花朝月夕	꽃이 핀 아침과 달이 뜬 저녁(경치가 좋은 시절)	

▶4級Ⅱ◀ 故事成語 및 四字成語 *직역(의역)

91.	각자무치	角者無齒	뿔이 있는 자는 이가 없음(골고루 다 갖출수 없음)
92.	감언이설	甘言利說	달콤한 말과 이로운 말(남의 비위를 맞추기 위한 말)
93.	강호연파	江湖煙波	강이나 호수 위에 안개처럼 보얗게 이는 잔물결
94.	견리사의	見利思義	이로운 것을 보면 옳은 것을 생각함
95.	결자해지	結者解之	맺은 사람이 그것을 푼다(일을 저지른 사람이 그 일을 해결해야 함)
96.	결초보은	結草報恩	풀을 묶어 은혜를 갚음(죽어서도 은혜를 잊지 않음)
97.	경세제민	經世濟民	세상을 다스려 백성을 구제함
98.	공전절후	空前絶後	앞에는 허공이요 뒤에는 절벽이다. ㉠前無後無
99.	구우일모	九牛一毛	아홉 마리 소에 한가닥의 털(아주 적은량)
100.	권불십년	權不十年	권력은 십년을 가지 아니한다(권세의 허무함)
101.	기사회생	起死回生	죽음에서 일어나 다시 회생함
102.	낙화유수	落花流水	떨어지는 꽃과 흐르는 물
103.	난공불락	難攻不落	공격이 어려워 떨어뜨리기 못함
104.	난형난제	難兄難弟	형과 동생을 서로 구분하기 어려움. ㉠莫上莫下
105.	노갑이을	怒甲移乙	갑에 대한 화를 을에게 옮김
106.	노발대발	怒發大發	화가 크게 남
107.	논공행상	論功行賞	공을 의논해서 상을 줌
108.	다다익선	多多益善	많으면 많을수록 더욱 좋음
109.	단도직입	單刀直入	단칼에 바르게 들어감(서두없이 본론을 얘기할때)
110.	대의명분	大義名分	사람으로서 지켜야 할 도리
111.	독불장군	獨不將軍	혼자서는 장군이 되지 않는다(교민을 경계하는 말)
112.	득실상반	得失相半	얻은 것과 잃은 것이 반이다
113.	등하불명	燈下不明	등잔 밑이 밝지 않다(등잔밑이 어둡다)
114.	등화가친	燈火可親	사람과 등불이 가히 친하다(독서의 계절)
115.	망운지정	望雲之情	구름을 바라보는 정(어버이를 생각함)
116.	망자계치	亡子計齒	죽은 자식 이빨(나이)을 셈(소용없는 일)
117.	문방사우	文房四友	글방의 네가지 벗(종이. 붓. 벼루. 먹)
118.	박학다식	博學多識	학문이 넓어 아는 것이 많음
119.	백해무익	百害無益	백가지가 해롭고 이익이 없음
120.	병가상사	兵家常事	전쟁에서 이기고 지는 것은 항상 있는 일(실패를 격려하는 말)

121.	부정행위	不正行爲	바르지 못한 행동을 함
122.	북두칠성	北斗七星	북쪽의 일곱개 별
123.	불가사의	不可思議	생각 할 수도 없는 오묘한 이치
124.	불문가지	不問可知	묻지도 않아도 알 수 있음
125.	불필재언	不必再言	다시 말할 필요가 없음
126.	비일비재	非一非再	한번도 아니고 두 번도 아님(자주 일어남)
127.	사농공상	士農工商	선비·농업·상업·공업(왕조때의 신분 네가지)
128.	생불여사	生不如死	삶이 죽음만 못하다(몹시 곤란한 지경에 빠져있음)
129.	선례후학	先禮後學	먼저 예의를 배우고 나중에 학문을 배움(예의의 중요성)
130.	설왕설래	說往說來	말이 서로 가고 옴(옥신 각신 다툼)
131.	세시풍속	歲時風俗	매년마다 때가 되면 행해지는 풍속
132.	수어지교	水魚之交	물과 물고기의 사귐(아주 친밀한 사이)
133.	시시비비	是是非非	옳은 것은 옳고 그른 것은 그르다고 하는 일
134.	시종여일	始終如一	처음과 끝이 같음
135.	신상필벌	信賞必罰	만인이 믿을 수 있게 상주고 반드시 벌을 줌(규정대로 분명히 함)
136.	신세타령	身世打令	자신과 세상을 한탄하는 말
137.	실사구시	實事求是	사실에 근거하여 학문(진리.진상)을 연구하는 일
138.	아전인수	我田引水	나의 논에만 물을 끌어 씀(자기에게 이롭게만 생각함)
139.	안빈낙도	安貧樂道	가난하지만 편안한 마음으로 도를 즐김
140.	안하무인	眼下無人	눈 아래 사람이 없다(사람됨이 교만하여 남을 업신여김)
141.	애인여기	愛人如己	남을 사랑하기를 내 몸 같이한다
142.	약육강식	弱肉強食	약한 것이 강한 것에 먹힘(생존경쟁의 격렬함을 이르는 말)
143.	언행일치	言行一致	말과 행동은 일치하여야 한다
144.	여출일구	如出一口	한 입에서 나오는 말 같다. ㉜異口同聲
145.	연전연승	連戰連勝	연이은 싸움에서 연달아 승리함
146.	온고지신	溫故知新	옛것을 익히고 새로운 것을 앎
147.	우이독경	牛耳讀經	쇠(소의)귀에 경 읽기
148.	원교근공	遠交近攻	먼것을 사귀고 가까운 나라를 공격함(가까운 것을 멀리함)
149.	유비무환	有備無患	준비가 있으면 근심이 없음
150.	이열치열	以熱治熱	열로써 열을 다스린다(힘에는 힘)

151.	이율배반	二律背反	두 법칙이 서로 대립되어 주장되는 일
152.	익자삼우	益者三友	이로운 것의 세가지 유형의 벗(正直·信義·知識)
153.	인과응보	因果應報	원인과 결과에 따라 훗날 길흉화복의 갚음을 이르는말
154.	인생무상	人生無常	인생의 덧없음을 이르는 말
155.	인자무적	仁者無敵	어진 사람은 적이 없다
156.	인자요산	仁者樂山	어진 사람은 산을 좋아한다
157.	일거양득	一擧兩得	한번에 두 가지 득을 본다
158.	일석이조	一石二鳥	하나의 돌로 두 마리 새를 잡는다는 말
159.	일시동인	一視同仁	누구나 한가지로 보고 똑같이 어질게 대함
160.	일언반구	一言半句	한마디 말과 반줄의 글귀(아주 짧은 말)
161.	일언지하	一言之下	한마디로 딱 잘라 말함
162.	일진일퇴	一進一退	한번 나아갔다 한번 물러섬
163.	자업자득	自業自得	자기가 저지른 일은 자기가 받음
164.	전대미문	前代未聞	앞 시대에는 들어 본 적이 없음(매우 놀라운 일이나 새로운 것)
165.	조변석개	朝變夕改	아침 저녁으로 뜯어 고침(결심이나 결정이 자주 바뀜)
166.	조족지혈	鳥足之血	새 발의 피(아주 적은 분량을 말함)
167.	종두득두	種豆得豆	콩 심으면 콩 얻는다(뿌린대로 거둠)
168.	주권재민	主權在民	주인의 권리가 백성에게 있다
169.	죽마고우	竹馬故友	대나무로 만든 말을 타고 놀던 옛날 친구
170.	지기지우	知己之友	자기를 잘 알아주는 친구
171.	지성감천	至誠感天	정성이 지극하면 하늘도 감동한다
172.	지호지간	指呼之間	손짓으로 부를 정도의 가까운 사이
173.	진퇴양난	進退兩難	나아가기도 물러서기도 양쪽 다 어려움
174.	충언역이	忠言逆耳	충성된 말은 귀에 거슬린다 (良藥苦口)
175.	치지도외	置之度外	내버려두고 문제로 삼지 않음
176.	탁상공론	卓上空論	실현성이 없는 헛된 이론
177.	파죽지세	破竹之勢	대나무를 쪼개는 형세
178.	풍전등화	風前燈火	바람앞에 등불(매우 위급한 처지를 이르는 말)
179.	호형호제	呼兄呼弟	친형제처럼 가깝게 지내는 사이
180.	환난상구	患難相救	근심과 재난을 당했을 때 서로 도움

▶4級◀ 故事成語 및 四字成語　　*직역(의역)

181.	감불생심	敢不生心	감히 마음이 생기지 아니한다(엄두를 못냄)
182.	갑남을녀	甲男乙女	갑이란 남자와 을이란 여자(평범한 사람들)
183.	거중조정	居中調整	사이에 끼여 들어 말리거나 화해를 붙임
184.	격화일로	激化一路	자꾸 격렬해져 감
185.	견갑이병	堅甲利兵	튼튼한 갑옷과 날카로운 병기(강한 병력)　利:날카로울리
186.	견위수명	見危授命	나라의 위태로움을 보면 자신의 목숨을 나라에 바침
187.	경국제세	經國濟世	나라를 다스리고 세상을 구원함
188.	경국지색	傾國之色	나라를 기울게 하는 뛰어난 여색
189.	경천동지	驚天動地	하늘이 놀라고 땅이 흔들림(세상을 크게 놀라게 함)
190.	계란유골	鷄卵有骨	계란에도 뼈가 있음(일이 잘 안됨을 비유한 말)
191.	고립무원	孤立無援	고립되어 도움을 받을 데가 없음
192.	고진감래	苦盡甘來	쓴 것이 다하면 단 것이 옴(고생 끝에 낙이 옴)
193.	골육상쟁	骨肉相爭	혈연관계에 있는 사람끼리 서로 싸움
194.	구절양장	九折羊腸	아홉번이나 꺾인 양의 창자(산길이 몹시 험하게 꼬불꼬불함)
195.	군자불기	君子不器	군자는 그릇과 같은 것이 아니다(매사에 균형이 잡혀서 원만함)
196.	귀책사유	歸責事由	법률상 비난 받을 고의나 과실에 대한 행위
197.	금과옥조	金科玉條	금옥과 같은 법률(소중히 여기고 꼭 지켜야 할 법률)
198.	기상천외	奇想天外	생각이 기발하고 엉뚱함
199.	노마지지	老馬之智	늙은 말의 지혜(하찮은 것일지라도 저마다 장점을 지니고 있음)
200.	당구풍월	堂狗風月	서당 개 삼년 이면 풍월을 읊는다
201.	대경실색	大驚失色	크게 놀라 얼굴색이 변함
202.	대동소이	大同小異	크게 보면 같고 작게 보면 다름(거의 같거나 비슷비슷함)
203.	도불습유	道不拾遺	길에 떨어진 것도 줍지 않음(생활이 풍족하고 믿음있는 세상)　拾:주울습
204.	동명이인	同名異人	같은 이름의 다른 사람(이름은 같지만 사람이 다른 경우)
205.	두주불사	斗酒不辭	말술(10되)도 사양하지 않음(酒量이 많은 경우)
206.	등용문	登龍門	용문에 오르다(입신 출세의 어려운 관문)
207.	만산홍엽	滿山紅葉	온 산의 붉은 잎사귀(붉은 단풍)
208.	명경지수	明鏡止水	맑은 거울과 고요한 물(고요한 심정)
209.	명문거족	名門巨族	이름난 집안과 크게 번창한 겨레
210.	목불식정	目不識丁	눈 뜨고도 丁자를 알지 못한다 ㉮一字無識 (낫 놓고 ㄱ자도 모른다)

4급◁

211.	무골호인	無骨好人	뼈없이 좋은 사람(지극히 순하여 남에게 두루 맞는 사람)
212.	무위도식	無爲徒食	하는 일 없이 헛되이 먹고 놀기만 함　　徒:헛될도
213.	무전취식	無錢取食	돈도 없이 밥을 먹음(남이 파는 음식을 돈도 없이 그저 먹음)
214.	물실호기	勿失好機	좋은 기회를 놓치지 말라
215.	물외한인	物外閑人	세속의 번거로움을 피해 한가롭게 지내는 사람
216.	박람강기	博覽强記	책을 널리 보고 읽어 잘 기억하고 있음
217.	반신반의	半信半疑	반은 믿고 반은 의심함
218.	백가쟁명	百家爭鳴	많은 학자들이 자유롭게 논쟁하는 일
219.	백의종군	白衣從軍	흰옷을 입고 군대를 따름(벼슬없는 〈병사가 아닌〉 사람이 싸움터에 나감)
220.	백절불굴	百折不屈	백번 꺾여도 굴하지 않음
221.	부지기수	不知其數	그 수를 알지 못함(매우 많음)
222.	불사이군	不事二君	두 임금을 섬기지 아니한다　事:섬길사
223.	비례물청	非禮勿聽	예가 아니면 듣지 말라
224.	빈자일등	貧者一燈	가난한 사람의 하나의 등불(참마음의 소중함)
225.	사생결단	死生決斷	죽고 사는 것을 상관치 않고 끝장을 내려고 덤빔
226.	사필귀정	事必歸正	일은 반드시 바르게 돌아간다(정의의 승리)
227.	산해진미	山海珍味	산과 바다의 온갖 산물로 차린 음식
228.	살신성인	殺身成仁	자신의 몸을 희생(죽여)해 仁을 이룬다(남을 위하여 희생함)
229.	선공후사	先公後私	공적인 것을 먼저, 사사로운 것을 뒤에 함
230.	선풍도골	仙風道骨	신선의 풍채와 도인의 골격(남달리 뛰어남)
231.	손자삼우	損者三友	손해가 되는 세가지 유형의 벗(편벽. 줏대無. 말많고 불성실한 벗)
232.	송구영신	送舊迎新	옛날(묵은해)을 보내고 새해를 맞이함
233.	시사여생	視死如生	죽음을 살아 있는 것과 같이 봄(죽음을 두려워하지 않음)
234.	식자우환	識字憂患	글자를 아는 것이 도리어 근심이 된다는 말(아는 것이 병)
235.	신언서판	身言書判	몸·말·글·판단력(과거시험에서 인물의 평가기준)
236.	심기일전	心機一轉	(어떤 동기에 의해) 마음의 기능과 생각을 완전히 바꿈
237.	안거위사	安居危思	편안히 살 때 위태로움의 생각을 가짐(미리 대비함)　安↔危
238.	안한자적	安閑自適	평화롭고 한가하여 마음 내키는 대로 즐김
239.	약방감초	藥房甘草	한약방에 꼭 들어가는 약재(무슨 일이든지 꼭 끼여들음)
240.	양자택일	兩者擇一	둘 중에 하나를 선택하는 것

▷4급

241.	언어도단	言語道斷	어이가 없어 말로써 나타낼 수가 없음
242.	언중유골	言中有骨	하는 말 중에 뼈가 있음(예사로운 말에 속뜻이 있음)
243.	엄동설한	嚴冬雪寒	추운 겨울에 차가운 눈(심한 추위)
244.	엄정중립	嚴正中立	엄중하게 바르고 마음을 중심에 세움(중립을 굳게 지킴)
245.	여민동락	與民同樂	임금이 백성과 더불어 같이 즐김
246.	여세추이	與世推移	세상의 변화에 따라 함께 변함
247.	여필종부	女必從夫	여자는 반드시 지아비를 따른다
248.	역지사지	易地思之	처지를 바꾸어 그것을 생각함 地:처지지
249.	연목구어	緣木求魚	나무에서 물고기를 구한다(되지도 않는 엉뚱한 소망)
250.	오거지서	五車之書	다섯 수레의 책(많은 장서를 이르는 말)
251.	오곡백과	五穀百果	온갖 곡식과 많은 과실
252.	용의주도	用意周到	마음의 준비가 다 되어 빈틈이 없음
253.	위기일발	危機一髮	눈앞에 닥친 위기의 순간
254.	유유상종	類類相從	같은 무리끼리 서로 따름(끼리끼리 사귐)
255.	의기투합	意氣投合	뜻과 기운이 서로 합해짐(서로 마음이 맞음)
256.	이구동성	異口同聲	입은 다르나 소리는 같다(여러 사람의 말이 한결같음)
257.	이란투석	以卵投石	계란으로써 바위를 치다(어리석음을 비유한 말)
258.	이합집산	離合集散	헤어졌다 모였다 함
259.	인계인수	引繼引受	남에게 넘겨주고 이어받음
260.	인사유명	人死留名	사람은 죽어서 이름을 남긴다
261.	일각천금	一刻千金	매우 짧은 시간도 천금과 같이 귀중함을 이르는 말
262.	일구월심	日久月深	날이 오래고 달이 깊어 감(세월이 흐를수록 소원이 더욱 간절함)
263.	일도양단	一刀兩斷	한 칼로 두 동강이를 냄(머뭇거리지 않고 과감히 처리함)
264.	일명경인	一鳴驚人	한마디 말로 뭇사람을 놀라게 함
265.	일벌백계	一罰百戒	한사람에게 벌 주어 백사람(여럿)에게 경계시킴
266.	일부종사	一夫從事	한 지아비만 따르고 섬긴다
267.	일사불란	一絲不亂	조금도 흐트러지거나 어지러움이 없음
268.	일의대수	一衣帶水	한 가닥 옷의 띠와 같은 좁은 냇물이나 바닷물을 사이에 둔 관계
269.	일점혈육	一點血肉	자기가 낳은 단 하나의 자식
270.	일취월장	日就月將	학문이 날로 달로 자라거나 나아감

4급

271.	일희일비	一喜一悲	한번은 기쁘고 한번은 슬프다
272.	자격지심	自激之心	자기가 한 일에 대하여 자기 스스로 미흡하게 여기는 마음
273.	자중지란	自中之亂	자기들 한패 속에서 일어나는 싸움질
274.	자화자찬	自畵自讚	자기 그림을 자신이 칭찬함
275.	장삼이사	張三李四	장씨 셋째 아들과 이씨 넷째 아들(아주 평범한 사람들)
276.	적자생존	適者生存	적응하는 것만이 살아서 존재한다는 말
277.	적재적소	適材適所	적당한 재목(인재)을 적당한 장소(임무)에 쓴다
278.	적토성산	積土成山	흙이 쌓여서 산을 이룸(작은 것이 모여 큰 것을 이룸)
279.	조불려석	朝不慮夕	아침에 저녁 일을 헤아리지 못함(앞일을 헤아릴 겨를이 없음)
280.	좌지우지	左之右之	제 마음대로 다루거나 휘두름
281.	주마간산	走馬看山	달리는 말에서 산천을 본다(바빠 서둘러 대강 보고 지나침)
282.	중구난방	衆口難防	여러 사람 입에서 나온 말은 막기가 어렵다
283.	지명지년	知命之年	천명을 아는 나이(50세를 이르는 말)
284.	지학지년	志學之年	학문에 뜻을 두는 나이(15세를 이르는 말)
285.	창업수성	創業守成	일을 시작하기는 쉬우나 지키기는 어려움
286.	천려일실	千慮一失	천가지 생각 중에도 한가지 실수가 있다는 말
287.	천편일률	千篇一律	천가지 책이 비슷하다는 말(사물이 모두 판에 박은 듯 같을때)
288.	촌철살인	寸鐵殺人	작은 쇠붙이로 사람을 죽임(짧은 글귀로 사람의 마음을 감동시킴)
289.	출장입상	出將入相	나가서는 장수요, 들어와서는 재상(아주 뛰어나 벼슬을 두루 지냄)
290.	침불안석	寢不安席	잠자리가 편안한 자리가 아니다(근심걱정)
291.	파상공격	波狀攻擊	물결이 밀려왔다가 밀려가듯이 함(공격대상에 대하여 왔다 갔다함)
292.	피골상접	皮骨相接	피부와 뼈가 서로 붙음(몹시 여위어 있음)
293.	한강투석	漢江投石	한강에 돌 던지기(아무리 해도 헛된 일을 하는 매우 어리석은 일)
294.	허장성세	虛張聲勢	실력이 없으면서 허세로 띠빌림
295.	호부견자	虎父犬子	호랑이 아버지에 개의 새끼(잘난 아버지에 못난 아들)
296.	호의호식	好衣好食	좋은 옷에 좋은 밥
297.	홍동백서	紅東白西	제사 지낼 때 붉은 과실은 동쪽, 흰 과실은 서쪽에 차림
298.	회자정리	會者定離	모인(만난)사람은 헤어짐이 정해져 있다(인생의 무상함)
299.	흥진비래	興盡悲來	흥함이 다하면 슬픔이 온다(세상일이 돌고 도는 것을 말함)
300.	희색만면	喜色滿面	기쁜 빛이 얼굴에 가득차다

▶3級Ⅱ◀		故事成語 및 四字成語	*직역(의역)

301.	가인박명	佳人薄命	여자의 용모와 재주가 빼어나면 운명이 기구함을 뜻함
302.	각골명심	刻骨銘心	(뼈에 새기고 마음에 새겨)영원히 잊어버리지 않음
303.	각주구검	刻舟求劍	판단력이 둔하여 시대나 상황의 변화를 모르는 어리석음
304.	감지덕지	感之德之	대단히 고맙게 여김
305.	개과천선	改過遷善	지난 허물을 고치고 착하게 됨
306.	개세지재	蓋世之才	세상을 뒤덮을만한 재주
307.	격세지감	隔世之感	세상이 많이 바뀌어서 딴 세대가 된 것 같은 느낌
308.	견마지로	犬馬之勞	개와 말 같은 하찮은 힘(자기의 노력을 겸손하게 이르는 말)
309.	견인불발	堅忍不拔	굳게 참고 버티어 마음을 빼앗기지 않음
310.	견토지쟁	犬兔之爭	개와 토끼의 다툼. ㉠漁父之利, 田夫之功
311.	겸인지용	兼人之勇	혼자서 두 사람 이상 몫을 하는 빼어난 용기
312.	경거망동	輕擧妄動	경솔하고 분수없이 행동함
313.	계구우후	鷄口牛後	큰집단의 말단보다 작은집단의 지도자가 됨이 나음을 말함
314.	고대광실	高臺廣室	규모가 굉장히 크고 잘 지은 집
315.	고육지책	苦肉之策	어찌할 수가 없어 자신을 희생시키면서까지 내는 꾀
316.	고장난명	孤掌難鳴	혼자만의 힘으로는 일을 하기가 어려움
317.	곡학아세	曲學阿世	배운 학문을 왜곡시켜 시류나 이익에 영합함
318.	골육상잔	骨肉相殘	같은 민족, 부자, 형제간의 잔인한 다툼
319.	공중누각	空中樓閣	근거나 토대가 없는 사물이나 일을 의미함
320.	과공비례	過恭非禮	지나친 공손은 예의가 아님
321.	과대망상	誇大妄想	자기의 능력등을 실제보다 크게 평가하여 사실처럼 믿는 일
322.	과유불급	過猶不及	지나침은 미치지 못함과 같다
323.	관혼상제	冠婚喪祭	관례·혼례·상례·제례를 통틀어 이름(四禮)
324.	교언영색	巧言令色	(남의 환심을 사기 위해) 말을 교묘하게 하고 표정을 좋게 꾸밈
325.	구곡간장	九曲肝腸	굽이 굽이 깊이 서린 마음 속
326.	국태민안	國泰民安	나라가 태평하고 국민의 생활이 평안함
327.	군계일학	群鷄一鶴	많은 닭 중에 한 마리의 학(수많은 사람들 가운데 훌륭한 사람)
328.	군신유의	君臣有義	임금과 신하의 도리는 의리에 있음. 夫婦有別, 長幼有序, 父子有親, 朋友有信<五倫>
329.	군웅할거	群雄割據	많은 영웅들이 각지에 자리 잡고 세력을 떨치며 맞서는 일
330.	군위신강	君爲臣綱	임금은 신하의 벼리가 됨. 父爲子綱, 夫爲婦綱 <三綱>

331.	군자삼락	君子三樂	군자의 세가지 즐거움(父母俱存과 兄弟無故, 仰不愧天, 得天下英才教育)
332.	궁여지책	窮餘之策	(막다른 처지에서)생각다 못해 내는 계책
333.	권모술수	權謀術數	남을 교묘하게 속이는 술책
334.	극기복례	克己復禮	사사로운 욕심을 누르고 예의범절을 지킴
335.	근묵자흑	近墨者黑	먹을 가까이 하는 사람이 검어짐(친구와 환경의 중요성/近朱者赤)
336.	금란지교	金蘭之交	쇠처럼 단단하고 난초처럼 향기 그윽한 사귐
337.	금석지약	金石之約	금석처럼 굳고 변함없는 약속
338.	금성탕지	金城湯池	끓어 오르는 못에 둘러 싸인 무쇠 성(방비가 아주 견고함)
339.	금시초문	今時初聞	이제 비로소 처음으로 들었다는 뜻
340.	금의야행	錦衣夜行	비단옷을 입고 밤길을 감(아무 소용 없는 일)
341.	금의환향	錦衣還鄉	벼슬 또는 성공하여 고향에 돌아옴
342.	금지옥엽	金枝玉葉	금가지와 옥 잎사귀(아주 귀한 자손)
343.	기고만장	氣高萬丈	일이 뜻대로 잘 되어 기세가 대단함
344.	길흉화복	吉凶禍福	길함과 흉함과 재앙과 행복(사람의 운수) 吉↔凶 禍↔福
345.	난신적자	亂臣賊子	나라를 어지럽게 하는 신하와 어버이를 해치는 자식
346.	내우외환	內憂外患	나라 안팎의 근심과 걱정
347.	내유외강	內柔外剛	마음이 약하면서 겉으로는 강하게 보임. 剛↔柔
348.	노기충천	怒氣衝天	노기가 하늘을 찌를 것 같음
349.	농와지경	弄瓦之慶	딸을 낳은 경사를 이름
350.	누란지위	累卵之危	알을 쌓아 놓은 듯이 위험한 상태
351.	단금지교	斷金之交	무쇠라도 끊을만큼 마음이 굳은 두 사람의 사귐
352.	대기만성	大器晚成	큰 인물이 될 사람은 오랜 기간 꾸준한 노력으로 이루어짐
353.	동가홍상	同價紅裳	같은 값이면 다홍치마
354.	동분서주	東奔西走	이리저리 바쁘게 돌아다님
355.	동상이몽	同床異夢	겉으로는 같이 행동하면서 속으로는 서로 다른 생각을 품음
356.	동족상잔	同族相殘	같은 민족끼리 서로 잔인하게 싸움
357.	등고자비	登高自卑	지위가 높아질수록 자신을 낮춤
358.	막역지우	莫逆之友	뜻이 맞아 서로 허물 없는 의기 투합한 친한 벗
359.	만고불변	萬古不變	오랜 세월을 두고 길이 변하지 않음
360.	만추가경	晚秋佳景	늦가을의 아름다운 풍경

361.	맥수지탄	麥秀之歎	보리가 무성하게 자람을 탄식(故國의 멸망을 한탄함)
362.	맹모단기	孟母斷機	맹모가 짜던 베를 짜름(학문을 중도에 마친 아들을 훈계) ㉦斷機之敎
363.	맹모삼천	孟母三遷	맹모가 세 번이나 집을 옮긴 일(三遷之敎:교육에 있어 環境의 重要性)
364.	면종복배	面從腹背	겉으로는 복종하는 체 하면서도 내심으로는 배반함. 腹↔背
365.	멸사봉공	滅私奉公	사심을 버리고 나라나 공공을 위하여 힘써 일함
366.	명실상부	名實相符	이름과 실상이 서로 부합함
367.	명약관화	明若觀火	불을 보듯 분명함. 더 말할 나위 없이 명백함
368.	명재경각	命在頃刻	거의 죽게 되어 숨이 곧 넘어갈 지경에 이름
369.	목불인견	目不忍見	(몹시 딱하거나 참혹하여) 눈으로는 차마 볼 수 없음
370.	무릉도원	武陵桃源	신선이 살았다는 전설적인 중국의 명승지(별천지의 이상향)
371.	미사여구	美辭麗句	아름답게 꾸민 말과 글귀
372.	미생지신	尾生之信	미생이라는 사람의 신의(信義가 두터움. 고지식한 行爲)
373.	박리다매	薄利多賣	적게 남기고 많이 팔아 수익을 올리는 일
374.	박장대소	拍掌大笑	손바닥을 치며 크게 웃음
375.	발본색원	拔本塞源	근원을 뽑아서 폐해를 아주 없애버림(근원적인 처방)
376.	백계무책	百計無策	온갖 계책이 다 소용 없음
377.	백전노장	百戰老將	수없이 많은 싸움을 치른 노련한 장수
378.	백중지간	伯仲之間	서로 어금지금하게 맞서는 사이 ㉦莫上莫下
379.	부귀재천	富貴在天	부하고 귀함은 천명에 있음
380.	불치하문	不恥下問	자기보다 못한 사람에게 묻는 것을 부끄러워하지 않음
381.	불편부당	不偏不黨	어느 한쪽으로 기울거나 치우치지 아니하고 아주 공평함
382.	비례물시	非禮勿視	예가 아니면 보지도 말라
383.	빙탄지간	氷炭之間	얼음과 숯 같은 사이(서로 화합할 수 없는 사이)
384.	사상누각	沙上樓閣	모래 위에 세운 누각(기초가 약하여 오래 가지 못함)
385.	산자수명	山紫水明	산은 자줏빛, 물은 깨끗하고 맑음(山水의 景致가 썩 좋음)
386.	삼라만상	森羅萬象	우주 속에 존재하는 온갖 사물과 모든 현상
387.	삼순구식	三旬九食	서른 날에 아홉 끼니밖에 먹지 못함(매우 가난함)
388.	삼인성호	三人成虎	근거 없는 말도 여럿이 하면 믿게 됨
389.	삼종지도	三從之道	여자의 세가지 따라야 하는 도리(부모·지아비·자식)
390.	삼척동자	三尺童子	키가 석자밖에 되지 않는 아이(철부지 어린아이)

391.	상전벽해	桑田碧海	뽕나무밭이 변하여 푸른 바다가 됨(世上의 變化가 심하거나 덧없음)
392.	생자필멸	生者必滅	생명이 있는 것은 반드시 죽을 때가 있음
393.	선견지명	先見之明	닥쳐올 일을 미리 내다보고 아는 것
394.	설상가상	雪上加霜	난처한 일이나 불행이 잇달아 일어남
395.	속수무책	束手無策	손을 묶인 듯이 어쩔 도리가 없어 꼼짝 못함
396.	수구초심	首丘初心	고향을 그리워하는 마음
397.	수복강녕	壽福康寧	오래 살고 행복하며 건강하고 평안함
398.	수불석권	手不釋卷	손에서 책을 놓지 않음(부지런히 工夫함)
399.	수신제가	修身齊家	몸을 닦고 가정을 가지런하게 함(修身齊家 治國 平天下)
400.	수주대토	守株待兎	그루터기를 지키며 토끼를 기다림(완고하고 미련함)
401.	수즉다욕	壽則多辱	오래 살수록 그 만큼 욕되는 일이 많음
402.	숙호충비	宿虎衝鼻	잠자는 호랑이 코를 찌름(공연히 건드려서 화를 입음)
403.	시종일관	始終一貫	처음과 끝이 한결 같음. ㊀初志一貫, 始終如一
404.	신종여시	愼終如始	삼가 마치기를 처음과 같이 함
405.	신출귀몰	神出鬼沒	자유자재로 출몰하여 그 변화를 쉽사리 알 수 없음
406.	심사숙고	深思熟考	깊이 생각함
407.	심산유곡	深山幽谷	깊은 산과 골짜기
408.	양금택목	良禽擇木	현명한 새는 좋은 나무를 가려 둥지를 침(훌륭한 사람을 가려서 섬김)
409.	양상군자	梁上君子	대들보 위의 군자(천정위의 쥐. 집안에 들어온 도둑을 이름)
410.	어두육미	魚頭肉尾	물고기는 머리쪽이, 육고기는 꼬리 쪽이 맛이 좋음
411.	억강부약	抑强扶弱	강자를 누르고 약자를 도와줌
412.	억조창생	億兆蒼生	수많은 백성
413.	엄처시하	嚴妻侍下	아내에게 쥐여사는 사람을 농담조로 이르는 말
414.	여리박빙	如履薄氷	살얼음을 걷는 것과 같음(매우 위험함)
415.	염량세태	炎涼世態	세력이 있을 때와 없을 때의 세속 인심. 炎↔涼
416.	오월동주	吳越同舟	오나라,월나라가 같이 배를 탐(적끼리 같은 처지에서 서로 돕게 됨)
417.	오합지졸	烏合之卒	갑자기 모인 훈련되지 않은 군사
418.	욕속부달	欲速不達	빨리 하고자 하면 도리어 이루지 못함
419.	용두사미	龍頭蛇尾	용머리에 뱀 꼬리(始作은 힘차게 하고 끝은 보잘 것이 없음)
420.	용미봉탕	龍味鳳湯	맛이 썩 좋은 음식을 비유함

421.	우공이산	愚公移山	어떤 일이라도 끊임없이 노력하면 반드시 이룸
422.	우유부단	優柔不斷	딱 잘라 결단을 내리지 못함
423.	우자일득	愚者一得	어리석은 사람도 한번쯤은 슬기로운 것도 있음
424.	우화등선	羽化登仙	(도교사상에서)사람이 신선이 되어 하늘로 올라감
425.	유방백세	流芳百世	꽃다운 이름이 후세에 길이 전함
426.	유유자적	悠悠自適	속세를 떠나 아무것에도 속박되지 않고 편안히 살아감
427.	은인자중	隱忍自重	괴로움을 감추어 참고 몸가짐을 조심함
428.	음덕양보	陰德陽報	남에게 덕을 베푸는 사람은 반드시 뒤에 복을 받음. 陰↔陽
429.	인면수심	人面獸心	사람의 얼굴을 하고 있으나 마음은 짐승과 다름이 없음
430.	일난풍화	日暖風和	날씨가 따뜻하고 바람결이 부드러움
431.	일이관지	一以貫之	한 방법이나 태도로써 한결같이 꿰뚫음
432.	일일지장	一日之長	하루 먼저 세상에 태어남(상대방보다 나이나 재량이 조금 더 뛰어남)
433.	일장춘몽	一場春夢	부귀영화의 덧없음
434.	일촉즉발	一觸卽發	조금 건드리기만 하여도 곧 폭발할 것 같은 위험한 상태
435.	일편단심	一片丹心	변치 않는 한 조각 붉은 마음(참된 충성이나 정성)
436.	임기응변	臨機應變	그때 그때의 형편에 따라 그 일에 알맞게 적당히 처리함
437.	입신양명	立身揚名	몸을 수양하고 세상에 이름을 날림
438.	전화위복	轉禍爲福	재앙을 바꾸어 오히려 복이 생김. 禍↔福
439.	절치부심	切齒腐心	몹시 분하여 이를 갈고 속을 썩임
440.	점입가경	漸入佳境	갈수록 더욱 좋거나 재미있는 경지로 들어감
441.	정문일침	頂門一針	(정신을 차리도록)따끔한 한 마디의 충고
442.	족탈불급	足脫不及	능력,역량,재질 따위의 차이가 뚜렷함을 이르는 말
443.	존망지추	存亡之秋	존속과 멸망, 삶과 죽음이 결정되는 절박한 때. 存↔亡
444.	종횡무진	縱橫無盡	행동이 마음 내키는 대로 자유자재임
445.	좌불안석	坐不安席	앉았으되 편안한 자리가 아님
446.	좌정관천	坐井觀天	우물에 앉아 하늘을 봄(견문과 소견이 좁은 것을 비유)
447.	좌충우돌	左衝右突	닥치는 대로 마구 치고받고 함
448.	주경야독	晝耕夜讀	낮엔 밭 갈고 밤엔 공부를 함(어려운 환경에서 노력함)
449.	주지육림	酒池肉林	극히 호사스럽고 방탕한 술잔치
450.	중과부적	衆寡不敵	적은 수효로 많은 수효와 맞겨루지 못함. 衆↔寡

451.	지리멸렬	支離滅裂	갈가리 흩어지고 찢기어 갈피를 잡을 수 없이 됨
452.	지자요수	知者樂水	지혜로운 사람은 물을 좋아함. ㉠仁者樂山
453.	지피지기	知彼知己	적을 알고 나를 알아야 함
454.	진충보국	盡忠報國	충성을 다하여 나라의 은혜를 갚음
455.	진퇴유곡	進退維谷	앞으로 나아갈 수도 뒤로 물러날 수도 없이 궁지에 빠짐. 進↔退
456.	천고마비	天高馬肥	하늘은 높고 말은 살찜(가을날의 맑고 풍성한 정경)
457.	천양지차	天壤之差	하늘과 땅같이 엄청난 차이
458.	천재일우	千載一遇	천년에 한번의 만남(좀처럼 얻기 어려운 좋은 기회)
459.	천태만상	千態萬象	모든 사물이 제각기 다른 모습을 하고 있음
460.	취생몽사	醉生夢死	아무 뜻 없이 한평생을 흐리멍텅하게 살아감
461.	칠거지악	七去之惡	아내를 버릴 수 있는 이유가 되는 일곱 가지 경우
462.	쾌도난마	快刀亂麻	잘 드는 칼로 엉클어진 삼실을 자름(곤란한 사건 따위를 명쾌하게 처리함)
463.	타산지석	他山之石	다른 산의 돌(다른 사람의 하찮은 언행도 自己의 智德을 닦는 데 도움이 된다는 말)
464.	태산북두	泰山北斗	태산과 북두성(世上으로부터 존경을 받는 사람)
465.	파사현정	破邪顯正	사악한 생각을 깨뜨리고 올바른 도리를 뚜렷이 드러냄. 邪↔正
466.	파안대소	破顔大笑	매우 즐거운 표정으로 크게 웃음
467.	포복절도	抱腹絶倒	배를 안고 넘어짐(매우 우스움)
468.	표리부동	表裏不同	마음이 음흉하여 겉과 속이 다름. 表↔裏
469.	풍수지탄	風樹之歎	효도를 다하지 못한 채 어버이를 여윈 자식의 슬픔
470.	피차일반	彼此一般	두 편이 서로 같음. 彼↔此
471.	하대세월	何待歲月	기다리기가 몹시 지루함
472.	하석상대	下石上臺	아랫돌을 빼서 윗돌을 굄
473.	학수고대	鶴首苦待	학처럼 목을 길게 빼고 애타게 기다림
474.	항다반사	恒茶飯事	항상 차와 밥 먹는 일(항상 있는 일)
475.	현모양처	賢母良妻	자식에게는 어진 어머니이고, 남편에게는 착한 아내
476.	호연지기	浩然之氣	하늘과 땅 사이에 가득 찬 넓고 큰 정기
477.	홍로점설	紅爐點雪	벌겋게 단 화로에 떨어지는 눈
478.	후안무치	厚顔無恥	뻔뻔스러워 부끄러움을 모름
479.	흥망성쇠	興亡盛衰	흥하고 망함과 성하고 쇠함 興↔亡 盛↔衰
480.	희로애락	喜怒哀樂	기쁨과 노여움과 슬픔과 즐거움(사람의 온갖 감정) 喜↔怒 哀↔樂

▶3級◀ 故事成語 및 四字成語   *직역(의역)

481.	가담항설	街談巷說	길거리나 항간에 떠도는 뜬소문
482.	각골난망	刻骨難忘	입은 은혜의 고마움이 뼈에 깊이 새겨져 잊혀지지 않음
483.	감개무량	感慨無量	마음에 사무치는 느낌이 한이 없음
484.	감지우감	減之又減	덜고 또 덜다
485.	거안제미	擧案齊眉	밥상을 눈 높이로 들어 바침(아내가 남편을 공경함)
486.	건곤청기	乾坤淸氣	천지간에 가득한 맑은 기운. 乾↔坤
487.	걸인연천	乞人憐天	거지가 하늘을 불쌍히 여김(格에 맞지 않는 걱정을 함)
488.	견강부회	牽强附會	말을 억지로 끌어다가 이치에 맞추려 함
489.	경이원지	敬而遠之	공경하되 가까이 하지는 아니함
490.	경천위지	經天緯地	하늘을 날줄로, 땅을 씨줄로 삼음(온 天下를 다스림) 經↔緯
491.	계명구도	鷄鳴狗盜	닭울음소리와 개흉내를 잘내는 좀도둑(선비가 금해야 할 천한일, 미천한 사람의 장기도 쓸모가 있음)
492.	고침안면	高枕安眠	베개를 높이하여 편히 잠(근심없이 잘 지냄)
493.	교각살우	矯角殺牛	소뿔을 바로 잡으려다 소를 죽임(작은 결점을 고치려다 일을 그르침)
494.	구밀복검	口蜜腹劍	겉으로는 친한 척하나 속으로는 해칠 생각을 가짐
495.	구상유취	口尚乳臭	입에서 아직 젖내가 남(相對의 能力을 얕잡아 보고 하는 말)
496.	권선징악	勸善懲惡	착한 일을 권하고 악한 일을 징계함. 善↔惡
497.	근주자적	近朱者赤	붉은 것을 가까이 하면 붉어짐(나쁜사람을 가까이하면 물들기 쉬움)
498.	금상첨화	錦上添花	비단위에 꽃을 더함(좋은일에 좋은 일이 겹침) 반雪上加霜
499.	금석지감	今昔之感	지금과 옛날을 비교할 때 차이가 너무 심하여 일어나는 느낌
500.	기지사경	幾至死境	거의 죽음에 이름
501.	노류장화	路柳墻花	아무나 쉽게 꺾을 수 있는 길가의 버들과 울타리에 핀 꽃
502.	녹양방초	綠楊芳草	푸르게 우거진 버들과 향기로운 풀
503.	단기지교	斷機之敎	짜던 베를 짜르는 가르침 유孟母斷機
504.	덕필유린	德必有隣	덕이 있으면 반드시 이웃이 따름
505.	도청도설	道聽塗說	길에서 들은 말을 길에서 전함(근거없이 나도는 所聞)
506.	독야청청	獨也靑靑	홀로 높은 절개를 지켜 늘 변함이 없음
507.	동병상련	同病相憐	비슷한 처지에 있는 사람끼리 서로 잘 이해를 함
508.	막무가내	莫無可奈	어찌할 수 없음(굳게 고집하여 융통성이 없음)
509.	만사휴의	萬事休矣	어떤 사태에 직면해서 방도를 강구할 수 없는 체념의 상태
510.	망극지은	罔極之恩	그지없이 큰 은혜

511.	망년지교	忘年之交	나이에 상관없이 서로를 인정하고 존경하여 사귐
512.	매란국죽	梅蘭菊竹	품성이 군자와 같이 고결하다고 여겨 四君子라 함
513.	문전걸식	門前乞食	이 집 저 집 돌아다니며 빌어먹음
514.	발산개세	拔山蓋世	힘은 산을 뽑고 기개는 세상을 덮을 만큼 용장한 기상
515.	방약무인	傍若無人	남을 업신여기고 거리낌없이 함부로 행동함
516.	배은망덕	背恩忘德	입은 은덕을 져버리고 배반함
517.	백팔번뇌	百八煩惱	불교에서 이르는 108가지의 번뇌
518.	부창부수	夫唱婦隨	남편이 주장하고 아내가 이에 따름(夫婦의 和合) 夫↔婦
519.	부화뇌동	附和雷同	아무런 주견이 없이 남의 의견이나 행동에 덩달아 따름
520.	붕우유신	朋友有信	벗 사이의 도리는 믿음에 있음
521.	사고무친	四顧無親	의지할 친척이 없어 몹시 외로움
522.	사분오열	四分五裂	여러 갈래로 갈기갈기 찢어짐
523.	상가지구	喪家之狗	초상집의 개(초라한 모습으로 얻어 먹음)
524.	새옹지마	塞翁之馬	변방 늙은이의 말(人生의 吉凶禍福은 예측할 수가 없음)
525.	생이지지	生而知之	배우지 아니하여도 스스로 깨달아 앎
526.	소인묵객	騷人墨客	시문이나 서화를 일삼는 사람(시인·문인·서가·화가를 이르는 말)
527.	소탐대실	小貪大失	작은 것을 탐내면 큰 것을 잃음
528.	순망치한	脣亡齒寒	입술이 없으면 이가 시림(한 쪽이 망하면 다른 쪽도 화를 면하기 어려움)
529.	승승장구	乘勝長驅	싸움에 이긴 여세를 타고 계속 몰아침
530.	알성급제	謁聖及第	임금님 앞에서 보는 시험에 합격함
531.	애걸복걸	哀乞伏乞	애처롭게 사정하여 굽실거리며 빌고 또 빎
532.	양두구육	羊頭狗肉	양고기를 걸어 놓고 개고기를 팖(겉과 속이 다른 속임수)
533.	언즉시야	言則是也	말이 사리에 맞음
534.	영고성쇠	榮枯盛衰	인생이나 사물의 성함과 쇠함. 榮↔枯 盛↔衰
535.	오리무중	五里霧中	무슨 일에 대하여 방향이나 갈피를 잡을 수 없는 상태
536.	오비삼척	吾鼻三尺	내 코가 석 자(자기 事情이 급하여 남을 돌보아 줄 겨를이 없음)
537.	오비이락	烏飛梨落	까마귀 날자 배 떨어짐(공교롭게도 같은 일이 發生하여 의심받게 됨)
538.	오상고절	傲霜孤節	차가운 서릿발 속에서도 굴하지 않고 외로이 지키는 절개(菊花)
539.	왈가왈부	曰可曰否	이러쿵 저러쿵 말함
540.	요절복통	腰折腹痛	허리가 꺾이고 배가 아플 지경임

▷3급

541.	요지부동	搖之不動	흔들어도 조금도 움직이지 않음
542.	용사비등	龍蛇飛騰	용이 날아오르는 형세(글씨체가 활기참을 이름)
543.	원화소복	遠禍召福	화를 물리치고 복을 불러들임
544.	유아독존	唯我獨尊	오직 나 혼자만이 높다(잘났다고 뽐내는 말)
545.	유일무이	唯一無二	오직 하나면서 둘이 아님
546.	유취만년	遺臭萬年	더러운 이름을 먼 후세에까지 남김 ㊖流芳百世
547.	음풍농월	吟風弄月	맑은 바람과 밝은 달을 대하여 시를 지어 읊으며 즐김
548.	이전투구	泥田鬪狗	진흙밭에서 싸우는 개(강인한 性格으로 뒤섞여 싸움)
549.	일련탁생	一蓮托生	죽은 뒤에도 함께 극락정토에서 같은 연꽃 위에 왕생함
550.	일모도원	日暮途遠	해는 저물고 길은 멀고 아득함(서둘러도 미치지 못할 정도로 급박함)
551.	일수백확	一樹百穫	인재 하나를 길러 많은 수확을 얻음
552.	일어탁수	一魚濁水	물고기 한 마리가 온 냇물을 흐림
553.	일엽편주	一葉片舟	나뭇잎처럼 작은 배
554.	자괴지심	自愧之心	스스로 부끄러워하는 마음
555.	자포자기	自暴自棄	절망상태에 빠져 자신을 포기하고 돌보지 않음
556.	장유유서	長幼有序	어른과 아이는 지켜야 할 차례가 있음
557.	조령모개	朝令暮改	아침에 내린 법령이 저녁에 다시 바뀜(일관성 없이 자주 바뀜)
558.	조삼모사	朝三暮四	눈앞의 차별만을 알고 결과를 모름(간사한 꾀로 남을 속임)
559.	지록위마	指鹿爲馬	사슴을 가리켜 말이라 함(간사한 꾀로 사람을 농락함)
560.	차일피일	此日彼日	약속이나 기한 따위를 미적미적 미루는 모양
561.	철두철미	徹頭徹尾	처음부터 끝까지 철저하게
562.	탐관오리	貪官汚吏	탐욕에 찬 썩은 관리
563.	포식난의	飽食暖衣	배불리 먹고 따뜻이 입음
564.	포의지교	布衣之交	서민시절에 사귄 벗
565.	필부지용	匹夫之勇	평범한 사람의 용기(작은 용기)
566.	필부필부	匹夫匹婦	대수롭지 않은 그저 평범한 남자와 여자 ㊖甲男乙女/張三李四
567.	함흥차사	咸興差使	한번 가기만 하면 깜깜 무소식이라는 뜻
568.	헌헌장부	軒軒丈夫	이목구비가 반듯하고 헌거로운 남자
569.	형설지공	螢雪之功	갖은 고생을 하며 부지런히 학문을 닦은 공
570.	혼정신성	昏定晨省	저녁에는 잠자리를 보아 드리고 아침에는 문안을 드림

▶2級◀ 故事成語　　　　　　　　　　　　　　＊직역(의역)

571.	간담상조	肝膽相照	마음을 툭 터놓고 격의 없이 사귀며 친히 지냄
572.	간어제초	間於齊楚	약자가 강자들 틈에 끼어서 괴로움을 겪음. ㉮鯨戰蝦死
573.	거기부정	擧棋不定	바둑돌을 들고 놓을 곳을 정하지 못함(확고한 주관이 없거나 계획이 수시로 바뀜)
574.	고관대작	高官大爵	높고 큰 벼슬자리
575.	고복격양	鼓腹擊壤	정치가 잘 되어 백성들이 평안을 누리는 태평성대 함
576.	고신척영	孤身隻影	몸 붙일 곳 없이 외로이 떠도는 홀몸
577.	고안심곡	高岸深谷	높은 언덕이 깊은 골짜기가 됨. ㉮桑田碧海
578.	과전이하	瓜田李下	오이 밭에서 신을 고쳐 신지 말 것(의심받을 짓은 하지 말 것)
579.	관존민비	官尊民卑	관리는 높고 귀하며 백성은 낮고 천하다는 사고 방식
580.	교주고슬	膠柱鼓瑟	비파,거문고 기둥을 아교풀로 고착시킴(변통성이 없이 소견이 막힌 사람)
581.	군불염사	軍不厭詐	군사상의 일은 속임수를 싫어하지 않음
582.	궁조입회	窮鳥入懷	쫓긴 새가 품안에 날아 듦(궁지에 몰린 사람이 와서 의지함)
583.	기화가거	奇貨可居	진기한 물건은 잘 간직할만함(이익을 남기고 장사 할 좋은 기회를 놓치지 않음)
584.	낙엽귀근	落葉歸根	결국 자기의 고향으로 돌아감
585.	남부여대	男負女戴	남자는 지고 여자는 머리에 임(살길을 찾아 이리저리 떠돌아다님)
586.	노래지희	老萊之戲	老萊子가 칠십에 무늬있는 옷을 입고 부모님을 기쁘게 해 드림. ㉮斑衣之戲
587.	노심초사	勞心焦思	어떤 일을 할 때에 애를 쓰고 속을 태움
588.	농장지경	弄璋之慶	아들을 낳은 기쁨
589.	농조연운	籠鳥戀雲	새장에 갇힌 새가 구름을 그리워함
590.	다기망양	多岐亡羊	학문의 길은 여러 갈래여서 올바른 길을 찾기가 어려움
591.	다전선고	多錢善賈	밑천이 넉넉하면 장사를 잘할 수 있음. ㉮長袖善舞
592.	단순호치	丹脣皓齒	붉은 입술과 하얀 이(여인의 아름다운 얼굴)
593.	당동벌이	黨同伐異	뜻이 같은 무리가 다른 무리를 침
594.	도원결의	桃園結義	유비, 관우, 장비가 도원에서 의형제를 맺은 데에서 유래
595.	도탄지고	塗炭之苦	진흙과 숯불속에 떨어진 괴로움(생활이 몹시 곤란함)
596.	동족방뇨	凍足放尿	언발에 오줌누기(한때 도움이 될 뿐 곧 효력이 없어져 더 나빠짐)
597.	두문불출	杜門不出	문을 잠그고 밖에 나가지 않음
598.	마중지봉	麻中之蓬	삼밭에 쑥대(좋은 환경에 의해 악한 사람도 선량하게 됨)
599.	만경창파	萬頃滄波	끝없이 넓은 바다
600.	만수무강	萬壽無疆	수명이 끝이 없음(長壽를 빌 때 쓰는 말)

▷2급

601.	만시지탄	晚時之歎	시기에 늦었음을 안타까워 하는 탄식
602.	망양지탄	亡羊之歎	양을 잃어 버린 탄식 ㈜多岐亡羊
603.	망양지탄	望洋之歎	자신의 힘이 미치지 못할 때에 하는 탄식
604.	매처학자	梅妻鶴子	매화를 아내 삼고 학을 아들로 삼음(속세를 떠나 유유자적한 생활)
605.	맹인직문	盲人直門	소경이 정문을 바로 찾아 들어감. ㈜愚者一得
606.	맹호복초	猛虎伏草	사나운 범이 풀숲에 엎드려 있음(영웅은 숨어 있다가 때가 되면 나타남)
607.	면벽구년	面壁九年	달마가 9년동안 벽을 보고 좌선하여 득도함. ㈜愚公移山
608.	문전옥답	門前沃畓	집 가까운 곳의 기름진 전답
609.	반계곡경	盤溪曲徑	일을 그릇된 수단을 써서 억지로 함. ㈜旁岐曲徑
610.	반근착절	盤根錯節	서린 뿌리와 얼크러진 마디(처리하기가 매우 어려운 사건)
611.	발분망식	發憤忘食	(무슨 일을 이루려고)발분하여 끼니마저 잊고 힘씀
612.	방기곡경	旁岐曲徑	옆으로 난 샛길과 구불구불한 길
613.	배수지진	背水之陣	물을 등지고 치는 진(어떤일에 죽기를 각오하고 정면으로 맞서는 병법)
614.	백골난망	白骨難忘	죽어서 백골이 된다 하여도 은혜를 잊을 수 없음
615.	백아절현	伯牙絶絃	절친한 벗의 죽음을 슬퍼함
616.	부중생어	釜中生魚	가마솥에 물고기가 생겨남(오래동안 밥을 못 짓는 가난을 비유)
617.	불구대천	不俱戴天	같은 하늘 아래서는 같이 살 수 없는 원수
618.	불철주야	不撤晝夜	밤낮을 가리지 않음(모든 일을 열심히 함)
619.	붕정만리	鵬程萬里	아주 양양한 장래
620.	비익연리	比翼連理	比翼鳥와 連理枝. 부부사이가 아주 화목함. ㈜琴瑟之樂
621.	사면초가	四面楚歌	주위에 온통 적들만 있고 도와주는 이가 없음
622.	삼고초려	三顧草廬	유비가 제갈공명을 청함(인재를 얻기 위해 수고를 아끼지 않음)
623.	생구불망	生口不網	산 입에 거미줄을 치지는 아니함
624.	선즉제인	先則制人	먼저 손을 쓰면 남을 제압할 수 있음
625.	설부화용	雪膚花容	눈처럼 흰 피부와 꽃처럼 아름다운 얼굴 ㈜傾國之色
626.	섬섬옥수	纖纖玉手	가냘프고 고운 여자의 손
627.	소훼난파	巢毀卵破	새집이 부서지면 알도 깨짐. ㈜脣亡齒寒
628.	손강영설	孫康映雪	진나라 손강이 몹시 가난하여 눈빛으로 공부함. ㈜螢雪之功
629.	송무백열	松茂柏悅	소나무가 무성하면 잣나무가 기뻐함(벗이 잘되는 것을 기뻐함)
630.	송양지인	宋襄之仁	송나라 양공의 어짊(덮어놓고 착하여 쓸데없는 동정을 베풂)

2급

631.	수원숙우	誰怨孰尤	누구를 원망하며 누구를 탓하랴
632.	수중축대	隨衆逐隊	무리를 따르고 대열을 쫓음(주관없이 덩달아 행동함) ㈜附和雷同
633.	식소사번	食少事煩	소득은 조금인데 비해 일은 많음
634.	앙급지어	殃及池魚	재앙이 못의 물고기에게 미침(재난이 뜻하지 아니한 곳까지 미침)
635.	약롱중물	藥籠中物	약롱 속의 약품(꼭 필요한 사람)
636.	양호유환	養虎遺患	범을 길러 근심을 남김(은혜를 베풀고도 도리어 해를 입게 됨)
637.	어로불변	魚魯不辨	魚자와 魯자도 구분 못할 정도로 매우 무식함. ㈜目不識丁/一字無識
638.	어망홍리	魚網鴻離	물고기의 그물에 기러기가 걸림(구하고자 하는 것이 아닌 딴것을 얻어 화를 입음)
639.	언감생심	焉敢生心	'어찌 감히 그런 마음을 먹을 수 있으랴'는 뜻
640.	여고금슬	如鼓琴瑟	거문고와 비파를 타는 것과 같음(부부사이가 다정하고 화목함)
641.	영고일취	榮枯一炊	인생이 꽃피고 시드는 것은 한번 밥짓는 순간같이 덧없음
642.	오조사정	烏鳥私情	까마귀의 사사로운 정 ㈜反哺之孝
643.	와부뇌명	瓦釜雷鳴	기왓가마가 우레와 같은 소리를 내며 끓음. ㈜虛張聲勢
644.	외유내강	外柔內剛	겉으로는 부드럽고 순하게 보이나 마음속은 단단하고 굳셈
645.	운니지차	雲泥之差	구름과 진흙의 차이(서로간의 차이가 매우 심함) ㈜天壤之差
646.	운우지정	雲雨之情	惠王이 雲夢에 있는 고당에서 갔을 때 꿈속에서 神女를 만나 즐겼다는 고사
647.	원걸종양	願乞終養	부모가 돌아가시는 날까지 봉양하기를 원함. ㈜反哺之孝
648.	월명성희	月明星稀	달이 밝으면 별빛은 희미해짐(새로운 영웅이 나타나면 다른 군웅의 존재가 희미해짐)
649.	위편삼절	韋編三絶	질긴 가죽끈이 세 번 끊어질 만큼 열심히 책을 읽음
650.	유능제강	柔能制剛	부드러운 것은 능히 강할 것을 제압함
651.	유수불부	流水不腐	흐르는 물은 썩지 아니함
652.	은감불원	殷鑑不遠	殷나라의 거울은 멀지 않은 前代의 夏나라에 있음. ㈜他山之石/前車覆轍
653.	인익기익	人溺己溺	남이 물에 빠지면 자기가 물에 빠진 듯이 여김
654.	일망타진	一網打盡	한꺼번에 모조리 다 잡음
655.	일패도지	一敗塗地	여지없이 참패하여 다시 일어날 수 없게 된 처지
656.	일필휘지	一筆揮之	글씨를 단숨에 힘차고 시원하게 죽 써 내림
657.	자초지종	自初至終	처음부터 끝까지의 과정
658.	적수공권	赤手空拳	맨손과 맨주먹(아무것도 가진 것이 없음)
659.	전전긍긍	戰戰兢兢	매우 두려워하며 조심함
660.	절장보단	絶長補短	긴 것을 잘라 짧은 것에 보탬(알맞게 맞춤, 부족한 점을 장점으로 보충함)

▷ 2급

661.	지어지앙	池魚之殃	연못에 있는 물고기의 재앙(옆의 불로 인하여 못이 마름) ㉠殃及池魚
662.	지지부진	遲遲不進	몹시 더디어서 잘 나아가지 않음
663.	진합태산	塵合泰山	티끌모아 태산(작은 것이라도 끊임없이 모이면 큰 것이 됨)
664.	차윤취형	車胤聚螢	차윤이 반딧불을 모음. ㉠螢雪之功
665.	차청차규	借廳借閨	대청을 빌리고 점점 안방까지 빌려 달라함(처음에는 남에게 의지하다가 점차 그의 권리까지 침범함)
666.	창해일속	滄海一粟	넓은바다에 한톨의 좁쌀(극히 작은 물건. 우주에 있어 인간존재의 덧없음)
667.	척수공권	隻手空拳	외손에 빈주먹 ㉠赤手空拳/雙手空拳
668.	천방지축	天方地軸	덤벙대거나 급하여 방향을 모르고 함부로 날뛰는 모양
669.	천우신조	天佑神助	하늘과 신령이 도움
670.	천의무봉	天衣無縫	천사의 옷은 바느질한 흔적이 없음(시문등이 매우 자연스러움)
671.	청운지지	靑雲之志	큰 뜻을 펼치기 위하여 벼슬길에 오르고자 함
672.	청출어람	靑出於藍	푸르름이 쪽보다 더 푸름(제자가 스승보다 뛰어남)
673.	초미지급	焦眉之急	눈썹에 불이 붙은 상황(매우 급함)
674.	초지일관	初志一貫	처음 품은 뜻을 한결같이 관철함
675.	추로지향	鄒魯之鄕	(공자와 맹자의 고향이란 뜻으로) 예절이 바르고 학문이 왕성한 고장을 이르는 말
676.	춘치자명	春雉自鳴	봄철의 꿩이 스스로 욺(시키지 않아도 스스로 함)
677.	취사선택	取捨選擇	쓸 것과 버릴 것을 가림
678.	파부침주	破釜沈舟	살아 돌아올 기약을 하지 않고 결사의 각오로 싸우겠다는 굳은 결의
679.	풍찬노숙	風餐露宿	바람을 먹고 이슬을 맞고 잠을 잠(객지에서 겪는 숱한 고생)
680.	한우충동	汗牛充棟	수레의 소가 땀을 흘릴만큼 집안의 마룻대까지 채울만큼의 책이 많음
681.	호사다마	好事多魔	좋은 일 일수록 그것을 방해하는 일도 많이 생김
682.	홍로점설	紅爐點雪	벌겋게 단 화로에 떨어지는 눈(큰 힘 앞에서 작은 힘의 미약함)
683.	화사첨족	畵蛇添足	뱀을 그리는 데 발까지 그림(쓸데없는 일을 덧붙여 도리어 일을 그르침)
684.	환골탈태	換骨奪胎	뼈를 바꾸고 태를 빼앗음(남의 문장을 따서 자작처럼 꾸밈. 전보다 아름다워짐)
685.	후생가외	後生可畏	후배가 두려운 존재로 여겨질 수 있음. ㉠靑出於藍

▶故事成語◀ 〈196쪽 테스트정답〉

			571 肝膽相照	611 發憤忘食	650 柔能制剛
			574 高官大爵	613 背水之陣	651 流水不腐
309 堅忍不拔	427 隱忍自重	500 幾至死境	575 鼓腹擊壤	614 白骨難忘	652 殷鑑不遠
318 骨肉相殘	429 人面獸心	504 德必有隣	577 高岸深谷	615 伯牙絶絃	655 一敗塗地
319 空中樓閣	434 一觸卽發	505 道聽塗說	579 官尊民卑	616 釜中生魚	656 一筆揮之
323 冠婚喪祭	441 頂門一針	517 百八煩惱	581 軍不厭詐	619 鵬程萬里	657 自初至終
325 九曲肝腸	451 支離滅裂	521 四顧無親	582 窮鳥入懷	620 比翼連理	658 赤手空拳
342 金枝玉葉	458 千載一遇	529 乘勝長驅	583 奇貨可居	622 三顧草廬	660 絶長補短
345 亂臣賊子	460 醉生夢死	530 謁聖及第	584 落葉歸根	623 生口不網	662 遲遲不進
357 登高自卑	462 快刀亂麻	534 榮枯盛衰	586 老萊之戲	624 先則制人	663 塵合泰山
363 孟母三遷	467 抱腹絶倒	535 五里霧中	587 勞心焦思	627 巢毀卵破	666 滄海一粟
372 尾生之信	468 表裏不同	538 傲霜孤節	588 弄璋之慶	628 孫康映雪	669 天佑神助
376 百計無策	472 下石上臺	542 龍蛇飛騰	590 多岐亡羊	631 誰怨孰尤	671 靑雲之志
380 不恥下問	474 恒茶飯事	543 遠禍召福	592 丹脣皓齒	632 隨衆逐隊	673 焦眉之急
384 沙上樓閣	476 浩然之氣	544 唯我獨尊	593 黨同伐異	633 食少事煩	674 初志一貫
385 山紫水明	477 紅爐點雪	546 遺臭萬年	594 桃園結義	634 殃及池魚	675 鄒魯之鄕
387 三旬九食	481 街談巷說	547 吟風弄月	595 塗炭之苦	636 養虎遺患	676 春雉自鳴
388 三人成虎	485 擧案齊眉	549 一蓮托生	596 凍足放尿	639 焉敢生心	677 取捨選擇
392 生者必滅	486 乾坤淸氣	550 日暮途遠	599 萬頃滄波	642 烏鳥私情	678 破釜沈舟
398 手不釋卷	487 乞人憐天	551 一樹百穫	601 晚時之歎	644 外柔內剛	679 風餐露宿
404 愼終如始	488 牽强附會	553 一葉片舟	604 梅妻鶴子	645 雲泥之差	682 紅爐點雪
417 烏合之卒	490 經天緯地	559 指鹿爲馬	605 盲人直門	647 願乞終養	683 畫蛇添足
420 龍味鳳湯	492 高枕安眠	563 飽食暖衣	608 門前沃畓	648 月明星稀	684 換骨奪胎
421 愚公移山	495 口尙乳臭	567 咸興差使	610 盤根錯節	649 韋編三絶	685 後生可畏

故事成語 테스트

171~194쪽 참고   정답 195쪽

309 堅( )不( )	427 ( )忍( )重	500 ( )( )死境
318 骨( )相( )	429 ( )面( )心	504 ( )( )有隣
319 空( )樓( )	434 ( )觸( )發	505 ( )( )塗說
323 冠( )喪( )	441 ( )門( )針	517 ( )( )煩惱
325 九( )肝( )	451 ( )離( )裂	521 ( )( )無親
342 金( )玉( )	458 ( )載( )遇	529 ( )( )長驅
345 亂( )賊( )	460 ( )生( )死	530 ( )( )及第
357 登( )自( )	462 ( )刀( )麻	534 ( )( )盛衰
363 孟( )三( )	467 ( )腹( )倒	535 ( )( )霧中
372 尾( )之( )	468 ( )裏( )同	538 ( )( )孤節
376 百( )無( )	472 ( )石( )臺	542 ( )( )飛騰
380 不( )下( )	474 ( )茶( )事	543 ( )( )召福
384 沙( )樓( )	476 ( )然( )氣	544 ( )( )獨尊
385 山( )水( )	477 ( )爐( )雪	546 ( )( )萬年
387 三( )九( )	481 ( )談( )說	547 ( )( )弄月
388 三( )成( )	485 ( )案( )眉	549 ( )( )托生
392 生( )必( )	486 ( )坤( )氣	550 ( )( )途遠
398 手( )釋( )	487 ( )人( )天	551 ( )( )百穀
404 愼( )如( )	488 ( )强( )會	553 ( )( )片舟
417 烏( )之( )	490 ( )天( )地	559 ( )( )爲馬
420 龍( )鳳( )	492 ( )枕( )眠	563 ( )( )暖衣
421 愚( )移( )	495 ( )尙( )臭	567 ( )( )差使

- 196 -

571	(	)膽相(	)	611	發(	)(	)食	
574	(	)官大(	)	613	背(	)(	)陣	
575	(	)腹擊(	)	614	白(	)(	)忘	
577	(	)岸深(	)	615	伯(	)(	)絃	
579	(	)尊民(	)	616	釜(	)(	)魚	
581	(	)不厭(	)	619	鵬(	)(	)里	
582	(	)鳥入(	)	620	比(	)(	)理	
583	(	)貨可(	)	622	三(	)(	)廬	
584	(	)葉歸(	)	623	生(	)(	)網	
586	(	)萊之(	)	624	先(	)(	)人	
587	(	)心焦(	)	627	巢(	)(	)破	
588	(	)璋之(	)	628	孫(	)(	)雪	
590	(	)岐亡(	)	631	誰(	)(	)尤	
592	(	)脣皓(	)	632	隨(	)(	)隊	
593	(	)同伐(	)	633	食(	)(	)煩	
594	(	)園結(	)	634	殃(	)(	)魚	
595	(	)炭之(	)	636	養(	)(	)患	
596	(	)足放(	)	639	焉(	)(	)心	
599	(	)頃滄(	)	642	烏(	)(	)情	
601	(	)時之(	)	644	外(	)(	)剛	
604	(	)妻鶴(	)	645	雲(	)(	)差	
605	(	)人直(	)	647	願(	)(	)養	
608	(	)前沃(	)	648	月(	)(	)稀	
610	(	)根錯(	)	649	韋(	)(	)絕	

650	柔能(	)(	)
651	流水(	)(	)
652	殷鑑(	)(	)
655	一敗(	)(	)
656	一筆(	)(	)
657	自初(	)(	)
658	赤手(	)(	)
660	絕長(	)(	)
662	遲遲(	)(	)
663	塵合(	)(	)
666	滄海(	)(	)
669	天佑(	)(	)
671	青雲(	)(	)
673	焦眉(	)(	)
674	初志(	)(	)
675	鄒魯(	)(	)
676	春雉(	)(	)
677	取捨(	)(	)
678	破釜(	)(	)
679	風餐(	)(	)
682	紅爐(	)(	)
683	畫蛇(	)(	)
684	換骨(	)(	)
685	後生(	)(	)

見賢思齊焉 見不賢而內自省也

어진 사람을 보거든 그와 같아지기를 생각하고,
어질지 못한 사람을 보거든 자신에 비추어 스스로 반성해야 한다.

한자능력검정시험時 유의사항

1. 수험번호, 주민등록번호, 성명 반드시 기재
2. 검정볼펜 사용 (수정액사용)
3. 신분증 지참 (초등학생은 의료보험증 지참)
4. 답안지 칸에 벗어나지 않도록 작성
5. 답안지 낙서 금지
6. 대표훈음을 기재 (검토할 것)

우량상과 우수상의 施賞 基準

級數	總問項(合格點)	優良賞			優秀賞			備考
		初等	中等	高等	初等	中等	高等	
2級	150 (105)	-	105	112	105	112	120	

그동안 갈고 닦은 實力을

遺憾없이 發揮하여

좋은 成績 거두시길 祈願합니다.

盡人事待天命

第1回 漢字能力檢定試驗 국가공인 **2級**

(시험시간 : 60분)

※ 다음 漢字語의 讀音을 쓰시오.

1. 惇敍(　　　) 2. 鞅鞫(　　　)
3. 遞減(　　　) 4. 坑儒(　　　)
5. 燾育(　　　) 6. 暖飽(　　　)
7. 托鉢(　　　) 8. 報聘(　　　)
9. 揭揚(　　　) 10. 乞暇(　　　)
11. 絹絲(　　　) 12. 畢竟(　　　)
13. 癸丑(　　　) 14. 鼓舞(　　　)
15. 彭祖(　　　) 16. 檢索(　　　)
17. 看護(　　　) 18. 庸劣(　　　)
19. 分娩(　　　) 20. 艮坐(　　　)
21. 借款(　　　) 22. 戈矛(　　　)
23. 奪掠(　　　) 24. 赤裸(　　　)
25. 瓊姿(　　　) 26. 湍怒(　　　)
27. 糾謬(　　　) 28. 被拉(　　　)
29. 筋膜(　　　) 30. 挑禍(　　　)
31. 柴毁(　　　) 32. 暢快(　　　)
33. 腎臟(　　　) 34. 覓得(　　　)
35. 播遷(　　　) 36. 雇役(　　　)
37. 誇耀(　　　) 38. 頻尿(　　　)
39. 諾從(　　　) 40. 塵埃(　　　)
41. 掛冠(　　　) 42. 塊炭(　　　)
43. 購買(　　　) 44. 詐欺(　　　)
45. 耽溺(　　　)

※ 다음 漢字의 訓과 音을 쓰시오.

46. 網(　　　) 47. 俛(　　　)
48. 紊(　　　) 49. 俳(　　　)
50. 覆(　　　) 51. 赦(　　　)
52. 箱(　　　) 53. 繕(　　　)
54. 蟾(　　　) 55. 貰(　　　)
56. 葛(　　　) 57. 岡(　　　)
58. 鍵(　　　) 59. 掘(　　　)
60. 膽(　　　) 61. 垈(　　　)
62. 悼(　　　) 63. 樑(　　　)
64. 盧(　　　) 65. 鷺(　　　)
66. 屍(　　　) 67. 憶(　　　)
68. 踰(　　　) 69. 蠶(　　　)
70. 喉(　　　) 71. 側(　　　)
72. 環(　　　)

※ 다음 故事成語를 완성하시오.

73. (　)年(　)淸　74. (　)(　)還鄕
75. 緣(　)求(　)　77. (　)(　)看山
77. 風(　)之(　)

※ 다음 故事成語 중 같은 뜻으로 이어진 것 다섯을 가려 순서대로 그 번호를 쓰시오.

① 五車之書-汗牛充棟　② 烏飛梨落-烏合之卒
③ 一衣帶水-江湖煙波　④ 知己之友-斷金之交
⑤ 張三李四-朝三暮四　⑥ 甲男乙女-張三李四
⑦ 見利思義-見危授命　⑧ 登高自卑-燈下不明
⑨ 天壤之判-雲泥之差　⑩ 泰山北斗-騷人墨客

78. (　)　79. (　)　80. (　)
81. (　)　82. (　)

※ 다음 (　)에 대립되는 漢字를 쓰시오.

83. 經 - (　)　84. 姑 - (　)
85. 賢 - (　)　86. 添 - (　)
87. 昇 - (　)

※ 다음 중 뜻의 연결이 다른 것 하나를 가려 그 번호를 쓰시오.

88. (　) : ①背恩-忘德　②加熱-冷却
　　　　　③輕率-愼重　④儉約-浪費
89. (　) : ①敏速-遲鈍　②單純-複雜
　　　　　③濃厚-稀薄　④交涉-折衝
90. (　) : ①正午-子正　②共鳴-首肯
　　　　　③老鍊-未熟　④疏遠-親近
91. (　) : ①拘束-放免　②屈服-抵抗
　　　　　③領土-版圖　④濫用-節約
92. (　) : ①斬新-陳腐　②視野-眼界
　　　　　③質疑-應答　④滅亡-隆興

※지문에 표시된 단어를 漢字 正字로 쓰시오.

(가)남북간 화해와 협력의 기반(93)이 조성되고 상호 교류·협력의 일환으로 경의선 철로(123)와 도로를 연결(94)하는 사업이 진행되면서 철도와 고속도로가 갖는 가치(124)에 대해 많은 논란(95)이 일고 있다.
　普·墺전쟁이나 2차 세계대전 러·日전쟁에서 보듯이 철도와 고속도로는 후방지역의 대규모 병력과 군수(96) 물자(97)를 전장으로 수송(98)하기 위한 병참선으로서의 역할에 중요한 군사적 가치가 있다.

(나)철도와 고속도로의 구조(99)를 보면 지상으로부터의 일정한 높이로 건설(100)되어 접근과 이탈의 제한(101)을 받는다. 철도와 고속도로 상에서는 은폐(102)할 수도, 일정한 폭으로 전개(103)할 수도 없다. 그렇기 때문에 기계(104)화 부대는 전술적으로 철도와 고속도로를 기동로로 사용하지 않는다.

(다)경의선 철도 도로를 연결하면서 우리군이 군사적으로 만반(105)의 대비책을 강구(106)하지 않을리가 없다. 예를 들어서 제거(107)된 지뢰지역은 기존(108)의 지뢰보다 몇십배의 위력이 강하면서도 우리가 요구하는 시간에 임의로 폭파(109)시켜 我側의 기동을 보장(110)해 줄 수 있는 대규모(111) 살포식 지뢰(112)를 계획하게 될것이고 중간에 전술적으로 중요한 지점에 도로 기능을 상실(113)하게 하는 다양(114)한 대책이 수립될 것이다. 이러한 대책은 경의선에만 해당(115)되는 것이 아니다.

(라)최근 경의선 연결 사업과 관련(125)하여 군사적인 대비(116)에 관해 여러 가지 걱정과 우려(117)의 목소리가 있는 것으로 안다. 경의선과 같이 중요한 사업을 진행(118)하면서 군이 이에 대한 대비책을 마련하지 않는다는 것은 상상할 수 없는 일이다. 군은 어떠한 형태의 위협(119)에 대해서도 국토를 방위(120)하고 국민의 재산(121)과 생명을 보호하는 것이 기본 임무(122)이다.

93. 기반(　　　　)　94. 연결(　　　　)
95. 논란(　　　　)　96. 군수(　　　　)
97. 물자(　　　　)　98. 수송(　　　　)
99. 구조(　　　　)　100. 건설(　　　　)
101. 제한(　　　　)　102. 은폐(　　　　)
103. 전개(　　　　)　104. 기계(　　　　)
105. 만반(　　　　)　106. 강구(　　　　)
107. 제거(　　　　)　108. 기존(　　　　)
109. 폭파(　　　　)　110. 보장(　　　　)
111. 규모(　　　　)　112. 지뢰(　　　　)
113. 상실(　　　　)　114. 다양(　　　　)
115. 해당(　　　　)　116. 대비(　　　　)
117. 우려(　　　　)　118. 진행(　　　　)
119. 위협(　　　　)　120. 방위(　　　　)
121. 재산(　　　　)　122. 임무(　　　　)

※위 문장의 123~125의 漢字語를 漢字로 쓰되 첫 漢字는 略字로 쓰시오.

123. 철로(　　　　)　124. 가치(　　　　)
125. 관련(　　　　)

※윗글에서 밑줄 그은 다음 漢字語의 同音異義語를 쓰시오. (괄호 안의 뜻을 참고하여)

126. 군수(96) -(고을의 원):
127. 구조(99) -(구원하고 도움):
128. 기계(104)-(기묘한 대책):
129. 대비(116)-(서로 맞대어 비교함):
130. 방위(120)-(기준에서 어느 쪽인가):

※윗글 (나)안의 접근, (라)안의 긴장과 대립적인 뜻으로 생각되는 漢字語를 (가)~(라)안에서 찾아 漢字로 쓰시오.

131. 접근(　　　　)　132. 긴장(　　　　)

※윗글에서 다음 漢字語와 대립적인 뜻의 漢字語를 (예문외에서) 漢字로 쓰시오.

133. 연결(94) - (　　　　　　　　)
134. 건설(100) - (　　　　　　　　)
135. 은폐(102) - (　　　　　　　　)

※위(다)(라)안의 밑줄친 漢字語에서 첫음절이 長音인 것을 골라 그 번호를 쓰시오.
136~140:(　　)(　　)(　　)(　　)(　　)

※위(가)안의 普·墺전쟁에서 普와 墺가 의미하는 바를 쓰시오.
141. 普(　　　　　　)　142. 墺(　　　　　)

※윗글 (다)안의 밑줄 친 漢字語를 순 우리말로 바꾸시오.

143. 만반(105): (　　　　　　　　)
144. 기존(108): (　　　　　　　　)
145. 다양(114): (　　　　　　　　)

※다음 漢字의 部首를 쓰시오.

146. 兵(　　) 147. 我(　　) 148. 業(　　)
149. 態(　　) 150. 然(　　)

- 202 -

第2回 漢字能力檢定試驗 국가공인 2級

(시험시간 : 60분)

※다음 漢字語의 讀音을 쓰시오.

1. 陽傘(　　　)　2. 攝政(　　　)
3. 專賣(　　　)　4. 購販(　　　)
5. 膽抄(　　　)　6. 誤謬(　　　)
7. 賠償(　　　)　8. 祥瑞(　　　)
9. 腎臟(　　　)　10. 把握(　　　)
11. 雇傭(　　　)　12. 矛戈(　　　)
13. 詐欺(　　　)　14. 頻尿(　　　)
15. 閣僚(　　　)　16. 枚擧(　　　)
17. 侮蔑(　　　)　18. 添削(　　　)
19. 纖維(　　　)　20. 搜査(　　　)
21. 障礙(　　　)　22. 硯滴(　　　)
23. 塵埃(　　　)　24. 融液(　　　)
25. 彫琢(　　　)　26. 巧拙(　　　)
27. 批准(　　　)　28. 鑄型(　　　)
29. 餐廳(　　　)　30. 刹那(　　　)
31. 幣聘(　　　)　32. 敎唆(　　　)
33. 揷架(　　　)　34. 艮峴(　　　)
35. 耽羅(　　　)　36. 洗沐(　　　)
37. 隻眼(　　　)　38. 駐屯(　　　)
39. 凝滯(　　　)　40. 抛棄(　　　)
41. 嫌畏(　　　)　42. 酷毒(　　　)
43. 幻影(　　　)　44. 滑降(　　　)
45. 鋼坑(　　　)

※다음 漢字의 訓과 音을 쓰시오.

46. 沮(　　　)　47. 遮(　　　)
48. 斬(　　　)　49. 霸(　　　)
50. 奏(　　　)　51. 炊(　　　)
52. 怖(　　　)　53. 峽(　　　)
54. 敷(　　　)　55. 赦(　　　)
56. 輯(　　　)　57. 窒(　　　)
58. 狂(　　　)　59. 掘(　　　)
60. 獵(　　　)　61. 埋(　　　)
62. 飼(　　　)　63. 垂(　　　)
64. 預(　　　)　65. 宰(　　　)
66. 枯(　　　)　67. 掛(　　　)
68. 炎(　　　)　69. 顧(　　　)
70. 憩(　　　)　71. 堤(　　　)
72. 佐(　　　)

※다음 漢字의 部首를 쓰시오.

73. 蔽(　　　) 74. 歪(　　　) 75. 脚(　　　)
76. 塗(　　　) 77. 創(　　　)

※다음 짝지은 두 漢字語중 뜻의 연결이 다른 것을 고르시오.

78. (　　　) : ①加熱-冷却　②儉約-浪費
　　　　　　　③交涉-折衷　④低俗-高尙
79. (　　　) : ①快樂-苦痛　②驅迫-虐待
　　　　　　　③對話-獨白　④淺學-碩學
80. (　　　) : ①海外-異域　②奇拔-平凡
　　　　　　　③名譽-恥辱　④興奮-安靜
81. (　　　) : ①急性-慢性　②富貴-貧賤
　　　　　　　③敏速-遲鈍　④五列-間諜
82. (　　　) : ①輕率-愼重　②九泉-黃泉
　　　　　　　③短縮-延長　④拘禁-釋放

※다음 (　)안에 대립되는 뜻의 漢字를 넣어 漢字語를 만드시오.

83. 乾 - (　　　)　84. 美 - (　　　)
85. 抑 - (　　　)　86. 表 - (　　　)
87. 首 - (　　　)

※다음 (　)안을 채워 故事成語를 완성하시오.

88. (　)三(　)四: 평범한 사람들
89. (　)(　)報恩: 죽어서도 은혜를 갚음
90. 騷人(　)(　): 시문.서화를 일삼는 사람
91. (　)牛(　)棟: 책을 많이 읽거나 소장한 책이 많음
92. 羊(　)狗(　): 겉으로는 훌륭한 체하나 실상은 음흉함

※다음 문장에 표시된 漢字語를 正字로 쓰시오.

▷近者에 日本 역사 교과서의 사실 엄(掩)蔽, 진실 歪曲에 대한 우리의 충고(93)를 대다수의 日本人들은 주권(123) 침해(94)라면서 一蹴하려 든다. 그러나 우리가 그들의 역사 교재를 문제시하는 이유는 그것이 우리와 밀접(95)한 관련(124)이 있기 때문이다. 日本은 太平洋 전쟁(96) 당시 韓國을 비롯한 주변(125) 국가들을 침략해 강점(97)했다. 이것이 엄연한 사실인 이상 사실대로 인정하고 반성하고 사죄(98)하는 것이 역사에 임하는 바른 태도(99)일 것이다.
그러한 반성적 태도가 日本의 패망(126)사관, 피해사관이라고 하여 유혈(129) 정복을 □□진출로, 이기(130)적 강탈을 □□적 보호라는 식으로 歪曲하는 것은 한낱 제국주의 사고(100)의 부활(101)일 뿐이다. 그들의 제국주의 사고는 그저 그들만의 문제가 아니라 이웃나라에 대한 재도발(102)의 준비(103)고 시작이며 우리에 대한 위협(104)에 해당(105)한다. 과거 저들은 韓國을 침략하면서 御用학자들을 동원(106)해 악의(127)적이고도 음모(107)적인 식민지 사관을 조작(108)해 냈다. 철학(109)사상을 전공한 필자로서 近者에 저들의 작태를 보면서 그 식민지 사관과 유사(110)했던 韓國사상 부재론 조작의 악몽(111)을 떠올린다.
그들은 퇴계(112)나 율곡(113)의 독창(128)적 이론(114) 세계를 호도하고 무시하기에 급급했다. 국제적으로 脚光받고 있는 이들의 사상을 부정(115)하는 근거(116)를 삼았다. 그 목적은 한국인이 자율(117)적 생활 능력과 자주적 역사 개척(118)능력을 소유하지 못하고, 韓民族을 허상(119)화 하고 이를 통해 식민통치(120)를 합리화 하려는 것이었다.
이성적인 문화대국이 되기 어려운 일본에 대한 연민(121)의 정을 느끼면서 우리의 이웃이 진실로 인도주의에 기초(122)한 나라가 되기를 바란다.

93. 충고(　　　) 94. 침해(　　　)
95. 밀접(　　　) 96. 전쟁(　　　)
97. 강점(　　　) 98. 사죄(　　　)
99. 태도(　　　) 100. 사고(　　　)
101. 부활(　　　) 102. 도발(　　　)
103. 준비(　　　) 104. 위협(　　　)
105. 해당(　　　) 106. 동원(　　　)
107. 음모(　　　) 108. 조작(　　　)
109. 철학(　　　) 110. 유사(　　　)
111. 악몽(　　　) 112. 퇴계(　　　)
113. 율곡(　　　) 114. 이론(　　　)
115. 부정(　　　) 116. 근거(　　　)
117. 자율(　　　) 118. 개척(　　　)
119. 허상(　　　) 120. 통치(　　　)
121. 연민(　　　) 122. 기초(　　　)

※위글(123)~(125)의 漢字를 쓰되, 略字로 쓸수 있는 것은 반드시 略字로 쓰시오.
123. 주권(　　　) 124. 관련(　　　)
125. 주변(　　　)

※(126)(127)(128)의 相對語를 漢字로 쓰시오.
126. 패망(　　　) 127. 악의(　　　)
128. 독창(　　　)

※다음에 예시한 윗글 문장 속의 漢字語에 알맞은 반의어를 文脈에 맞게 漢字로 쓰시오.
129. 유혈(129): (　　　　　)
130. 이기(130): (　　　　　)

※다음 漢字語의 同音異義語를 (　)안의 뜻을 참고하여 漢字로 쓰시오.
　　사고(100) :
131. (뜻밖의 사건) ……………(　　　)
132. (자신의 원고) ……………(　　　)
133. (회사의 광고) ……………(　　　)
134. (역사 기록물을 두는 곳집)(　　　)
　　유사(110) :
135. (깊은 생각) ………………(　　　)
136. (후세에 전하는 사적) …… (　　　)
137. (단체의 사무를 맡아보는 직무)(　　　)
　　부정(115) :
138. (바르지 못함) ……………(　　　)
139. (깨끗하지 못함) ………… (　　　)
140. (정조를 지키지 못함) …… (　　　)

※다음에 예시한 윗글 문장속의 어휘 중 첫소리가 장음인 것을 고르시오.
141. (　　) ①일본 ②사실 ③충고 ④주권 ⑤관련
142. (　　) ①태평양②주변 ③침략 ④엄연 ⑤태도
143. (　　) ①강탈 ②왜곡 ③위협 ④음모 ⑤식민
144. (　　) ①유사 ②율곡 ③당시 ④자율 ⑤능력
145. (　　) ①개척 ②허상 ③통치 ④양심 ⑤연민

※윗글에 쓰인 다음 漢字語의 뜻을 순 우리말 1~2단어로 옮기시오.
146. 近者 : (　　　　　　　)
147. 掩(엄)蔽: (　　　　　　　)
148. 一蹴 : (　　　　　　　)

※윗글에 쓰인 다음 漢字語는 윗글에서는 字訓대로의 원뜻보다 크게 변화된 뜻으로 쓰이고 있는데 변화된 뜻이 아닌, 字訓대로의 원뜻을 쓰시오.
149. 御用 : (　　　　　　　)
150. 脚光 : (　　　　　　　)

第3回 漢字能力檢定試驗 국가공인 2級

(시험시간 : 60분)

※다음 漢字語의 讀音을 쓰시오.

1. 排尿(　　　) 2. 屍體(　　　)
3. 途泥(　　　) 4. 駐屯(　　　)
5. 被拉(　　　) 6. 把握(　　　)
7. 詐欺(　　　) 8. 侮蔑(　　　)
9. 批准(　　　) 10. 艮峴(　　　)
11. 憩息(　　　) 12. 炭坑(　　　)
13. 僧尼(　　　) 14. 魅了(　　　)
15. 懸垂(　　　) 16. 沒溺(　　　)
17. 膠漆(　　　) 18. 軌跡(　　　)
19. 搜索(　　　) 20. 播殖(　　　)
21. 拘礙(　　　) 22. 閱覽(　　　)
23. 嫌厭(　　　) 24. 纖巧(　　　)
25. 融液(　　　) 26. 諮謀(　　　)
27. 措置(　　　) 28. 沮喪(　　　)
29. 凝脂(　　　) 30. 遮莫(　　　)
31. 硯滴(　　　) 32. 彫琢(　　　)
33. 塵埃(　　　) 34. 崩壞(　　　)
35. 祥瑞(　　　) 36. 敷演(　　　)
37. 婉痛(　　　) 38. 貰赦(　　　)
39. 蔽傘(　　　) 40. 敎唆(　　　)
41. 鑄型(　　　) 42. 逮繫(　　　)
43. 郵遞(　　　) 44. 蠶桑(　　　)
45. 誕降(　　　)

※다음 漢字의 訓과 音을 쓰시오.

46. 碩(　　　) 47. 膜(　　　)
48. 奏(　　　) 49. 旨(　　　)
50. 幹(　　　) 51. 鑑(　　　)
52. 乞(　　　) 53. 掘(　　　)
54. 網(　　　) 55. 揷(　　　)
56. 偏(　　　) 57. 糾(　　　)
58. 獵(　　　) 59. 繕(　　　)
60. 躍(　　　)

※다음 訓音을 지닌 漢字를 例에서 찾아 그 번호를 쓰시오.

1.騰	2.戴	3.絞	4.輯	5.津	6.忠
7.膜	8.峽	9.呈	10.震	11.惡	12.虐
13.膽	14.耶	15.竊	16.衷	17.惹	18.餐
19.窒	20.霸	21.尉	22.苑	23.僚	24.圈

61. 목맬 교(　　　) 62. 막힐 질(　　　)
63. 으뜸 패(　　　) 64. 모을 집(　　　)
65. 모질 학(　　　) 66. 골짜기협(　　　)
67. 드릴 정(　　　) 68. 속마음충(　　　)
69. 베낄 등(　　　) 70. 이끌 야(　　　)
71. 우레 진(　　　) 72. 나루 진(　　　)

※다음 漢字의 部首를 쓰시오.

73. 農(　　　) 74. 質(　　　) 75. 量(　　　)
76. 勢(　　　) 77. 處(　　　)

※다음 漢字語의 순 우리말을 쓰시오.

78. 幻影 : (　　　　　　　　　)
79. 紡績 : (　　　　　　　　　)
80. 螢光 : (　　　　　　　　　)

※다음 짝지은 단어 중 연결이 잘못된 것은?

81. (　　　) : ①輕率-愼重 ②乾燥-濕潤
　　　　　　　③共鳴-首肯 ④固定-流動
82. (　　　) : ①拒絶-承諾 ②斬新-陳腐
　　　　　　　③快勝-慘敗 ④背恩-忘德
83. (　　　) : ①老鍊-未熟 ②海外-異域
　　　　　　　③白髮-紅顔 ④疏遠-親近
84. (　　　) : ①書札-便紙 ②光明-暗黑
　　　　　　　③過激-穩健 ④正午-子正
85. (　　　) : ①紛爭-和解 ②依他-自立
　　　　　　　③名譽-恥辱 ④漂泊-流離

※다음 (　) 안을 채워 故事成語를 완성하시오.

86. 矯角殺(　　　) 87. 守株待(　　　)
88. 塞翁之(　　　) 89. 群鷄一(　　　)
90. (　　　)頭狗肉

※다음 문장의 단어를 漢字 正字로 쓰시오.

정부가 쌀 증산 장려(91)를 抛棄하기로 한 정책(92)이 어쩔 수 없는 선택(93)이라고 하더라도 농가 소〔득:124〕을〔감:125〕소 시키거나 논 농사의 위〔축:126〕으로 이어져서는 안 된다. 쌀은 남아돌고 쌀 시장 추가 개방(94)이 임박(95)한 시기에 米質 위주(96)의 정책으로 전환(97)한 것은 뒤늦은 감이 있다. 생산량 감축보다는 쌀소비를 늘리는 수요 측면(98)의 정책을 함께 추진(99)해야 한다.

그동안 軍 부대(100)와 학교 급식에는 2년 이상 묵어 품질이 떨어지는 쌀을 사용했다. 이런 저질미는 과감(101)히 가공용으로 돌리고, 정부가 지원(102)을 해서라도 학교 급식에서 쌀 소비를 장려해야 한다. 미국에서는 자국 농산물과 자국 농산물을 원료(103)로 한 가공 식품만 사용하도록 학교 급식법이 있다.

쌀을 먹지 않으면 채소(104)의 소비가 동반 감소해 농가 소득을 더〔저:127〕하 시키게 된다. 값싼 수입쌀이 大量으로 들어오고 이대로 쌀 소비 趨勢가 계속(121)되면 논농사의 기반(105)이 무너져 버리는 상황(106)이 올 수도 있다. 유럽국가들이 시행(107)하고 있는 농민들에 대한 직접 소득 보조(108)제도처럼 우리도 세계 무역(109)기구(110)(WTO)가 허용(111)하는 범위(112)내에서 농민들이 신뢰(113)할 수 있는 농가 소득 보전 정책을 수립해야 한다.

쌀 재고(114) 관리 비용이 1000억원을 넘는 현실(122)을 고려해 2년이상 묵은 쌀 處理 방안(115)을 강구하고 쌀 증산 정책의 抛棄가 단순한 수사(116)에 그치지 않으려면 등외품을 수매(117)해 주는 온정주의를 버려야한다. 품종(118)과 米質에 따라 수매 가격(123)의 차등(119)을〔심:128〕화해 고급쌀 위주의 생산을 유도(120) 해야 할 것이다.

91.(   ) 92.(   ) 93.(   )

94.(   ) 95.(   ) 96.(   )

97.(   ) 98.(   ) 99.(   )

100.(   ) 101.(   ) 102.(   )

103.(   ) 104.(   ) 105.(   )

106.(   ) 107.(   ) 108.(   )

109.(   ) 110.(   ) 111.(   )

112.(   ) 113.(   ) 114.(   )

115.(   ) 116.(   ) 117.(   )

118.(   ) 119.(   ) 120.(   )

※(121)(122)(123) 漢字語의 밑줄 친 漢字를 略字로 쓰시오.

121.계속(   ) 122.현실(   ) 123.가격(   )

※(124)~(128)에 해당되는 漢字와 대립되는 뜻의 漢字를 쓰시오.

124.〔득〕- (   ) 125.〔감〕- (   )

126.〔축〕- (   ) 127.〔저〕- (   )

128.〔심〕- (   )

※윗글에 쓰인 다음 漢字語의 相對語를 漢字로 쓰시오.

129. 소비-(   ) 130. 공급-(   )

131. 직접-(   ) 132. 단순-(   )

133. 온정-(   )

※밑줄 친 다음 漢字語의 同音異義語를 文脈에 맞게 漢字로 쓰시오.

134. 지원(102) : 大學入學(   )書

135. 기구(110) : 하늘에 떠 있는 (   )

136. 수사(116) : (   )本 春香傳

137. 수사(116) : 全羅左(   ) 李舜臣

138. 유도(120) : 올림픽 (   )선수들

※윗글에 쓰인 다음 漢字語의 뜻을 간단히 (3단어 이내) 쓰시오.

139. 抛棄 : (   )

140. 趨勢 : (   )

※漢字語(91)~(120)에서 첫소리가 長音인 것을 골라 순서대로 5개만 그 번호를 쓰시오.

141. (   ) 142. (   ) 143. (   )

144. (   ) 145. (   )

※다음에서 비슷한 뜻의 漢字가 아닌 것끼리 짝지어진 것은?

146. (   )①索-引 ②雇-傭 ③貫-徹 ④添-削

147. (   )①勤-怠 ②恭-敬 ③捕-獲 ④畢-竟

148. (   )①慈-愛 ②姑-婦 ③墳-墓 ④恒-常

149. (   )①揭-揚 ②經-緯 ③怨-恨 ④哀-悼

150. (   )①尋-訪 ②皇-帝 ③連-絡 ④干-戈

第4回　漢字能力檢定試驗　국가공인 2級

(시험시간 : 60분)

※ 다음 漢字의 讀音을 쓰시오.

1. 迷惑(　　　)　2. 擴張(　　　)
3. 貢獻(　　　)　4. 推戴(　　　)
5. 哀悼(　　　)　6. 獎勵(　　　)
7. 塗炭(　　　)　8. 僻境(　　　)
9. 示唆(　　　)　10. 化纖(　　　)
11. 掛念(　　　)　12. 裸體(　　　)
13. 揷入(　　　)　14. 放尿(　　　)
15. 飜譯(　　　)　16. 方暢(　　　)
17. 渤海(　　　)　18. 酷寒(　　　)
19. 携帶(　　　)　20. 弊端(　　　)
21. 腎臟(　　　)　22. 製粉(　　　)
23. 關鍵(　　　)　24. 無疆(　　　)
25. 罔極(　　　)　26. 醴泉(　　　)
27. 逮捕(　　　)　28. 峽谷(　　　)
29. 醫療(　　　)　30. 障礙(　　　)
31. 攝政(　　　)　32. 抑鬱(　　　)
33. 凝固(　　　)　34. 借款(　　　)
35. 濊貊(　　　)　36. 惹起(　　　)
37. 睿宗(　　　)　38. 溫祚(　　　)
39. 崔冲(　　　)　40. 墮落(　　　)
41. 天涯(　　　)　42. 雉岳(　　　)
43. 醜物(　　　)　44. 懇請(　　　)
45. 淮陽(　　　)

※ 다음 漢字의 訓과 音을 쓰시오.

46. 瓊(　　　)　47. 鑄(　　　)
48. 魅(　　　)　49. 曜(　　　)
50. 抄(　　　)　51. 怠(　　　)
52. 炊(　　　)　53. 頗(　　　)
54. 嫌(　　　)　55. 悔(　　　)
56. 措(　　　)　57. 徒(　　　)
58. 雇(　　　)　59. 磨(　　　)
60. 誌(　　　)　61. 鷹(　　　)
62. 傲(　　　)　63. 俱(　　　)
64. 蹟(　　　)　65. 裁(　　　)
66. 悟(　　　)　67. 爵(　　　)
68. 誘(　　　)　69. 諮(　　　)
70. 幽(　　　)　71. 遵(　　　)
72. 閨(　　　)

※ 다음 漢字의 部首를 쓰시오.

73. 承(　　　)　74. 奉(　　　)　75. 事(　　　)
76. 慶(　　　)　77. 豪(　　　)

※ 다음 예시한 단어 중에서 첫소리가 장음인 것을 골라 그 번호를 쓰시오.

78. (　　　): ①盜賊　②導入　③陶醉　④桃源
79. (　　　): ①伏望　②本然　③輔弼　④支店
80. (　　　): ①暗室　②岩鹽　③壓卷　④額子
81. (　　　): ①遺言　②有産　③維新　④酉時
82. (　　　): ①閑暇　②寒冷　③熱量　④漢籍

※ 다음 漢字語를 순 우리말로 고치시오.

83. 瞬間(　　　)　84. 矛盾(　　　)
85. 蔑視(　　　)　86. 昇降(　　　)
87. 騷音(　　　)

※ 다음 單語의 相對語(反對語)를 漢字로 쓰시오.

88. 建設(　　　)　89. 儉約(　　　)
90. 快樂(　　　)　91. 乾燥(　　　)
92. 屈服(　　　)

※다음 글을 읽고 물음에 답하시오.

> 우리 사회는 자유와 정의와 질서(93)가 균형을 이루어 우리는 안정(94)된 사회생활을 영위(95)하게 되었다. 따라서 허세(96)나 속임수나 아첨이나 매수(97) 등 혼란기(98)에 출세(99)의 수단(100)으로 사용되던 것들이 이제는 결코 통하지 않게 되었다. 지금은 실력자(101)만이 등용(102)되는 시대다. 본인 자신이 실력자로 평가(103)되지 않으면 될 수 없다. 간판(104)이나 배경(105)이 등용의 수단이 될 수는 없다. 그러면 실력자란 어떤 사람을 말하는가?
> 그것은 자기 전문(106) 분야(107)에 대한 풍부(108)한 지식(109)이나 기술(110)을 가진 사람을 말한다. 그리고 지식과 기술은 결코 정지(111)된 것이 아니라 부단(112)한 탐구(113)에 의하여 나날이 새로워지는 것이 아니면 안 된다. 오늘날과 같이 촌각(114)을 다투며 발전(115)하는 시대에 있어서 쏟아지는 여러 가지 까다로운 문제들에 직면(116)했을 때 적절(117)한 착상(118)과 창의(119)로 신속 과감(120)하게 대처(121)할 수 있는 능동성을 가질 수 있어야 한다.

※윗글에서 밑줄 친 말을 漢字(正字)로 쓰시오.

93. 질서(　　　　) 94. 안정(　　　　)
95. 영위(　　　　) 96. 허세(　　　　)
97. 매수(　　　　) 98. 혼란기(　　　　)
99. 출세(　　　　) 100. 수단(　　　　)
101. 실력자(　　　　) 102. 등용(　　　　)
103. 평가(　　　　) 104. 간판(　　　　)
105. 배경(　　　　) 106. 전문(　　　　)
107. 분야(　　　　) 108. 풍부(　　　　)
109. 지식(　　　　) 110. 기술(　　　　)
111. 정지(　　　　) 112. 부단(　　　　)
113. 탐구(　　　　) 114. 촌각(　　　　)
115. 발전(　　　　) 116. 직면(　　　　)
117. 적절(　　　　) 118. 착상(　　　　)
119. 창의(　　　　) 120. 과감(　　　　)
121. 대처(　　　　)

※다음 단어를 漢字로 쓰되 밑줄 친 글자는 略字로 쓰시오.

122. 철로(　　　　) 123. 응답(　　　　)
124. 평택(　　　　) 125. 변색(　　　　)

※다음 漢字語의 同音異義語를 (　)안의 뜻을 참고하여 漢字로 쓰시오.

대지 : 126. (넓고 큰 땅) ……… (　　　　)
127. (원대한 뜻) ……… (　　　　)
128. (뛰어난 지혜) ……… (　　　　)
129. (세를 받고 빌려주는 땅) (　　　　)
130. (큰 연못) ………… (　　　　)
131. (큰 종이) ………… (　　　　)

구도 : 132. (불법의 정의를 구함) (　　　　)
133. (조화되게 배치하는 도면)(　　　　)
134. (옛적의 길) ……… (　　　　)
135. (옛 도읍) ………… (　　　　)

※다음 (　)안에 대립되는 漢字를 넣어 單語를 만드시오.

136. 衆(　　) 137. 厚(　　) 138. 優(　　)
139. 深(　　) 140. 勞(　　)

※다음 우리말의 뜻에 맞도록 漢字로 쓰시오.

141. 암컷과 수컷 ………… (　　　　)
142. 참과 거짓 …………… (　　　　)
143. 느리고 급함 ………… (　　　　)
144. 세로 가로 …………… (　　　　)
145. 시어머니와 며느리 …… (　　　　)

※다음 (　)안을 채워 아래 뜻에 맞도록 성어를 완성하시오.

146. (　　)羅萬象 : (우주와 온갖 사물과 모든 현상)
147. 改過(　　)善 : (허물을 고쳐 착하게 함)
148. 錦上添(　　) : (비단 옷에 꽃을 더함)
149. 白骨難(　　) : (뼈 속 깊이 은덕을 느낌)
150. 異口同(　　) : (여러 사람의 말이 같음)

第5回　漢字能力檢定試驗　국가공인 2級

(시험시간 : 60분)

※ 다음 漢字의 讀音을 쓰시오.

1. 暹羅(　　) 2. 侮蔑(　　)
3. 塵埃(　　) 4. 腎臟(　　)
5. 雇傭(　　) 6. 融液(　　)
7. 諮問(　　) 8. 凝脂(　　)
9. 逮捕(　　) 10. 虐政(　　)
11. 艮峴(　　) 12. 牽引(　　)
13. 措置(　　) 14. 膠漆(　　)
15. 購販(　　) 16. 岐塗(　　)
17. 涉獵(　　) 18. 沒溺(　　)
19. 鞦韆(　　) 20. 網膜(　　)
21. 抛棄(　　) 22. 耆老(　　)
23. 紹述(　　) 24. 放尿(　　)
25. 降誕(　　) 26. 竊盜(　　)
27. 帽着(　　) 28. 賠償(　　)
29. 僻邪(　　) 30. 敷奏(　　)
31. 赦免(　　) 32. 揷畫(　　)
33. 祥瑞(　　) 34. 纖維(　　)
35. 拉致(　　) 36. 峽灣(　　)
37. 楞嚴(　　) 38. 覓得(　　)
39. 牟尼(　　) 40. 坑殺(　　)
41. 借款(　　) 42. 掘穴(　　)
43. 推戴(　　) 44. 屯耕(　　)
45. 惹端(　　)

※ 다음 漢字의 訓과 音을 쓰시오.

46. 舶(　　) 47. 伴(　　)
48. 躍(　　) 49. 津(　　)
50. 紡(　　) 51. 遮(　　)
52. 狂(　　) 53. 炎(　　)
54. 斬(　　) 55. 廻(　　)
56. 騰(　　) 57. 籠(　　)
58. 乞(　　) 59. 箱(　　)
60. 彫(　　) 61. 絹(　　)
62. 揭(　　) 63. 握(　　)
64. 旨(　　) 65. 繫(　　)
66. 滯(　　) 67. 膽(　　)
68. 垈(　　) 69. 飼(　　)
70. 蹴(　　) 71. 押(　　)
72. 呈(　　)

※ 다음 漢字의 部首를 쓰시오.

73. 義(　　) 74. 歷(　　) 75. 帝(　　)
76. 超(　　) 77. 愛(　　)

※ 다음 漢字의 略字를 쓰시오.

78. 舊(　　) 79. 團(　　) 80. 辭(　　)

※ 다음 漢字語의 뜻을 쓰시오.

81. 哀曲 : (　　　　　　)
82. 詐欺 : (　　　　　　)
83. 正朔 : (　　　　　　)

※ 다음 漢字의 相對되는 漢字를 쓰시오.

84. 硬 - (　　) 85. 銳 - (　　)
86. 勤 - (　　) 87. 眞 - (　　)

※ 다음 [A]의 뜻을 참고로 하여 [B]의 故事成語의 (　)안을 채워 完成하시오.
  ([A]와 [B]의 번호 순서가 일치하는 관계는 아님)

[A] ① 꼭 은덕을 갚는다.
　　② 인생의 禍福은 알 수 없는 것
　　③ 父母 모시는 자식의 도리
　　④ 기다려도 소용없다.
　　⑤ 시대 변천이 심하다.

[B] 88. 結草(　,　) 89. (　,　)河淸
　　90. 塞翁(　,　) 91. 桑田(　,　)
　　92. 昏(　)晨(　)

※다음 글을 읽고 물음에 답하시오.

[A]민족주의 논쟁이 한국 지식(93)인 사회의 주요 화두(94)가 되고 있는 가운데 일부 歷史 학자들이 계간(95)誌 '당대비평(96)'을 통해 지나친 민족주의 교육은 일종의 '신파(97)劇'이라며 현행 국사 교육 내용과 체제(98)를 정면으로 비판하고 나선 것은 주목(99)할만한 일이다.

[B]이들은 현재의 민족주의 사관에 입각(100)한 국사교육이 "일제 제국주의를 지나치게 超歷史化하여 역사 과정(101)의 모든 [부정](123)性을 모조리 일제 탓으로 돌리고 있다"거나 "국사 교과서에 담긴 愛國愛族 담론(102)이 요즘 학생들에게는 코미디로 받아들여지고 있다"고 지적(103)했다. 역사 해석(104)의 [다원](124)化 경향(105)을 수용(106)해 자국 중심적 歷史교육을 지양(107)하기 위해서는 현행(108) 국사 교과서의 국정체제를 허물고 자유발행제를 채택(109)해야 한다는 주장도 곁들이고 있다. 이런 주장(110)에 논란의 여지가 전혀 없는 것은 아니지만 우리 歷史 교육의 대안(111) 모색을 위한 [대화](125)의 계기(112)는 충분히 제공(113)하고 있다는 생각이다. 국사교육의 방향과 내용은 시대 상황(114)과 시대정신에 맞게 적응(115)해 나가는 것이 바람직하다는 것에는 [이의](126)를 달기 어렵기 때문이다.

[C]지식인 사회의 논쟁은 치열성을 띠면 띨수록 환영(116)할 만한 일이지만 학생들을 상대로 하는 歷史 교육의 방향 설정(117)은 아무리 신중(118)해도 지나치지 않을 것이다. 학계의 심도(119)있는 토론이 충분히 무르익은 뒤 이를 교과서에 반영(120)해도 늦지 않을 것이다.

이런 문제 제기가 생산(121)적인 토론으로 [연결](127) 되기를 기대(122)한다.

※윗글의 밑줄 친(93)~(122)를 正字로 쓰시오.

93.( ) 94.( ) 95.( )
96.( ) 97.( ) 98.( )
99.( ) 100.( ) 101.( )
102.( ) 103.( ) 104.( )
105.( ) 106.( ) 107.( )
108.( ) 109.( ) 110.( )
111.( ) 112.( ) 113.( )
114.( ) 115.( ) 116.( )
117.( ) 118.( ) 119.( )
120.( ) 121.( ) 122.( )

※윗글에서 [ ]로 된 漢字語 (123)~(127)의 相對語를 漢字로 쓰시오.

123.( ) 124.( ) 125.( )
126.( ) 127.( )

※다음 漢字語의 동음이의어를 文脈에 맞게 漢字로 쓰시오.

128. 입각 : 새로 ( )한 장관 就任
129. 지적 : ( )圖를 필사해서 무덤의 번호를 그려 넣다
130. 경향 : ( )각지에서 모인다.
131. 수용 : ( )가능한 땅을 모두 매입하다.
132. 계기 : ( )고장으로 추락한 비행기

※윗글에 쓰인 단어중 …

133. '계간(95)誌'의 뜻을 쓰시오.
( )

134. '신파(97)劇'에 대한 다음 해설 가운데에서 옳지 않다고 생각되는 것 하나를 가려 그 번호를 쓰시오.
① 在來의 唱劇의 테두리에서 벗어난 새로운 형식의 극이라 하여 신파劇이라 한다.
② 西歐의 현대극을 모방한 우리나라의 신극형태이다.
③ 대체로 서기1910-1940년 사이에 많이 공연되었다.
④ 세상 풍속·인정 비화를 제재로 한 통속극이다.

135. '지양(107)'은 변증법의 주요 개념이라는 것에 유념하면서 그 뜻으로 옳지 않다고 생각되는 것 하나를 가려 그 번호를 쓰시오.
① 높이 올린다는 뜻이 있다.
② 목표를 향하여 나아간다는 뜻이다.
③ 자체로는 부정하면서 한층 높은 단계에서 이를 살리는 것이다.
④ 모순·대립을 통일하여 해결하면서 현재의 상태보다 더운 진보시키는 것이다.

※글 [A] [B] 안의 漢字語 (93)~(115) 가운데에서 첫소리가 長音인 것을 가려 그 순서대로 5개만 그 번호를 쓰시오.

136. ( ) 137. ( ) 138. ( )
139. ( ) 140. ( )

※다음 漢字와 뜻이 비슷한 뜻의 漢字를 ( )에 넣어 漢字語가 되게 하시오.

141. 飢( ) 142. 憂( ) 143. 扶( )
144. 畢( ) 145. 墳( )

※다음 ( ) 안에 적당한 漢字를 넣어 흔히 쓰이는 四字成語가 되게 하시오.

146. 甘(,)說 147. 內柔(,)
148. (,)汚吏 149. ( )事求( )
150. 厚( )無( )

第6回 漢字能力檢定試驗 　국가공인 2級

(시험시간 : 60분)

※다음 漢字의 讀音을 쓰시오.

1. 干涉(　　)
2. 蠻貊(　　)
3. 璿源(　　)
4. 艾石(　　)
5. 闕英(　　)
6. 明亮(　　)
7. 廬幕(　　)
8. 杜甫(　　)
9. 翻覆(　　)
10. 盈衍(　　)
11. 招聘(　　)
12. 赦免(　　)
13. 尿素(　　)
14. 潔馨(　　)
15. 磻溪(　　)
16. 碩座(　　)
17. 庠序(　　)
18. 落款(　　)
19. 祭需(　　)
20. 弁韓(　　)
21. 罪囚(　　)
22. 豪誇(　　)
23. 軟綠(　　)
24. 蜂蝶(　　)
25. 戰兢(　　)
26. 呼訴(　　)
27. 甕城(　　)
28. 佾舞(　　)
29. 暹羅(　　)
30. 履霜(　　)
31. 舶來(　　)
32. 懲毖(　　)
33. 傅訓(　　)
34. 邕穆(　　)
35. 龐統(　　)
36. 刷還(　　)
37. 阜傍(　　)
38. 蓬矢(　　)
39. 蟾彩(　　)
40. 毘盧(　　)
41. 坑儒(　　)
42. 循環(　　)
43. 銘旌(　　)
44. 赴任(　　)
45. 牟麥(　　)

※다음 漢字의 訓과 音을 쓰시오.

46. 宴(　　)
47. 銳(　　)
48. 裕(　　)
49. 姿(　　)
50. 濯(　　)
51. 敏(　　)
52. 複(　　)
53. 朔(　　)
54. 阿(　　)
55. 硯(　　)
56. 監(　　)
57. 揭(　　)
58. 寡(　　)
59. 壞(　　)
60. 納(　　)
61. 掠(　　)
62. 貌(　　)
63. 髮(　　)
64. 畢(　　)
65. 核(　　)
66. 威(　　)
67. 諮(　　)
68. 稚(　　)
69. 株(　　)
70. 抄(　　)
71. 司(　　)
72. 付(　　)

※다음 밑줄친 漢字語를 漢字로 쓰시오.

73. 同價 홍상 …………………(　　)
74. 分娩이 따르는 진통 ……(　　)
75. 大韓民國을 길이 보전하세.(　　)
76. 交通事故의 처참한 光景 …(　　)
77. 父母의 恩惠는 昊天망극이라.(　　)
78. 二重人格者는 面從복배한다.(　　)
79. 좋은 親舊는 지기之友다. …(　　)
80. 個人이나 國家나 신의가 所重하다.(　　)
81. 他人보다 자기와의 경쟁이 필요함.(　　)
82. 先人들은 군사父一體를 강조했다.(　　)

※다음 漢字의 部首를 쓰시오.

83. 夢(　　) 84. 擧(　　) 85. 辰(　　)
86. 夷(　　) 87. 典(　　)

※다음 漢字語의 뜻과 같은 우리말을 쓰시오.

88. 誤謬 : (　　)
89. 所以 : (　　)
90. 夜三更 : (　　)
91. 思慮 : (　　)
92. 貢獻 : (　　)

※다음 漢字의 略字를 쓰시오.

93. 爐(　　) 94. 圍(　　) 95. 卒(　　)

※다음 글을 읽고 물음에 답하시오.

[Ⅰ] '지성적 감성'과 '감성적 인식(96)'을 겸하지 않은 '진술(97)언어'의 출현은 가능할 것인가? 이러한 물음은 다시 '언어의 공간화(空間化)' 가능성에 대한 물음이기도 하다.

회화(98)적으로 묘사한다면 그것은 '정연(99)한 흐름'으로 구조(100)화한 언어들이 각기 단어와 문법, 그것을 이루는 품사적(品詞的) 기능과 의미의 함축(101)들을 여전히 지닌 채, 그러나 이제는 제각기 훨훨 날 수 있는 '움직이는 단위 생물'이 되어 그 흐름의 폭을 넓힐 뿐만 아니라 흐름 자체를 거부(102)하는 비상(飛翔)을 과연 할 수 있을 것인가 하는 물음이다.

[Ⅱ] 그런데 흥미로운 것은 그러한 발언이 현실화한 것을 심각(103)하게 저어하는 태도가 있다는 사실이다. 만약(104) 그러한 언어가 현실화하면 그것은 진술언어 또는 이성(105)적 언어의 훼손이나 상실(106)일 뿐, 결국 '아무 말도 아닌 말'만이 범람할 뿐이라는 염려가 그것이다. 어차(107)피 학문적 진술은 스스로 자기가 가지는 격률(格率)을 통하여 나름의 기여(108)를 하는 것이라고 주장하는 것이다.

그럼에도 불구(109)하고 그 언어의 틀 속에 삶이 갇혀 있도록 할 수 없다는 새삼스러운 문제 의식을 가지게 되는 계기(110)에서 이루어져야 하는 것은 바로 그 언어를 '살아있게 하는 일'이다. 그 언어들이 자리잡고 있는 맥락(111)을 '선적(線的)인 것'으로 유지(112)하는 모습으로부터 벗어나게 함으로써 그 맥락을 '확장(113)된 공간'으로 바꾸어 놓아야 하는 것이다.

[Ⅲ] 문제는 지성의 자리에 있으면서 지성이 아닌 '다른'것을 준거(114)로 한 경험을 아우르는 일, 그 다른 자리에 있으면서 지성을 아우르는 일이 현실적으로 가능한가 하는 것이다. 학문하는 자리에 대한 성찰(115)에서 이것은 심각한 문제이다. 그런데 실상(116) 그러한 일이 불가능하다. 예를 들어 이미 감성이나 이성을 일컬을 때 그것은 그 둘 각각의 완결성을 전제(117)한 체계안에서 발언하고 있기 때문이다.

[Ⅳ] 주장하려는 것은 다만 그 인식이 만남을 총체적으로 반향(118)하지 않는 한 끝내 자기 기만적일 수밖에 없음을 명료화하려는 것인데, 그것은 이미 학문의 이름으로 침묵(119)을 강요당한 채 절규(120)하고 있는 주변적인 실재의 발언을 그 침묵으로부터 경청(121)하려는 것이기도 하다. 그리고 그러한 당위(122)를 마지막으로 발언한다면 그것은 지성적이니 논리가 예술적 상상력을 수용(123)하려는 자기 개방을 시도(124)하지 않는 한 이른바 학문의 미래는 스스로 자기를 폐쇄(125)하는 운명에 처할 수밖에 없으리라는 우울한 예상이다.

<鄭鎭弘, '언어의 공간화' 한벽논총 10호(2001)>

※윗글의 밑줄 친 (96)~(125)의 漢字를 正字로 쓰시오.

96.(   ) 97.(   ) 98.(   )
99.(   )100.(   )101.(   )
102.(   )103.(   )104.(   )
105.(   )106.(   )107.(   )
108.(   )109.(   )110.(   )
111.(   )112.(   )113.(   )
114.(   )115.(   )116.(   )
117.(   )118.(   )119.(   )
120.(   )121.(   )122.(   )
123.(   )124.(   )125.(   )

※[Ⅰ]~[Ⅳ]에서 각각 뽑은 단어를 첫음절이 長音인 것을 골라 번호를 쓰시오.

[Ⅰ] 126.(   ) ①지성 ②인식 ③진술 ④공간
    127.(   ) ①단어 ②기능 ③거부 ④비상
[Ⅱ] 128.(   ) ①태도 ②상실 ③기여 ④주장
[Ⅲ] 129.(   ) ①준거 ②경험 ③성찰 ④전제
[Ⅳ] 130.(   ) ①기만 ②침묵 ③수용 ④폐쇄

※反對 또는 相對되는 漢字와 漢字語를 쓰시오.

131. 經 -(   ) 132. 伸 -(   )
133. 廢 -(   ) 134. 危 -(   )
135. 急 -(   ) 136. 高尙-(   )
137. 定着-(   ) 138. 屈服-(   )
139. 眞實-(   ) 140. 光明-(   )

※다음에서 長短·硬軟 관계없이 同音異義語를 쓰시오.

141. 可燃 : 좋은 인연 ……(   )
142. 粉炭 : 분개하고 탄식함 …(   )
143. 雪花 : 말로 입은 화 ……(   )
144. 始覺 : 보는 각도 ………(   )
145. 洋食 : 일정한 형식 ………(   )

※다음 漢字의 뜻에 해당하는 것을 예에서 골라 그 번호를 쓰시오.

<例>
① 거짓   ② 찬란하다 ③ 비치다
④ 문지르다 ⑤ 겨를   ⑥ 간지
⑦ 잘못   ⑧ 갈다   ⑨ 자못
⑩ 편지

146. 暇(   ) 147. 摩(   ) 148. 映(   )
149. 翰(   ) 150. 頗(   )

第 7 回　　漢字能力檢定試驗　국가공인 **2**級
(시험시간 : 60분)

※ 다음 漢字의 讀音을 쓰시오.

1. 礙子(　　)　2. 埋設(　　)
3. 媒介(　　)　4. 冥府(　　)
5. 煩鎖(　　)　6. 賦役(　　)
7. 敷衍(　　)　8. 災厄(　　)
9. 湍流(　　)　10. 甕算(　　)
11. 靈域(　　)　12. 孰尤(　　)
13. 誘惑(　　)　14. 抵抗(　　)
15. 旌門(　　)　16. 疇劃(　　)
17. 駿驥(　　)　18. 師傅(　　)
19. 赦罪(　　)　20. 暢茂(　　)
21. 蟾蛇(　　)　22. 矛盾(　　)
23. 紙繩(　　)　24. 晨省(　　)
25. 柔軟(　　)　26. 花押(　　)
27. 編輯(　　)　28. 亢旱(　　)
29. 遮陽(　　)　30. 握捉(　　)
31. 兌換(　　)　32. 昊天(　　)
33. 收穫(　　)　34. 揮毫(　　)
35. 隔隣(　　)　36. 曲阜(　　)
37. 款項(　　)　38. 鞠廳(　　)
39. 厥者(　　)　40. 溺愛(　　)
41. 汚泥(　　)　42. 睿覽(　　)
43. 礦山(　　)　44. 劣勢(　　)
45. 歸謬(　　)

※ 다음 漢字의 訓과 音을 쓰시오.

46. 卓(　　)　47. 颱(　　)
48. 霸(　　)　49. 含(　　)
50. 享(　　)　51. 互(　　)
52. 吸(　　)　53. 刊(　　)
54. 札(　　)　55. 採(　　)
56. 倹(　　)　57. 紀(　　)
58. 耐(　　)　59. 膽(　　)
60. 藍(　　)　61. 摩(　　)
62. 脈(　　)　63. 尙(　　)
64. 損(　　)　65. 硏(　　)
66. 慰(　　)　67. 笛(　　)
68. 廷(　　)　69. 徹(　　)
70. 哨(　　)　71. 超(　　)
72. 軸(　　)

※ 다음 (　　)에 맞게 漢字語로 쓰시오.

73. 도둑의 行方이 五里(　　)이다.
74. 諸葛孔明은 (　　)入相의 재목이다.
75. 輕擧(　　)의 행동을 해서는 안된다.
76. 官尊 민비(　　)풍조를 바꿔야 한다.
77. 거울같이 맑은 물을 明鏡(　　)라 한다.
78. 늘 책 읽는 것을 手不(　　)이라 한다.
79. 독불장군과 孤掌(　　)은 서로 통하는 말이다.
80. (　　)無人한 태도에 우리 모두는 아연해 했다.
81. 나라가 위태로운 것을 누란(　　)의 危機라고 한다.
82. 어찌할 수 없는 처지를 進退(　　)이라 한다.

※ 다음에서 長短·硬軟은 관계없이 同音異義語를 쓰시오.

83. 塗飾: 놀고 머음 ………… (　　)
84. 支根: 아주 가까움 ……… (　　)
85. 警覺: 아주 짧은 동안 …… (　　)
86. 假花: 아름다운 이야기 ……(　　)
87. 眞絲: 까닭을 설명하며 사과함(　　)

※ 다음 漢字의 뜻에 해당하는 例를 골라 그 번호로 답하시오.

①꿀　②가르치다　③품다　④업신여기다
⑤찌르다　⑥빽빽하다　⑦씨　⑧새기다
⑨메우다　⑩무너뜨리다

88. 衝(　　)　89. 懷(　　)　90. 密(　　)
91. 侮(　　)　92. 核(　　)

※다음 글을 읽고 물음에 답하시오.

[Ⅰ] 우리 나라 미술의 특색은 삼국시대 이래로 나타나 있다. 삼국이라 할지라도 고구려·백제(93)·신라 각국에 따라서 표현기법(94)의 교졸(95)이나 차이가 전혀 없는 것은 아니다. 또 정치적·지리적 조건(96)과 지역적인 성격의 차이에 의해서 외국 미술에 대한 반응이나 수용(97)에 있어서 서로 변화를 보이고 있는 것도 사실이다. 같은 중국 남북조시대 미술의 영향(98)을 받으면서 북조 미술에 더 직결되고 있는 고구려, 그 고구려적인 요소(99)를 다분(100)히 기반(101)으로 가지고 있으면서 남조의 미술에 보다 예민(102)했던 백제, 그리고 그러한 삼국 미술의 엄격(103)한 테두리 안에 있으면서 강한 향토색을 가지고 있는 신라, 이렇게 삼국은 각각 자기대로의 개성을 가지고 있다. 그러나 이 삼국은 대상에 대한 공통되는 어프로치가 있으며, 그들이 만들어 내는 미에는 통일성 있는 패턴이 있다. 그것은 자기의 주관(104)을 가장 자연스럽고 솔직(105)하게 구상(106)하려는 나이브한 태도(107)요, 어프로치인 것이다.

[Ⅱ] 국립박물관(108)의 삼국시대실에 들어가면 조그만 기마(109)형 신라 토우(110)가 두 개 있다. 이 두 개의 인형 같은 기마상은 경주의 금령총(金鈴塚)에서 1926년에 발굴된 것이다. 직접 가서 보면 알겠지만, 말은 머리가 이상(111)하게 크고 사지는 너무 굵고 짧아 그것을 타고는 답답해서 견딜 수 없을 것이다. 그러나 이 말에 올라앉은 정장의 귀인은 자기대로의 위풍(112) 과시(113)하고 있고, 그 앞에 서서 길을 비키라고 동탁(銅鐸)을 흔들고 있는 종인(從人)의 가슴은 뒤로 젖혀지고 있다. 이것을 보면 신라판 돈키호테를 보는 것 같은 즐거움과 미소(114)가 한꺼번에 느껴짐을 금할 수 없다. 그러나 이것을 만든 신라의 도공(115)은 요절한 왕자의 명기(明器)로서 가장 엄숙한 마음으로 이 토우를 만들었음이 분명하다. 그의 진지한 태도는 그가 가장 애써서 모델링한 말의 콧잔등에 잘 반영되고 있다. 그에게 파악된 가장 인상적인 마체의 아나토미(anatomy)는 그 흐물거리는 독특한 감촉(116)을 주는 코와 그 언저리였음이 분명하다.

[Ⅲ] 이러한 세계는 신라의 토기에서도, 고구려의 고분(117) 벽화(118)에서도 똑같이 엿볼 수 있다. 다 알다시피 신라의 토기는 검은 회색(119)의 매끄럽지 못한 태토이며, 그것을 밥상에 놓으면 나무에 상처(120)가 생길 정도(121)의 식기로서는 매우 미비(122)한 물건이다.

※윗글의 밑줄 친 漢字語를 漢字正字로 쓰시오.

93.(　　　) 94.(　　　) 95.(　　　)
96.(　　　) 97.(　　　) 98.(　　　)
99.(　　　) 100.(　　　) 101.(　　　)
102.(　　　) 103.(　　　) 104.(　　　)
105.(　　　) 106.(　　　) 107.(　　　)
108.(　　　) 109.(　　　) 110.(　　　)
111.(　　　) 112.(　　　) 113.(　　　)
114.(　　　) 115.(　　　) 116.(　　　)
117.(　　　) 118.(　　　) 119.(　　　)
120.(　　　) 121.(　　　) 122.(　　　)

※윗글[Ⅰ][Ⅱ][Ⅲ]에서 뽑은 漢字語의 첫음이 長音인 것을 골라 번호로 답하시오.

[Ⅰ]
123.(　　　)①미술 ②삼국 ③고구려 ④신라 ⑤표현
124.(　　　)①기법 ②교졸 ③차이 ④정치적 ⑤성격

[Ⅱ]
125.(　　　)①기마형 ②자기 ③위풍 ④과시 ⑤동탁
126.(　　　)①미소 ②도공 ③엄숙 ④진지 ⑤반영

[Ⅲ]
127.(　　　)①토기 ②회색 ③태토 ④상처 ⑤미래

※反對 또는 相對되는 漢字와 漢字語를 쓰시오.

128. 添-(　　　) 129. 穩健-(　　　)
130. 榮-(　　　) 131. 記憶-(　　　)
132. 抑-(　　　) 133. 乾燥-(　　　)
134. 慶-(　　　) 135. 苦痛-(　　　)
136. 盛-(　　　) 137. 濃厚-(　　　)

※다음 漢字의 部首를 쓰시오.

138. 亞(　　　) 139. 知(　　　) 140. 胤(　　　)
141. 乘(　　　) 142. 事(　　　)

※다음 漢字語의 뜻과 같은 우리말을 쓰시오.

143. 白晝(　　　) 144. 露天(　　　)
145. 所以(　　　) 146. 休暇(　　　)
147. 可及的(　　　)

※다음 漢字를 略字로 쓰시오.

148. 勵(　　　) 149. 假(　　　) 150. 轉(　　　)

第8回 漢字能力檢定試驗 국가공인 2級

(시험시간 : 60분)

※ 다음 漢字語의 讀音을 쓰시오.

1. 融暢(　　)　2. 宥赦(　　)
3. 揷架(　　)　4. 紳帶(　　)
5. 淨利(　　)　6. 卿宰(　　)
7. 雇聘(　　)　8. 跳躍(　　)
9. 屯陳(　　)　10. 輯穆(　　)
11. 妖邪(　　)　12. 沮抑(　　)
13. 宣誓(　　)　14. 窮愁(　　)
15. 礎址(　　)　16. 綜練(　　)
17. 耆蒙(　　)　18. 敵膽(　　)
19. 薰陶(　　)　20. 碩輔(　　)
21. 胎毒(　　)　22. 紹述(　　)
23. 圈點(　　)　24. 聚軍(　　)
25. 澤皐(　　)　26. 棟樑(　　)
27. 悖謹(　　)　28. 霸權(　　)
29. 鼎峙(　　)　30. 彌縫(　　)
31. 燕雁(　　)　32. 揮毫(　　)
33. 棋譜(　　)　34. 遷怒(　　)
35. 擁蔽(　　)　36. 導輿(　　)
37. 塗泥(　　)　38. 苑沼(　　)
39. 把握(　　)　40. 懸哨(　　)

※ 다음 漢字의 訓音을 쓰시오.

41. 憾(　　)　42. 膽(　　)
43. 煉(　　)　44. 賠(　　)
45. 敷(　　)　46. 飼(　　)
47. 瑞(　　)　48. 殖(　　)
49. 尉(　　)　50. 措(　　)
51. 塵(　　)　52. 遮(　　)
53. 酷(　　)　54. 旨(　　)
55. 翰(　　)　56. 奏(　　)
57. 偵(　　)　58. 繕(　　)
59. 俸(　　)　60. 舶(　　)
61. 篾(　　)　62. 摩(　　)
63. 溺(　　)　64. 軌(　　)
65. 掘(　　)　66. 傀(　　)
67. 隔(　　)

※ 다음 (　) 속에 적당한 漢字를 써 넣어 四字成語를 完成하시오.

68. (　)(　)梨落　69. 龍頭(　)(　)
70. (　)(　)雷同　71. 塞翁(　)(　)
72. (　)(　)殺牛　73. 錦上(　)(　)
74. (　)(　)無人　75. 朝令(　)(　)
76. (　)(　)腐心　77. 貪官(　)(　)

※ 다음 漢字語 가운데 첫音節이 長音인 것을 골라 그 번호로 답하시오.

78. (　) : ①呈狀 ②搖動 ③豫測 ④渴望
79. (　) : ①忌避 ②繫留 ③墨畵 ④魔鬼
80. (　) : ①殿堂 ②旦夕 ③傘下 ④蔘田
81. (　) : ①焦土 ②診察 ③艦船 ④驚氣
82. (　) : ①誕生 ②覆蓋 ③拉致 ④趨勢

※ 다음 각 글자와 意味上 對立되는 漢字를 적어 單語를 完成하시오.

83. 屈-(　)　84. 衆-(　)
85. 向-(　)　86. 閑-(　)
87. 起-(　)

※ 다음 각 단어와 意味上 對立되는 單語를 完成하시오.

88. 飽食-(　)　89. 深夜-(　)
90. 經常-(　)　91. 名篇-(　)
92. 離別-(　)

※ 다음 單語와 뜻이 비슷한 單語를 例에서 골라 그 번호를 쓰시오.

<例>　①險口　②火急　③冥途　④號泣
　　　⑤困難　⑥風聞　⑦分明

93. 燒眉(　)　94. 巷說(　)　95. 痛哭(　)
96. 晧然(　)　97. 毁言(　)

※다음 글을 읽고 밑줄 친 單語를 漢字로 고치거나 그 讀音을 쓰시오.

[1] 세상에서는 민족적 선열 위인을 위하여 비각(98)을 짓고 동상(99)을 세우며 또 그가 출생한 茅屋(128)과 그의 손이 닿은 一樹一石이라도 보호(100)하여 후세의 자손으로 하여금 百代千代까지라도 그들을 欽慕(129)하여 민족적 자부심을 기르며 그들을 추앙(101)하여 민족적 향상심을 분발(102)케 한다. 그러므로 민족적 향상의 목표가 없이 어찌 단결 진취(103)의 민족적 노력이 있을 것인가.

이 충무공의 인물과 업적(104)은 우리가 다 아는 바다. 국난에 임하여 민토를 누란(105)의 위기(106)에서 구출했으니 민족적 은인이요 褒貶(포폄)을 초월(107)하여 오직 대의를 위했으니 민족의 儀範이다. 그런데 그 어른을 위한 비각 하나 없다는 것은 민족적 치욕(108)이라 할 것이다.

[2] 대한민국은 1910년 8월 22일에 締結(130)한 合併(131) 조약(109)의 영원 폐기(110)를 요구한다. 이 합병조약은 사기(111)와 폭력으로써 締結한 것이므로 그 효력을 상실(112)한 것이다.

대한민국은 괴뢰가 된 황제(113)의 이 조약 締結권리를 부인(114)한다. 우리가 금수(115)가 아닌 이상 이것을 결코 승낙(116)할 수 없다. 각 민족은 자유 평등의 권리를 향유(117)하며 생존의 안녕(118)에 공평의 기회를 주어 국제상 葛藤(132)을 해결하는 원칙을 삼는다. 그런데 일본은 그 의사를 거역(119)하고 폭력을 사용하고 있다.

우리는 1세기 동안 압박(120) 아래에 있던 波蘭이 부활(121)하였으므로 이 정의의 원칙은 한국에도 적용될 수 있으니 한국을 일본 무단정치 아래에 두는 것은 이 정의에 순사(122)한 원칙에 위반(123)된다.

한국 독립의 침해(124)는 일본의 범행(125)이다. 아울러 일본의 통치가 잔인(126) 暴虐(133)하고, 한국인의 영예(127)를 짓밟고 있다.

98. 비각( ) 99. 동상( )
100. 보호( ) 101. 추앙( )
102. 분발( ) 103. 진취( )
104. 업적( ) 105. 누란( )
106. 위기( ) 107. 초월( )
108. 치욕( ) 109. 조약( )
110. 폐기( ) 111. 사기( )
112. 상실( ) 113. 황제( )
114. 부인( ) 115. 금수( )
116. 승낙( ) 117. 향유( )
118. 안녕( ) 119. 거역( )
120. 압박( ) 121. 부활( )
122. 순사( ) 123. 위반( )
124. 침해( ) 125. 범행( )
126. 잔인( ) 127. 영예( )
128. 茅屋( ) 129. 欽慕( )
130. 締結( ) 131. 合併( )
132. 葛藤( ) 133. 暴虐( )

※다음 單語의 뜻을 쓰시오.

134. 慙悔 : ( )
135. 垂憐 : ( )
136. 鑄鍾 : ( )
137. 撤退 : ( )
138. 懇請 : ( )

※다음 單語의 同音異義語를 쓰되, 제시된 뜻을 유념하시오.

139. 刀錢: 싸움을 걺. ……… ( )
140. 巢蜜: 성김과 빽빽함. … ( )
141. 聖歌: 좋은 평판. ……… ( )
142. 朔祭: 깎아서 없앰. …… ( )
143. 悲鳴: 재해나 사고 등으로 죽는 일.
 …………………… ( )

※다음 漢字의 部首를 쓰시오.

144. 肩( ) 145. 酉( ) 146. 篤( )
147. 哉( ) 148. 矣( )

※다음 漢字의 略字를 쓰시오.

149. 龜( )   150. 雙( )

□ 합격을 기원합니다 □

2급 제 1 회

1	돈서	51	용서할 사	101	制限
2	말갈	52	상자 상	102	隱蔽
3	체감	53	기울 선	103	展開
4	갱유	54	두꺼비 섬	104	機械
5	도육	55	세놓을 세	105	萬般
6	난포	56	칡 갈	106	講究
7	탁발	57	산등성이 강	107	除去
8	보빙	58	열쇠 건	108	旣存
9	게양	59	팔 굴	109	爆破
10	걸가	60	쓸개 담	110	保障
11	견사	61	집터 대	111	規模
12	필경	62	슬퍼할 도	112	地雷
13	계축	63	들보 량	113	喪失
14	고무	64	성 로	114	多樣
15	팽조	65	백로 로	115	該當
16	검색	66	주검 시	116	對備
17	간호	67	생각할 억	117	憂慮
18	용렬	68	넘을 유	118	進行
19	분만	69	누에 잠	119	威脅
20	간좌	70	목구멍 후	120	防衛
21	차관	71	곁 측	121	財産
22	과모	72	고리 환	122	任務
23	탈략	73	百/河	123	鐵路
24	적라	74	錦/衣	124	價値
25	경자	75	木/魚	125	關聯
26	단노	76	走/馬	126	郡守
27	규류	77	樹/欹	127	救助
28	피랍	78	①	128	奇計
29	근막	79	④	129	對比
30	도화	80	⑥	130	方位
31	시휘	81	⑦	131	離脫
32	창쾌	82	⑨	132	緩和
33	신장	83	緯	133	切斷/斷絶
34	멱득	84	婦	134	破壞
35	파천	85	愚	135	露出
36	고역	86	削	136	(105)
37	과요	87	降	137	(106)
38	빈뇨	88	①	138	(110)
39	낙종	89	④	139	(116)
40	진애	90	②	140	(118)
41	패판	91	③	141	프로이센
42	괴탄	92	②	142	오스트리아
43	구매	93	基盤	143	모든 일
44	사기	94	連結	144	이미 있는
45	탐닉	95	論難	145	많은 모양
46	그물 망	96	軍需	146	八
47	구푸릴 면	97	物資	147	戈
48	문란할 문	98	輸送	148	木
49	배우 배	99	構造	149	心
50	덮을 복	100	建設	150	火(灬)

2급 제 2 회

1	양산	51	불땔 취	101	復活
2	섭정	52	두려울 포	102	挑發
3	전세	53	골짜기 협	103	準備
4	구판	54	펼 부	104	威脅
5	등초	55	용서할 사	105	該當
6	오류	56	모을 집	106	動員
7	배상	57	막힐 질	107	陰謀
8	상서	58	미칠 광	108	造作
9	신장	59	팔 굴	109	哲學
10	파악	60	사냥 렵	110	類似
11	고용	61	묻을 매	111	惡夢
12	모과	62	기를 사	112	退溪
13	사기	63	드리울 수	113	栗谷
14	빈뇨	64	맡길 예	114	理論
15	각료	65	재상 재	115	否定
16	매거	66	마를 고	116	根據
17	모멸	67	걸 괘	117	自律
18	첨삭	68	불꽃 염	118	開拓
19	섬유	69	돌아볼 고	119	虛像
20	수사	70	쉴 게	120	統治
21	장애	71	둑 제	121	憐憫
22	연적	72	도울 좌	122	基礎
23	진애	73	艹	123	主權
24	융액	74	止	124	關聯
25	조탁	75	肉(月)	125	周邊
26	교졸	76	土	126	勝利
27	비준	77	刀(刂)	127	善意
28	주형	78	③	128	模倣
29	찬청	79	②	129	無血
30	찰나	80	①	130	利他
31	폐빙	81	④	131	事故
32	교사	82	②	132	私稿
33	삽가	83	坤/濕	133	社告
34	간현	84	醜	134	史庫
35	탐라	85	揚	135	幽思
36	세목	86	裏	136	遺事
37	척안	87	尾	137	有司
38	주둔	88	張/李	138	不正
39	응체	89	結/草	139	不淨
40	포기	90	墨/客	140	不貞
41	혐외	91	汗/充	141	②
42	혹독	92	頭/肉	142	⑤
43	환영	93	忠告	143	①
44	활강	94	侵害	144	①
45	강갱	95	密接	145	③
46	막을 저	96	戰爭	146	요사이
47	가릴 차	97	强占	147	가리어 숨김
48	벨 참	98	謝罪	148	단번에 차버림
49	으뜸 패	99	態度	149	임금이 씀
50	아뢸 주	100	思考	150	다리아래 빛

2급 제 3 회

1	배뇨	51	거울 감	101	果敢
2	시체	52	빌 걸	102	支援
3	도니	53	팔 굴	103	原料
4	주둔	54	그물 망	104	菜蔬
5	피랍	55	꽂을 삽	105	基盤
6	파악	56	치우칠편	106	狀況
7	사기	57	얽힐 규	107	施行
8	모멸	58	사냥 렵	108	補助
9	비준	59	기울 선	109	貿易
10	간현	60	뛸 약	110	機構
11	게식	61	3	111	許容
12	탄갱	62	19	112	範圍
13	승니	63	20	113	信賴
14	매료	64	4	114	在庫
15	현수	65	12	115	方案
16	몰닉	66	8	116	愁思
17	교칠	67	9	117	收買
18	궤적	68	16	118	品種
19	수색	69	13	119	差等
20	파식	70	17	120	誘導
21	구애	71	10	121	継
22	열람	72	5	122	実
23	혐염	73	辰	123	価
24	섬교	74	貝	124	失
25	융액	75	里	125	加/增
26	자모	76	力	126	伸
27	조치	77	虍	127	高
28	저상	78	허깨비	128	淺
29	응지	79	길쌈	129	生産
30	차막	80	반딧불	130	需要
31	연적	81	③	131	間接
32	조탁	82	④	132	複雜
33	진애	83	②	133	冷情
34	붕괴	84	①	134	志願
35	상서	85	④	135	氣球
36	부연	86	牛	136	手寫
37	만통	87	兎	137	水使
38	세사	88	馬	138	柔道
39	폐산	89	鶴	139	내던져버림
40	교사	90	羊	140	되어가는형편
41	주형	91	獎勵	141	(91)
42	체계	92	政策	142	(93)
43	우체	93	選擇	143	(97)
44	잠상	94	開放	144	(101)
45	탄강	95	臨迫	145	(104)
46	클 석	96	爲主	146	④
47	막 막	97	轉換	147	①
48	아뢸 주	98	側面	148	②
49	뜻 지	99	推進	149	②
50	줄기 간	100	部隊	150	④

2급 제 4 회

1	미혹	51	게으를태	101	實力者
2	확장	52	불땔 취	102	登用
3	공헌	53	자못 파	103	評價
4	추대	54	싫어할혐	104	看板
5	애도	55	뉘우칠회	105	背景
6	장려	56	둘 조	106	專門
7	도탄	57	무리 도	107	分野
8	벽경	58	품팔 고	108	豊富
9	시사	59	갈 마	109	知識
10	화섬	60	기록할지	110	技術
11	괘념	61	매 응	111	停止
12	나체	62	거만할오	112	不斷
13	삽입	63	함께 구	113	探究
14	방뇨	64	자취 적	114	寸刻
15	번역	65	옷마를재	115	發展
16	방창	66	깨달을오	116	直面
17	발해	67	벼슬 작	117	適切
18	혹한	68	꾈 유	118	着想
19	휴대	69	물을 자	119	創意
20	폐단	70	그윽할유	120	果敢
21	신장	71	좇을 준	121	對處
22	제분	72	향기 은	122	鐵路
23	관건	73	手	123	應答
24	무강	74	大	124	平沢
25	망극	75	亅	125	変色
26	예천	76	心	126	大地
27	체포	77	豕	127	大志
28	협곡	78	②	128	大智
29	의료	79	③	129	貸地
30	장애	80	①	130	大池
31	섭정	81	②	131	大紙
32	억울	82	④	132	求道
33	응고	83	잠깐사이	133	構圖
34	차관	84	서로맞지않음	134	舊道
35	예맥	85	업신여김	135	舊都
36	야기	86	오르고내림	136	寡
37	예종	87	시끄러운소리	137	薄
38	온조	88	破壞	138	劣
39	최충	89	浪費	139	淺
40	타락	90	苦痛	140	使
41	천애	91	濕潤	141	雌雄
42	치악	92	抵抗	142	眞僞
43	추물	93	秩序	143	緩急
44	간청	94	安定	144	縱橫
45	회양	95	營爲	145	姑婦
46	구슬 경	96	虛勢	146	森
47	쇠불릴주	97	買收	147	遷
48	매혹할매	98	混亂期	148	花
49	빛날 요	99	出世	149	忘
50	뽑을 초	100	手段	150	聲

2급 제 5 회

#		#		#	
1	섬라	51	가릴 차	101	過程
2	모멸	52	미칠 광	102	談論
3	진애	53	불꽃 염	103	指摘
4	신장	54	벨 참	104	解釋
5	고용	55	돌 회	105	傾向
6	융액	56	오를 등	106	受容
7	자문	57	대바구니롱	107	止揚
8	응지	58	빌 걸	108	現行
9	체포	59	상자 상	109	採擇
10	학정	60	새길 조	110	主張
11	간현	61	비단 견	111	代案
12	견인	62	높이들게	112	契機
13	조치	63	쥘 악	113	提供
14	교칠	64	뜻 지	114	狀況
15	구판	65	맬 계	115	適應
16	기도	66	막힐 체	116	歡迎
17	섭렵	67	쓸개 담	117	設定
18	몰닉	68	집터 대	118	愼重
19	말갈	69	기를 사	119	深度
20	망막	70	찰 축	120	反映
21	포기	71	누를 압	121	生産
22	기로	72	드릴 정	122	期待
23	소술	73	羊	123	肯定
24	방뇨	74	止	124	一元
25	강탄	75	巾	125	獨白
26	절도	76	走	126	同意
27	모착	77	心	127	斷絶
28	배상	78	舊	128	入閣
29	벽사	79	團	129	地籍
30	부주	80	辭	130	京鄕
31	사면	81	슬픈 곡조	131	收用
32	삽화	82	남을 속임	132	計器
33	상서	83	정월 초하루	133	철따라잡지발행
34	섬유	84	軟	134	②
35	납치	85	鈍	135	②
36	협만	86	怠	136	(95)
37	능엄	87	僞	137	(96)
38	먹득	88	報/恩	138	(99)
39	모니	89	百/年	139	(101)
40	갱살	90	之/馬	140	(104)
41	차관	91	碧/海	141	餓
42	굴혈	92	定/省	142	愁
43	추대	93	知識	143	助
44	둔경	94	話頭	144	竟
45	야단	95	季刊	145	墓
46	배박	96	批評	146	言/利
47	짝 반	97	新派	147	外/剛
48	뛸 약	98	體制	148	貪/官
49	나루진	99	注目	149	實/是
50	길쌈방	100	立閣	150	顔/恥

2급 제 6 회

#		#		#	
1	간섭	51	민첩할민	101	含蓄
2	만맥	52	겹칠 복	102	拒否
3	선원	53	초하루삭	103	深刻
4	애석	54	언덕 아	104	萬若
5	알영	55	벼루 연	105	理性
6	명랑	56	볼 감	106	喪失
7	여막	57	높이들게	107	於此
8	두보	58	적을 과	108	寄與
9	번복	59	무너질괴	109	不具
10	영연	60	들일 납	110	契機
11	초빙	61	노략질할략	111	脈絡
12	사면	62	모양 모	112	維持
13	요소	63	터럭 발	113	擴張
14	결형	64	마칠 필	114	準據
15	반계	65	씨 핵	115	省察
16	석좌	66	위엄 위	116	實狀
17	상서	67	물을 자	117	前提
18	낙관	68	어릴 치	118	反響
19	제수	69	그루 주	119	沈默
20	변한	70	뽑을 초	120	絶叫
21	죄수	71	맡을 사	121	傾聽
22	호과	72	부칠 부	122	當爲
23	연록	73	紅裳	123	受容
24	봉접	74	陣痛	124	試圖
25	전궁	75	保全	125	閉鎖
26	호소	76	悽慘	126	③
27	옹성	77	罔極	127	③
28	일무	78	腹背	128	①
29	섬라	79	知己	129	①
30	이상	80	信義	130	④
31	박래	81	競爭	131	緯
32	징비	82	君師	132	縮
33	부훈	83	夕	133	存
34	옹목	84	手	134	安
35	방통	85	辰	135	緩
36	쇄환	86	大	136	低俗
37	부방	87	八	137	移住
38	봉시	88	잘못	138	抵抗
39	섬채	89	까닭	139	虛僞
40	비로	90	한밤중	140	暗黑
41	갱유	91	생각	141	佳緣
42	순환	92	이바지	142	憤歎
43	명정	93	炉	143	舌禍
44	부임	94	囲	144	視角
45	모맥	95	卆	145	樣式
46	잔치 연	96	認識	146	⑤
47	날카로울예	97	陳述	147	④
48	넉넉할유	98	會話	148	③
49	모양 자	99	整然	149	⑩
50	씻을 탁	100	構造	150	⑨

2급 제 7 회

#		#		#	
1	애자	51	서로 호	101	基盤
2	매설	52	마실 흡	102	銳敏
3	매개	53	새길 간	103	嚴格
4	명부	54	편지 찰	104	主觀
5	번쇄	55	캘 채	105	率直
6	부역	56	검소할검	106	構想
7	부연	57	벼리 기	107	態度
8	재액	58	견딜 내	108	博物館
9	단류	59	쓸개 담	109	騎馬
10	옹산	60	쪽 람	110	土偶
11	영역	61	문지를마	111	異常
12	숙우	62	줄기 맥	112	威風
13	유혹	63	오히려상	113	誇示
14	저항	64	덜 손	114	微笑
15	정문	65	갈 연	115	陶工
16	주획	66	위로할위	116	感觸
17	준기	67	피리 적	117	古墳
18	사부	68	조정 정	118	壁畫
19	사죄	69	통할 철	119	灰色
20	창무	70	망볼 초	120	傷處
21	섬사	71	넘을 초	121	程度
22	모순	72	굴대 축	122	未備
23	지승	73	霧中	123	①
24	신성	74	出將	124	⑤
25	유연	75	妄動	125	④
26	화압	76	民卑	126	⑤
27	편집	77	止水	127	⑤
28	항한	78	釋卷	128	削
29	차양	79	亂鳴	129	過激
30	악착	80	眼下	130	辱
31	태환	81	累卵	131	忘却
32	호천	82	兩難	132	揚
33	수확	83	徒食	133	濕潤
34	휘호	84	至近	134	弔
35	격린	85	頃刻	135	快樂
36	곡부	86	佳話	136	衰
37	관항	87	陳謝	137	稀薄
38	국청	88	⑤	138	二
39	궐자	89	③	139	矢
40	익애	90	⑥	140	肉/月
41	오니	91	④	141	ノ
42	예람	92	⑦	142	亅
43	여산	93	百濟	143	대낮
44	열세	94	技法	144	한데
45	귀류	95	巧拙	145	까닭
46	높을 탁	96	條件	146	말미
47	태풍 태	97	受容	147	되도록
48	으뜸 패	98	影響	148	励
49	머금을함	99	要素	149	仮
50	누릴 향	100	多分	150	転

2급 제 8 회

#		#		#	
1	융창	51	티끌 진	101	推仰
2	세사	52	가릴 차	102	奮發
3	삽가	53	심할 혹	103	進就
4	신대	54	뜻 지	104	業績
5	정찰	55	편지 한	105	累卵
6	경재	56	아뢸 주	106	危機
7	고빙	57	염탐할정	107	超越
8	도약	58	기울 선	108	恥辱
9	둔진	59	녹 봉	109	條約
10	집목	60	배 박	110	廢棄
11	요사	61	업신여길멸	111	詐欺
12	저억	62	문지를마	112	喪失
13	선서	63	빠질 닉	113	皇帝
14	궁수	64	바퀴자국궤	114	否認
15	초지	65	팔 굴	115	禽獸
16	종련	66	허수아비괴	116	承諾
17	기몽	67	사이뜰격	117	享有
18	적담	68	鳥/飛	118	安寧
19	훈도	69	蛇/尾	119	拒逆
20	석보	70	附/和	120	壓迫
21	태독	71	之/馬	121	復活
22	소술	72	矯/角	122	殉死
23	권점	73	添/花	123	違反
24	취군	74	眼/下	124	侵害
25	택고	75	暮/改	125	犯行
26	동량	76	切/齒	126	殘忍
27	돈근	77	汚/吏	127	榮譽
28	패권	78	③	128	모옥
29	정치	79	②	129	흠모
30	미봉	80	①	130	체결
31	연안	81	③	131	합병
32	휘호	82	①	132	갈등
33	기보	83	伸	133	포학
34	천노	84	寡	134	부끄럽게 여겨 뉘우침
35	옹폐	85	背	135	가련하게 여겨 돌봄
36	도여	86	忙	136	종을 주조함
37	도니	87	伏	137	거두어 물리침
38	원소	88	飢餓	138	간절히 청함
39	파악	89	白晝/初更/甲夜	139	挑戰
40	현초	90	臨時/暫定	140	疏密
41	섭섭할감	91	拙作	141	聲價
42	베낄 등	92	相逢	142	削除
43	달굴 련	93	②	143	非命
44	물어줄배	94	⑥	144	肉(月)
45	펼 부	95	④	145	酉
46	기를 사	96	⑦	146	竹
47	상서 서	97	①	147	口
48	불릴 식	98	碑閣	148	矢
49	벼슬 위	99	銅像	149	龜
50	둘 조	100	保護	150	双

부록〈자음색인〉

8級~2級　2,355字

勿謂今日不學而有來日하라.

오늘 배우지 않고서 내일이 있다고 말하지 말라.

字音索引

(8급~2급 2,355字)

價 값 가 5Ⅱ[人]	感 느낄 감 6급[心]	擧 들 거 5급[手]	謙 겸손할겸 3Ⅱ[言]
街 거리 가 4Ⅱ[行]	減 덜 감 4Ⅱ[水]	巨 클 거 4급[工]	輕 가벼울경 5급[車]
佳 아름다울가 3Ⅱ[人]	憾 섭섭할감 2급[心]	拒 막을 거 4급[手]	經 지날 경 4Ⅱ[糸]
假 거짓 가 4Ⅱ[人]	監 볼 감 4Ⅱ[皿]	距 상거할거 3Ⅱ[足]	徑 지름길경 3Ⅱ[彳]
暇 겨를 가 4급[日]	鑑 거울 감 3Ⅱ[金]	居 살 거 4급[尸]	敬 공경 경 5Ⅱ[攵]
可 옳을 가 5급[口]	甘 달 감 4급[甘]	車 수레차(거) 7Ⅱ[車]	警 깨우칠경 4Ⅱ[言]
歌 노래 가 7급[欠]	邯 사람이름감 2급[邑]	建 세울 건 5급[廴]	驚 놀랄 경 4급[馬]
柯 가지 가 2급[木]	甲 갑옷 갑 4급[田]	健 군셀 건 5급[人]	儆 경계할경 2급[人]
軻 수레 가 2급[車]	鉀 갑옷 갑 2급[金]	鍵 열쇠 건 2급[金]	瓊 구슬 경 2급[玉]
加 더할 가 5급[力]	岬 곶 갑 2급[山]	件 물건 건 5급[人]	炅 빛날 경 2급[火]
架 시렁 가 3Ⅱ[木]	江 강 강 7Ⅱ[水]	乾 하늘 건 3Ⅱ[乙]	硬 군을 경 3Ⅱ[石]
迦 부처이름가 2급[辶]	岡 산등성이강 2급[山]	杰 뛰어날걸 2급[木]	頃 이랑 경 3Ⅱ[頁]
伽 절 가 2급[人]	崗 언덕 강 2급[山]	桀 하왕이름걸 2급[木]	傾 기울 경 4급[人]
家 집 가 7Ⅱ[宀]	鋼 강철 강 3Ⅱ[金]	傑 뛰어날걸 4급[人]	競 다툴 경 5급[立]
賈 성 가 2급[貝]	綱 벼리 강 3Ⅱ[糸]	乞 빌 걸 3급[乙]	竟 마침내경 3급[立]
各 각각 각 6Ⅱ[口]	剛 군셀 강 3Ⅱ[刀]	檢 검사할검 4Ⅱ[木]	鏡 거울 경 4급[金]
閣 집 각 3Ⅱ[門]	彊 군셀 강 2급[弓]	儉 검소할검 4급[人]	境 지경 경 4Ⅱ[土]
覺 깨달을각 4급[見]	疆 지경 강 2급[田]	劍 칼 검 3Ⅱ[刀]	慶 경사 경 4Ⅱ[心]
却 물리칠각 3급[卩]	強 강할 강 6급[弓]	憩 쉴 게 2급[心]	耕 밭갈 경 3Ⅱ[耒]
脚 다리 각 3Ⅱ[肉]	降 내릴 강 4급[阜]	揭 높이들게 2급[手]	卿 벼슬 경 3급[卩]
角 뿔 각 6Ⅱ[角]	講 욀 강 4Ⅱ[言]	格 격식 격 5Ⅱ[木]	庚 별(천간)경 3급[广]
刻 새길 각 4급[刀]	康 편안 강 4Ⅱ[广]	激 격할 격 4급[水]	京 서울 경 6급[亠]
珏 쌍옥 각 2급[玉]	姜 성 강 2급[女]	隔 사이뜰격 3Ⅱ[阜]	景 볕 경 5급[日]
間 사이 간 7Ⅱ[門]	改 고칠 개 5급[攵]	擊 칠 격 4급[手]	璟 옥빛 경 2급[玉]
簡 간략할간 4급[竹]	介 낄 개 3Ⅱ[人]	見 볼 견 5Ⅱ[見]	戒 경계할계 4급[戈]
姦 간음할간 3급[女]	价 클 개 2급[人]	犬 개 견 4급[犬]	械 기계 계 3Ⅱ[木]
艮 괘이름간 2급[艮]	個 낱 개 4Ⅱ[人]	堅 군을 견 4급[土]	桂 계수나무계 3Ⅱ[木]
懇 간절할간 3Ⅱ[心]	皆 다 개 3급[白]	遣 보낼 견 3급[辶]	季 계절 계 4급[子]
看 볼 간 4급[目]	槪 대개 개 3Ⅱ[木]	絹 비단 견 3급[糸]	溪 시내 계 3Ⅱ[水]
干 방패 간 4급[干]	慨 슬퍼할개 3급[心]	肩 어깨 견 3급[肉]	鷄 닭 계 4급[鳥]
刊 새길 간 3Ⅱ[刀]	蓋 덮을 개 3Ⅱ[艹]	牽 이끌 견 3급[牛]	繫 맬 계 3급[糸]
肝 간 간 3Ⅱ[肉]	開 열 개 6급[門]	甄 질그릇견 2급[瓦]	繼 이을 계 4급[糸]
杆 몽둥이간 2급[木]	塏 높은땅개 2급[土]	潔 깨끗할결 4Ⅱ[水]	系 이어맬계 4급[糸]
幹 줄기 간 3Ⅱ[干]	客 손 객 5Ⅱ[宀]	結 맺을 결 5Ⅱ[糸]	係 맬 계 4Ⅱ[人]
渴 목마를갈 3급[水]	更 다시 갱 4급[曰]	決 결단할결 5Ⅱ[水]	契 맺을 계 3Ⅱ[大]
葛 칡 갈 2급[艹]	坑 구덩이갱 2급[土]	訣 이별할결 3Ⅱ[言]	癸 북방 계 3급[癶]
鞨 오랑캐갈 2급[革]	去 갈 거 5급[厶]	缺 이지러질결 4Ⅱ[缶]	階 섬돌 계 4급[阜]
敢 감히 감 4급[攵]	據 근거 거 4급[手]	兼 겸할 겸 3Ⅱ[八]	計 셀 계 6Ⅱ[言]

- 223 -

啓 열 계 3Ⅱ[口]	過 지날 과 5Ⅱ[辶]	具 갖출 구 5Ⅱ[八]	勸 권할 권 4급[力]
界 지경 계 6Ⅱ[田]	誇 자랑할과 3급[言]	俱 함께 구 3급[人]	券 문서 권 4급[刀]
告 고할 고 5Ⅱ[口]	寡 적을 과 3Ⅱ[宀]	求 구할 구 4급[水]	卷 책 권 4급[㔾]
高 높을 고 6Ⅱ[高]	戈 창 과 2급[戈]	球 공 구 6Ⅱ[玉]	拳 주먹 권 3Ⅱ[手]
稿 원고 고 3Ⅱ[禾]	瓜 외 과 2급[瓜]	救 구원할구 5급[攵]	圈 우리 권 2급[囗]
古 예 고 6급[口]	郭 둘레 곽 3급[邑]	區 구분할 구 6급[匚]	厥 그 궐 3급[厂]
姑 시어미고 3급[女]	冠 갓 관 3Ⅱ[冖]	驅 몰 구 3급[馬]	闕 대궐 궐 2급[門]
苦 쓸 고 6급[艹]	關 관계할관 5Ⅱ[門]	鷗 갈매기구 2급[鳥]	軌 바퀴자국궤 3급[車]
故 연고 고 4급[攵]	貫 꿸 관 3Ⅱ[貝]	歐 구라파구 2급[欠]	鬼 귀신 귀 3Ⅱ[鬼]
枯 마를 고 3급[木]	慣 익숙할관 3Ⅱ[心]	句 글귀 구 4급[口]	貴 귀할 귀 5급[貝]
固 굳을 고 5급[囗]	串 꿸 관 2地[丨]	狗 개 구 3급[犬]	歸 돌아갈귀 4급[止]
雇 품팔 고 2급[隹]	寬 너그러울관 3Ⅱ[宀]	拘 잡을 구 3Ⅱ[手]	規 법 규 5급[見]
顧 돌아볼고 3급[頁]	官 벼슬 관 4급[宀]	苟 구차할구 3급[艹]	叫 부르짖을규 3급[口]
鼓 북 고 3Ⅱ[鼓]	管 대롱 관 4급[竹]	懼 두려울구 3급[心]	糾 얽힐 규 3급[糸]
考 생각할고 5급[耂]	館 집 관 3Ⅱ[食]	九 아홉 구 8급[乙]	圭 서옥 규 2人[土]
孤 외로울고 4급[子]	琯 옥피리관 2人[玉]	究 연구할구 4급[穴]	奎 별 규 2人[大]
庫 곳집 고 4급[广]	觀 볼 관 5Ⅱ[見]	丘 언덕 구 3Ⅱ[一]	珪 홀 규 2人[玉]
皐 언덕 고 2地[白]	款 항목 관 2급[欠]	邱 언덕 구 2地[邑]	閨 안방 규 2급[門]
穀 곡식 곡 4급[禾]	廣 넓을 광 5Ⅱ[广]	構 얽을 구 4급[木]	揆 헤아릴규 2人[手]
谷 골 곡 3Ⅱ[谷]	鑛 쇳돌 광 4급[金]	購 살 구 2급[貝]	均 고를 균 4급[土]
曲 굽을 곡 5급[曰]	狂 미칠 광 3Ⅱ[犬]	舊 예 구 5Ⅱ[臼]	菌 버섯 균 3Ⅱ[艹]
哭 울 곡 3급[口]	光 빛 광 6Ⅱ[儿]	久 오랠 구 3Ⅱ[丿]	極 극진할극 4Ⅱ[木]
困 곤할 곤 4급[囗]	掛 걸 괘 3급[手]	玖 옥돌 구 2人[玉]	劇 심할 극 4급[刀]
坤 땅 곤 3급[土]	怪 괴이할괴 3Ⅱ[心]	口 입 구 7급[口]	克 이길 극 3Ⅱ[儿]
骨 뼈 골 4급[骨]	壞 무너질괴 3Ⅱ[土]	龜 거북 귀 3급[龜]	斤 근 근 3급[斤]
工 장인 공 7Ⅱ[工]	愧 부끄러울괴 3급[心]	菊 국화 국 3Ⅱ[艹]	近 가까울근 6급[辶]
攻 칠 공 4급[攵]	塊 흙덩이괴 3급[土]	鞠 성 국 2人[革]	僅 겨우 근 3급[人]
功 공 공 6Ⅱ[力]	傀 허수아비괴 2급[人]	國 나라 국 8급[囗]	勤 부지런할근 4급[力]
恐 두려울공 3Ⅱ[心]	槐 회화나무괴 2地[木]	局 판 국 5Ⅱ[尸]	謹 삼갈 근 3급[言]
貢 바칠 공 3Ⅱ[貝]	敎 가르칠교 8급[攵]	君 임금 군 4급[口]	槿 무궁화근 2地[木]
空 빌 공 7Ⅱ[穴]	巧 공교할교 3Ⅱ[工]	郡 고을 군 6급[邑]	瑾 아름다운옥근 2人[玉]
公 공평할공 6Ⅱ[八]	橋 다리 교 5급[木]	群 무리 군 4급[羊]	根 뿌리 근 6급[木]
孔 구멍 공 4급[子]	矯 바로잡을교 3급[矢]	軍 군사 군 8급[車]	筋 힘줄 근 4급[竹]
共 한가지공 6Ⅱ[八]	僑 더부살이교 2급[人]	屈 굽힐 굴 4급[尸]	今 이제 금 6Ⅱ[人]
供 이바지할공 3Ⅱ[人]	交 사귈 교 6급[亠]	掘 팔 굴 2급[手]	琴 거문고금 3Ⅱ[玉]
恭 공손할공 3Ⅱ[心]	校 학교 교 8급[木]	窟 굴 굴 2급[穴]	禁 금할 금 4Ⅱ[示]
科 과목 과 6Ⅱ[禾]	較 비교 교 3Ⅱ[車]	窮 다할 궁 4급[穴]	錦 비단 금 3Ⅱ[金]
果 실과 과 6Ⅱ[木]	絞 목맬 교 2급[糸]	弓 활 궁 3Ⅱ[弓]	禽 새 금 3Ⅱ[凶]
課 공부할과 5급[言]	郊 들 교 3급[邑]	宮 집 궁 4Ⅱ[宀]	金 쇠 금 8급[金]
菓 과자 과 2급[艹]	膠 아교 교 2급[肉]	權 권세 권 4Ⅱ[木]	急 급할 급 6Ⅱ[心]

及	미칠 급	3Ⅱ[又]	冀	바랄 기	2人[八]	旦	아침 단	3Ⅱ[日]	途	길 [行中] 도	3Ⅱ[辶]
級	등급 급	6급[糸]	驥	천리마기	2人[馬]	但	다만 단	3Ⅱ[人]	塗	칠할 도	3급[土]
給	줄 급	5급[糸]	耆	늙을 기	2人[耂]	壇	단 단	5급[土]	道	길 도	7Ⅱ[辶]
肯	즐길 긍	3급[肉]	豈	어찌 기	3급[豆]	檀	박달나무단	4Ⅱ[木]	導	인도할도	4Ⅱ[寸]
兢	떨릴 긍	2人[儿]	緊	긴할 긴	3Ⅱ[糸]	團	둥글 단	5Ⅱ[口]	到	이를 도	5Ⅱ[刀]
其	그 기	3Ⅱ[八]	吉	길할 길	5급[口]	短	짧을 단	6급[矢]	倒	넘어질도	3Ⅱ[人]
旗	기 기	7급[方]	那	어찌 나	3급[邑]	段	층계 단	4급[殳]	盜	도둑 도	4급[皿]
期	기약할기	5급[月]	諾	허락할낙	3Ⅱ[言]	鍛	쇠불릴단	2급[金]	逃	도망할도	4급[辶]
欺	속일 기	3급[欠]	暖	따뜻할난	4Ⅱ[日]	單	홑 단	4Ⅱ[口]	挑	돋울 도	3급[手]
基	터 기	5Ⅱ[土]	難	어려울난	4Ⅱ[隹]	達	통달할달	4Ⅱ[辶]	跳	뛸 도	3급[足]
棋	바둑 기	2급[木]	南	남녘 남	8급[十]	談	말씀 담	5급[言]	桃	복숭아도	3Ⅱ[木]
麒	기린 기	2人[鹿]	男	사내 남	7Ⅱ[田]	淡	맑을 담	3Ⅱ[水]	徒	무리 도	4급[彳]
淇	물이름기	2人[水]	納	들일 납	4급[糸]	擔	멜 담	4Ⅱ[手]	稻	벼 도	3급[禾]
琪	아름다운옥기	2人[玉]	娘	계집 낭	3Ⅱ[女]	膽	쓸개 담	2급[肉]	島	섬 도	5급[山]
騏	준마 기	2人[馬]	耐	견딜 내	3Ⅱ[而]	潭	못 담	2급[水]	陶	질그릇도	3Ⅱ[阜]
箕	키 기	2人[竹]	內	안 내	7Ⅱ[入]	畓	논 답	3급[田]	刀	칼 도	3Ⅱ[刀]
器	그릇 기	4Ⅱ[口]	奈	어찌 내	3급[大]	踏	밟을 답	3Ⅱ[足]	悼	슬퍼할도	2급[心]
氣	기운 기	7Ⅱ[气]	乃	이에 내	3급[丿]	答	대답 답	7Ⅱ[竹]	燾	비칠 도	2人[火]
汽	물끓는김기	5급[水]	女	계집 녀	8급[女]	唐	당나라당	3Ⅱ[口]	毒	독 독	4Ⅱ[毋]
奇	기특할기	4급[大]	年	해 년	8급[干]	糖	엿당,엿탕	3Ⅱ[米]	讀	읽을 독	6Ⅱ[言]
寄	부칠 기	4급[宀]	念	생각 념	5Ⅱ[心]	塘	못 당	2地[土]	獨	홀로 독	5Ⅱ[犬]
騎	말탈 기	3Ⅱ[馬]	寧	편안 녕	3Ⅱ[宀]	當	마땅 당	5Ⅱ[田]	督	감독할독	4Ⅱ[目]
琦	옥이름기	2人[玉]	奴	종 노	3Ⅱ[女]	堂	집 당	6Ⅱ[土]	篤	도타울독	3급[竹]
己	몸 기	5Ⅱ[己]	怒	성낼 노	4Ⅱ[心]	黨	무리 당	4Ⅱ[黑]	敦	도타울돈	3급[攵]
記	기록할기	7Ⅱ[言]	努	힘쓸 노	4Ⅱ[力]	待	기다릴대	6급[彳]	惇	도타울돈	2人[心]
忌	꺼릴 기	3급[心]	農	농사 농	7Ⅱ[辰]	臺	(집) 대	3Ⅱ[至]	燉	불빛 돈	2人[火]
紀	벼리 기	4급[糸]	濃	짙을 농	2급[水]	代	대신 대	6Ⅱ[人]	頓	조아릴돈	2급[頁]
起	일어날기	4Ⅱ[走]	腦	골 뇌	3Ⅱ[肉]	貸	빌릴 대	3Ⅱ[貝]	豚	돼지 돈	3급[豕]
企	꾀할 기	3Ⅱ[人]	惱	번뇌할뇌	3급[心]	垈	집터 대	2급[土]	突	갑자기돌	3Ⅱ[穴]
幾	몇 기	3급[幺]	尿	오줌 뇨	2급[尸]	對	대할 대	6Ⅱ[寸]	乭	이름 돌	2人[乙]
機	틀 기	4급[木]	能	능할 능	5Ⅱ[肉]	帶	띠 대	4Ⅱ[巾]	同	한가지동	7급[口]
璣	별이름기	2人[玉]	尼	여승 니	2급[尸]	隊	무리 대	4Ⅱ[阜]	洞	골 동	7급[水]
畿	경기 기	3Ⅱ[田]	泥	진흙 니	3급[水]	大	큰 대	8급[大]	銅	구리 동	4Ⅱ[金]
棄	버릴 기	3급[木]	溺	빠질 닉	2급[水]	戴	일 [首荷] 대	2급[戈]	桐	오동나무동	2급[木]
沂	물이름기	2地[水]	多	많을 다	6급[夕]	德	큰 덕	5Ⅱ[彳]	東	동녘 동	8급[木]
祈	빌 기	3Ⅱ[示]	茶	차다,차차	3급[艹]	悳	큰 덕	2人[心]	凍	얼 동	3Ⅱ[冫]
旣	이미 기	3급[无]	斷	끊을 단	4Ⅱ[斤]	度	법도 도	6급[广]	棟	마룻대동	2급[木]
技	재주 기	5급[手]	端	끝 단	4Ⅱ[立]	渡	건널 도	3Ⅱ[水]	動	움직일동	7Ⅱ[力]
岐	갈림길기	2地[山]	湍	여울 단	2地[水]	圖	그림 도	6Ⅱ[口]	董	바를 동	2人[艹]
飢	주릴 기	3급[食]	丹	붉을 단	3Ⅱ[丶]	都	도읍 도	5급[邑]	童	아이 동	6Ⅱ[立]

- 225 -

冬	겨울 동	7급[冫]	梁	들보 량	3급[木]	玲	옥소리령	2人[玉]	謬	그르칠류	2급[言]
斗	말 두	4Ⅱ[斗]	樑	들보 량	2人[木]	靈	신령 령	3급[雨]	劉	죽일 류	2人[刀]
豆	콩 두	4Ⅱ[豆]	亮	밝을 량	2人[亠]	例	법식 례	6급[人]	陸	뭍 륙	5Ⅱ[阜]
頭	머리 두	6급[頁]	輛	수레 량	2급[車]	隷	종 례	3급[隶]	六	여섯 륙	8급[八]
杜	막을 두	2人[木]	諒	살펴알량	3급[言]	禮	예도 례	6급[示]	輪	바퀴 륜	4급[車]
屯	진칠 둔	3급[屮]	涼	서늘할량	3Ⅱ[水]	醴	단술 례	2地[酉]	倫	인륜 륜	3Ⅱ[人]
鈍	둔할 둔	3급[金]	量	헤아릴량	5급[里]	老	늙을 로	7급[老]	崙	산이름륜	2地[山]
得	얻을 득	4Ⅱ[彳]	糧	양식 량	4급[米]	路	길 로	6급[足]	栗	밤 률	3급[木]
登	오를 등	7급[癶]	良	어질 량	5Ⅱ[艮]	露	이슬 로	3Ⅱ[雨]	律	법칙 률	4Ⅱ[彳]
燈	등 등	4Ⅱ[火]	麗	고울 려	4Ⅱ[鹿]	鷺	백로 로	2地[鳥]	率	비율 률	3Ⅱ[玄]
鄧	나라이름등	2人[邑]	旅	나그네려	5Ⅱ[方]	勞	일할 로	5Ⅱ[力]	隆	높을 륭	3Ⅱ[阜]
等	무리 등	6Ⅱ[竹]	慮	생각할려	4급[心]	爐	화로 로	3Ⅱ[火]	陵	언덕 릉	3Ⅱ[阜]
騰	오를 등	3급[馬]	廬	농막집려	2地[广]	蘆	갈대 로	2地[艸]	楞	네모질릉	2人[木]
謄	베낄 등	2급[言]	驪	검은말려	2地[馬]	盧	성 로	2人[皿]	吏	관리 리	3Ⅱ[口]
藤	등나무등	2급[艸]	呂	법칙 려	2人[口]	魯	노나라로	2人[魚]	離	떠날 리	4급[隹]
羅	벌릴 라	4급[网]	礪	숫돌 려	2地[石]	綠	푸를 록	6급[糸]	履	밟을 리	3Ⅱ[尸]
裸	벗을 라	2급[衣]	勵	힘쓸 려	3Ⅱ[力]	錄	기록할록	4급[金]	利	이할 리	6Ⅱ[刀]
樂	즐길 락	6Ⅱ[木]	歷	지날 력	5Ⅱ[止]	祿	녹 록	3Ⅱ[示]	梨	배 리	3급[木]
落	떨어질락	5급[艸]	曆	책력 력	3급[日]	鹿	사슴 록	3급[鹿]	裏	속 리	3Ⅱ[衣]
絡	이을 락	3급[糸]	力	힘 력	7급[力]	論	논할 론	4급[言]	李	오얏 리	6급[木]
洛	물이름락	2급[水]	戀	그리워할련	3Ⅱ[心]	弄	희롱할롱	3Ⅱ[廾]	里	마을 리	7급[里]
爛	빛날 란	2급[火]	憐	불쌍히여길련	3급[心]	籠	대바구니롱	2급[竹]	理	다스릴리	6Ⅱ[玉]
欄	난간 란	3Ⅱ[木]	練	익힐 련	5Ⅱ[糸]	雷	우레 뢰	3Ⅱ[雨]	隣	이웃 린	3급[阜]
蘭	난초 란	3Ⅱ[艸]	鍊	쇠불릴련	3Ⅱ[金]	賴	의뢰할뢰	3Ⅱ[貝]	麟	기린 린	2人[鹿]
卵	알 란	4급[卩]	煉	달굴 련	2급[火]	僚	동료 료	3급[人]	林	수풀 림	7급[木]
亂	어지러울란	4급[乙]	連	이을 련	4Ⅱ[辵]	遼	멀 료	2地[辵]	臨	임할 림	3Ⅱ[臣]
濫	넘칠 람	3급[水]	蓮	연꽃 련	3Ⅱ[艸]	療	병고칠료	2급[疒]	立	설 립	7Ⅱ[立]
藍	쪽 람	2급[艸]	漣	잔물결련	2地[水]	了	마칠 료	3급[亅]	麻	삼 마	3Ⅱ[麻]
覽	볼 람	4급[見]	聯	연이을련	3Ⅱ[耳]	料	헤아릴료	5급[斗]	磨	갈 마	3Ⅱ[石]
拉	끌 랍	2급[手]	列	벌릴 렬	4Ⅱ[刀]	龍	용 룡	4급[龍]	魔	마귀 마	2급[鬼]
浪	물결 랑	3Ⅱ[水]	裂	찢어질렬	3Ⅱ[衣]	樓	다락 루	3Ⅱ[木]	摩	문지를마	2급[手]
朗	밝을 랑	5Ⅱ[月]	烈	매울 렬	4급[火]	屢	여러 루	3급[尸]	痲	저릴 마	2급[疒]
郞	사내 랑	3Ⅱ[邑]	劣	못할 렬	3급[力]	淚	눈물 루	3급[水]	馬	말 마	5급[馬]
廊	사랑채랑	3Ⅱ[广]	廉	청렴할렴	3급[广]	漏	샐 루	3Ⅱ[水]	莫	없을 막	3Ⅱ[艸]
來	올 래	7급[人]	濂	물이름렴	2人[水]	累	자주 루	3Ⅱ[糸]	漠	넓을 막	3급[水]
萊	명아주래	2地[艸]	獵	사냥 렵	3급[犬]	柳	버들 류	4급[木]	幕	장막 막	3급[巾]
冷	찰 랭	5급[冫]	令	하여금령	5급[人]	留	머무를류	4Ⅱ[田]	膜	막(꺼풀)막	2급[肉]
略	간략할략	4급[田]	領	거느릴령	5급[頁]	類	무리 류	5Ⅱ[頁]	慢	거만할만	3급[心]
掠	노략질략	3급[手]	嶺	고개 령	3Ⅱ[山]	流	흐를 류	5Ⅱ[水]	漫	흩어질만	3급[水]
兩	두 량	4Ⅱ[入]	零	떨어질령	3급[雨]	硫	유황 류	2급[石]	萬	일만 만	8급[艸]

- 226 -

晚 늦을 만 3Ⅱ[日]	滅 멸할 멸 3Ⅱ[水]	戊 천간 무 3급[戈]	泊 머무를박 3급[水]
娩 낳을 만 2급[女]	蔑 업신여길멸 2급[艹]	茂 무성할무 3Ⅱ[艹]	拍 칠 박 4급[手]
滿 찰 만 4Ⅱ[水]	明 밝을 명 6Ⅱ[日]	無 없을 무 5급[火]	迫 핍박할박 3Ⅱ[辶]
灣 물굽이만 2급[水]	名 이름 명 7Ⅱ[口]	舞 춤출 무 4급[舛]	舶 배 박 2급[舟]
蠻 오랑캐만 2급[虫]	銘 새길 명 3Ⅱ[金]	霧 안개 무 3급[雨]	磻 반계 반 2인[石]
末 끝 말 5급[木]	冥 어두울명 3급[冖]	武 호반 무 4Ⅱ[止]	潘 성 반 2인[水]
靺 말갈 말 2인[革]	鳴 울 명 4급[鳥]	務 힘쓸 무 4Ⅱ[力]	般 가지 반 3Ⅱ[舟]
亡 망할 망 5급[亠]	命 목숨 명 7급[口]	墨 먹 묵 3Ⅱ[土]	盤 소반 반 3Ⅱ[皿]
妄 망령될망 3Ⅱ[女]	模 본뜰 모 4급[木]	默 잠잠할묵 3Ⅱ[黑]	搬 운반할반 2급[手]
忘 잊을 망 3급[心]	慕 그릴 모 3Ⅱ[心]	文 글월 문 7급[文]	班 나눌 반 6Ⅱ[玉]
望 바랄 망 5Ⅱ[月]	募 모을 모 3급[力]	紋 무늬 문 3Ⅱ[糸]	反 돌아올반 6Ⅱ[又]
忙 바쁠 망 3급[心]	暮 저물 모 3급[日]	紊 문란할문 2급[糸]	返 돌이킬반 3급[辶]
茫 아득할망 3급[艹]	貌 모양 모 3Ⅱ[豸]	汶 물이름문 2인[水]	飯 밥 반 3Ⅱ[食]
罔 없을 망 3급[网]	某 아무 모 3급[木]	門 문 문 8급[門]	叛 배반할반 3급[又]
網 그물 망 2급[糸]	謀 꾀 모 3Ⅱ[言]	問 물을 문 7급[口]	半 반 반 6Ⅱ[十]
妹 누이 매 4급[女]	謨 꾀 모 2인[言]	聞 들을 문 6Ⅱ[耳]	伴 짝 반 3급[人]
媒 중매 매 3Ⅱ[女]	矛 창 모 2급[矛]	勿 말 물 3Ⅱ[勹]	拔 뽑을 발 3Ⅱ[手]
每 매양 매 7Ⅱ[母]	茅 띠 모 2지[艹]	物 물건 물 7Ⅱ[牛]	髮 터럭 발 4급[髟]
梅 매화 매 3Ⅱ[木]	牟 보리 모 2인[牛]	尾 꼬리 미 3Ⅱ[尸]	發 필 발 6Ⅱ[癶]
埋 묻을 매 3급[土]	冒 무릅쓸모 3급[冂]	眉 눈썹 미 3급[目]	渤 바다이름발 2인[水]
賣 팔 매 5급[貝]	帽 모자 모 2급[巾]	未 아닐 미 4Ⅱ[木]	鉢 바리때발 2지[金]
買 살 매 5급[貝]	母 어미 모 8급[母]	味 맛 미 4Ⅱ[口]	邦 나라 방 3급[邑]
枚 낱 매 2급[木]	侮 업신여길모 3급[人]	米 쌀 미 6급[米]	方 모 방 7Ⅱ[方]
魅 매혹할매 2급[鬼]	毛 터럭 모 4Ⅱ[毛]	迷 미혹할미 3급[辶]	妨 방해할방 4급[女]
麥 보리 맥 3Ⅱ[麥]	木 나무 목 8급[木]	美 아름다울미 6급[羊]	防 막을 방 4Ⅱ[阜]
脈 줄기 맥 4Ⅱ[肉]	沐 머리감을목 2급[水]	微 작을 미 3Ⅱ[彳]	訪 찾을 방 4Ⅱ[言]
貊 맥국 맥 2인[豸]	穆 화목할목 2인[禾]	彌 미륵 미 2지[弓]	紡 길쌈 방 2급[糸]
盟 맹세 맹 3Ⅱ[皿]	目 눈 목 6급[目]	閔 성 민 2인[門]	房 방 방 4Ⅱ[戶]
孟 맏 맹 3Ⅱ[子]	牧 칠 목 4Ⅱ[牛]	憫 민망할민 3급[心]	芳 꽃다울방 3Ⅱ[艹]
猛 사나울맹 3Ⅱ[犬]	睦 화목할목 3Ⅱ[目]	敏 민첩할민 3급[攵]	放 놓을 방 6Ⅱ[攵]
盲 소경 맹 3Ⅱ[目]	沒 빠질 몰 3Ⅱ[水]	民 백성 민 8급[氏]	倣 본뜰 방 3급[人]
覓 찾을 멱 2지[見]	夢 꿈 몽 3Ⅱ[夕]	珉 옥돌 민 2급[玉]	旁 곁 방 2인[方]
沔 물이름면 2지[水]	蒙 어두울몽 3Ⅱ[艹]	旻 하늘 민 2인[日]	傍 곁 방 3급[人]
面 낯 면 7급[面]	苗 모 묘 3급[艹]	旼 화할 민 2인[日]	龐 높은집방 2인[龍]
免 면할 면 3Ⅱ[儿]	妙 묘할 묘 4급[女]	玟 아름다운돌민 2인[玉]	倍 곱 배 5급[人]
勉 힘쓸 면 4급[力]	墓 무덤 묘 4급[土]	蜜 꿀 밀 3급[虫]	培 북돋을배 3Ⅱ[土]
俛 구푸릴면 2인[人]	廟 사당 묘 3급[广]	密 빽빽할밀 4Ⅱ[宀]	賠 물어줄배 2급[貝]
冕 면류관면 2인[冂]	卯 토끼 묘 3급[卩]	朴 성 박 6급[木]	配 나눌 배 4Ⅱ[酉]
綿 솜 면 3Ⅱ[糸]	昴 별이름묘 2인[日]	博 넓을 박 4Ⅱ[十]	背 등 배 4Ⅱ[肉]
眠 잘 면 3Ⅱ[目]	貿 무역할무 3Ⅱ[貝]	薄 엷을 박 3Ⅱ[艹]	拜 절 배 4Ⅱ[手]

輩	무리	배	3Ⅱ[車]	秉	잡을	병	2人[禾]	付	부칠	부	3Ⅱ[人]	卑	낮을	비	3Ⅱ[十]
排	밀칠	배	3Ⅱ[手]	竝	나란히병		3급[立]	府	마을	부	4급[广]	碑	비석	비	4급[石]
俳	배우	배	2급[人]	兵	병사	병	5Ⅱ[八]	符	부호	부	3Ⅱ[竹]	婢	계집종비		3Ⅱ[女]
裵	성	배	2人[衣]	屛	병풍	병	3급[尸]	附	붙을	부	3Ⅱ[阜]	妃	왕비	비	3Ⅱ[女]
杯	잔	배	3급[木]	步	걸음	보	4Ⅱ[止]	婦	며느리부		4Ⅱ[女]	肥	살찔	비	3Ⅱ[肉]
白	흰	백	8급[白]	甫	클	보	2人[用]	簿	문서	부	3Ⅱ[竹]	非	아닐	비	4Ⅱ[非]
伯	맏	백	3Ⅱ[人]	補	기울	보	3Ⅱ[衣]	傅	스승	부	2人[人]	悲	슬플	비	4Ⅱ[心]
百	일백	백	7급[白]	輔	도울	보	2人[車]	敷	펼	부	2급[攵]	匪	비적	비	2급[匚]
柏	측백	백	2급[木]	寶	보배	보	4Ⅱ[宀]	阜	언덕	부	2地[阜]	費	쓸	비	5급[貝]
煩	번거로울번		3급[火]	普	넓을	보	4급[日]	賦	부세	부	3Ⅱ[貝]	鼻	코	비	5급[鼻]
繁	번성할번		3Ⅱ[糸]	譜	족보	보	3Ⅱ[言]	腐	썩을	부	3Ⅱ[肉]	彬	빛날	빈	2人[彡]
番	차례	번	6급[田]	潽	물이름보		2人[水]	否	아닐	부	4급[口]	貧	가난할빈		4Ⅱ[貝]
飜	번역할번		3급[飛]	保	지킬	보	4Ⅱ[人]	父	아비	부	8급[父]	賓	손	빈	3급[貝]
罰	벌할	벌	4Ⅱ[网]	報	갚을	보	4Ⅱ[土]	負	질	부	4급[貝]	頻	자주	빈	3급[頁]
伐	칠	벌	4Ⅱ[人]	服	옷	복	6급[月]	釜	가마	부	2地[金]	聘	부를	빙	3급[耳]
筏	뗏목	벌	2地[竹]	復	회복할복		4Ⅱ[彳]	膚	살갗	부	2급[肉]	氷	얼음	빙	5급[水]
閥	문벌	벌	2급[門]	複	겹칠	복	4급[衣]	北	북녘	북	8급[匕]	邪	간사할사		3Ⅱ[邑]
凡	무릇	범	3Ⅱ[几]	腹	배	복	3Ⅱ[肉]	分	나눌	분	6급[刀]	蛇	긴뱀	사	3Ⅱ[虫]
汎	넓을	범	2급[水]	覆	덮을	복	3Ⅱ[襾]	粉	가루	분	4급[米]	巳	뱀	사	3급[己]
范	성	범	2人[艹]	馥	향기	복	2人[香]	紛	어지러울분		3Ⅱ[糸]	祀	제사	사	3Ⅱ[示]
犯	범할	범	4급[犬]	福	복	복	5Ⅱ[示]	芬	향기	분	2人[艹]	四	넉	사	8급[口]
範	법	범	4급[竹]	伏	엎드릴복		4급[人]	奔	달릴	분	3Ⅱ[大]	泗	물이름사		2地[水]
法	법	법	5Ⅱ[水]	卜	점	복	3급[卜]	奮	떨칠	분	3Ⅱ[大]	似	닮을	사	3급[人]
壁	벽	벽	4Ⅱ[土]	本	근본	본	6급[木]	墳	무덤	분	3급[土]	司	맡을	사	3Ⅱ[口]
僻	궁벽할벽		2급[人]	奉	받들	봉	5Ⅱ[大]	憤	분할	분	4급[心]	詞	말	사	3Ⅱ[言]
碧	푸를	벽	3Ⅱ[石]	俸	녹	봉	2급[人]	弗	아닐	불	2급[弓]	飼	기를	사	2급[食]
邊	가	변	4Ⅱ[辶]	蜂	벌	봉	3급[虫]	拂	떨칠	불	3Ⅱ[手]	辭	말씀	사	4급[辛]
辯	말씀	변	4급[辛]	峯	봉우리봉		3Ⅱ[山]	佛	부처	불	4Ⅱ[人]	沙	모래	사	3Ⅱ[水]
辨	분별할변		3급[辛]	逢	만날	봉	3Ⅱ[辶]	不	아닐	불	7Ⅱ[一]	社	모일	사	6급[示]
變	변할	변	5Ⅱ[言]	縫	꿰맬	봉	2급[糸]	朋	벗	붕	3급[月]	舍	집	사	4Ⅱ[舌]
別	다를	별	6급[刀]	蓬	쑥	봉	2地[艹]	崩	무너질붕		3급[山]	捨	버릴	사	3급[手]
弁	고깔	변	2人[廾]	封	봉할	봉	3Ⅱ[寸]	鵬	새	붕	2급[鳥]	寫	베낄	사	5급[宀]
卞	성	변	2人[卜]	鳳	새	봉	3Ⅱ[鳥]	備	갖출	비	4Ⅱ[人]	斜	비낄	사	3Ⅱ[斗]
丙	남녘	병	3Ⅱ[一]	赴	갈	부	3급[走]	比	견줄	비	5급[比]	史	사기	사	5Ⅱ[口]
病	병	병	6급[疒]	夫	지아비부		7급[大]	批	비평할비		4급[手]	射	쏠	사	4급[寸]
昺	밝을	병	2人[日]	扶	도울	부	3Ⅱ[手]	毖	삼갈	비	2人[比]	謝	사례할사		4Ⅱ[言]
昞	밝을	병	2人[日]	部	떼	부	6Ⅱ[邑]	毘	도울	비	2人[比]	私	사사	사	4급[禾]
炳	불꽃	병	2人[火]	浮	뜰	부	3Ⅱ[水]	丕	클	비	2人[一]	思	생각	사	5급[心]
柄	자루	병	2人[木]	富	부자	부	4Ⅱ[宀]	飛	날	비	4Ⅱ[飛]	士	선비	사	5Ⅱ[士]
倂	아우를병		2급[人]	副	버금	부	4Ⅱ[刀]	秘	숨길	비	4급[示]	仕	섬길	사	5Ⅱ[人]

- 228 -

詐	속일 사	3급 [言]	相	서로 상	5급 [目]	先	먼저 선	8급 [儿]	勢	형세 세	4Ⅱ[力]
師	스승 사	4Ⅱ[巾]	想	생각 상	4Ⅱ[心]	船	배 선	5급 [舟]	疏	트일 소	3Ⅱ[疋]
絲	실 사	4급 [糸]	霜	서리 상	3Ⅱ[雨]	宣	베풀 선	4급 [宀]	蔬	나물 소	3급 [++]
斯	이 사	3급 [斤]	箱	상자 상	2급 [竹]	璿	도리옥선	2人[玉]	蘇	되살아날소	3급 [++]
事	일 사	7Ⅱ[亅]	喪	잃을 상	3Ⅱ[口]	禪	선 선	3Ⅱ[示]	騷	떠들 소	3급 [馬]
寺	절 사	4Ⅱ[寸]	商	장사 상	5Ⅱ[口]	仙	신선 선	5Ⅱ[人]	召	부를 소	3급 [口]
査	조사할사	5급 [木]	狀	형상 상	4Ⅱ[犬]	線	줄 선	6Ⅱ[糸]	昭	밝을 소	3급 [日]
死	죽을 사	6급 [歹]	塞	막힐 색	3Ⅱ[土]	善	착할 선	5급 [口]	邵	땅이름소	2人[邑]
賜	줄 사	3급 [貝]	色	빛 색	7급 [色]	繕	기울 선	2급 [糸]	沼	못 소	2地[水]
使	하여금사	6급 [人]	索	찾을 색	3급 [糸]	璇	구슬 선	2人[玉]	紹	이을 소	2급 [糸]
赦	용서할사	2급 [赤]	生	날 생	8급 [生]	雪	눈 설	6Ⅱ[雨]	巢	새집 소	2地[巛]
唆	부추길사	2급 [口]	書	글 서	6Ⅱ[曰]	說	말씀 설	5Ⅱ[言]	素	본디 소	4Ⅱ[糸]
酸	실[味覺]산	2급 [酉]	暑	더울 서	3급 [日]	設	베풀 설	4Ⅱ[言]	所	바 소	7급 [戶]
削	깎을 삭	3Ⅱ[刀]	署	마을(관청)서	3Ⅱ[网]	舌	혀 설	4급 [舌]	消	사라질소	6Ⅱ[水]
朔	초하루삭	3급 [月]	緖	실마리서	3Ⅱ[糸]	卨	사람이름설	2人[卜]	燒	사를 소	3Ⅱ[火]
産	낳을 산	5Ⅱ[生]	西	서녘 서	8급 [襾]	薛	성 설	2人[++]	掃	쓸 소	4Ⅱ[手]
山	메 산	8급 [山]	庶	여러 서	3급 [广]	纖	가늘 섬	2급 [糸]	笑	웃음 소	4Ⅱ[竹]
算	셈 산	7급 [竹]	恕	용서할서	3Ⅱ[心]	蟾	두꺼비섬	2地[虫]	小	작을 소	8급 [小]
散	흩을 산	4급 [攴]	序	차례 서	5급 [广]	陜	땅이름섬	2地[阜]	少	적을 소	7급 [小]
傘	우산 산	2급 [人]	徐	천천할서	3Ⅱ[彳]	暹	햇살치밀섬	2地[日]	訴	호소할소	3Ⅱ[言]
殺	죽일 살	4Ⅱ[殳]	敍	펼 서	3급 [攴]	涉	건널 섭	3급 [水]	束	묶을 속	5Ⅱ[木]
三	석 삼	8급 [一]	逝	갈 서	3급 [辶]	攝	다스릴섭	3급 [手]	速	빠를 속	6급 [辶]
森	수풀 삼	3Ⅱ[木]	誓	맹세할서	3급 [言]	燮	불꽃 섭	2人[火]	屬	붙일 속	4급 [尸]
蔘	삼 삼	2급 [++]	瑞	상서 서	2급 [玉]	星	별 성	4Ⅱ[日]	續	이을 속	4Ⅱ[糸]
揷	꽂을 삽	2급 [手]	舒	펼 서	2地[舌]	省	살필 성	6Ⅱ[目]	粟	조 속	3급 [米]
尙	오히려상	3Ⅱ[小]	析	쪼갤 석	3급 [木]	姓	성 성	7Ⅱ[女]	俗	풍속 속	4Ⅱ[人]
常	떳떳할상	4Ⅱ[巾]	晳	밝을 석	2人[日]	性	성품 성	5Ⅱ[心]	損	덜 손	4급 [手]
賞	상줄 상	5급 [貝]	石	돌 석	6급 [石]	聖	성인 성	4Ⅱ[耳]	孫	손자 손	6급 [子]
償	갚을 상	3Ⅱ[人]	昔	예 석	3급 [日]	成	이룰 성	6Ⅱ[戈]	送	보낼 송	4Ⅱ[辶]
裳	치마 상	3Ⅱ[衣]	惜	아낄 석	3Ⅱ[心]	城	재 성	4Ⅱ[土]	松	소나무송	4급 [木]
嘗	맛볼 상	3급 [口]	席	자리 석	6급 [巾]	誠	정성 성	4Ⅱ[言]	訟	송사할송	3Ⅱ[言]
傷	다칠 상	4급 [人]	夕	저녁 석	7급 [夕]	盛	성할 성	4Ⅱ[皿]	頌	칭송할송	4급 [頁]
象	코끼리상	4급 [豕]	釋	풀 석	3Ⅱ[釆]	晟	밝을 성	2人[日]	誦	욀 송	3급 [言]
像	모양 상	3Ⅱ[人]	錫	주석 석	2人[金]	聲	소리 성	4Ⅱ[耳]	宋	송나라송	2人[宀]
桑	뽕나무상	3Ⅱ[木]	碩	클 석	2급 [石]	細	가늘 세	4Ⅱ[糸]	鎖	쇠사슬쇄	3Ⅱ[金]
床	상 상	4Ⅱ[广]	奭	클 석	2人[大]	稅	세금 세	4Ⅱ[禾]	刷	인쇄할쇄	3Ⅱ[刀]
詳	자세할상	3Ⅱ[言]	選	가릴 선	5급 [辶]	洗	씻을 세	5Ⅱ[水]	衰	쇠할 쇠	3Ⅱ[衣]
祥	상서 상	3급 [示]	鮮	고울 선	5Ⅱ[魚]	世	인간 세	7Ⅱ[一]	囚	가둘 수	3급 [囗]
庠	학교 상	2人[广]	旋	돌 선	3Ⅱ[方]	貰	세놓을세	2급 [貝]	收	거둘 수	4Ⅱ[攴]
上	위 상	7Ⅱ[一]	璇	옥 선	2人[玉]	歲	해 세	5Ⅱ[止]	愁	근심 수	3Ⅱ[心]

- 229 -

樹	나무 수	6급[木]	旬	열흘 순	3Ⅱ[日]	食	먹을 식	7급[食]	雁	기러기안	3급[隹]
殊	다를 수	3급[歹]	殉	따라죽을순	3급[歹]	飾	꾸밀 식	3Ⅱ[食]	顔	낯 안	3Ⅱ[頁]
洙	물가 수	2人[水]	珣	옥이름순	2人[玉]	息	쉴 식	4Ⅱ[心]	眼	눈 안	4Ⅱ[目]
銖	저울눈수	2人[金]	洵	참으로순	2人[水]	植	심을 식	7급[木]	岸	언덕 안	3Ⅱ[山]
隋	수나라수	2人[阜]	荀	풀이름순	2人[艹]	殖	불릴 식	2급[歹]	安	편안 안	7Ⅱ[宀]
修	닦을 수	4Ⅱ[人]	脣	입술 순	3급[肉]	申	납 신	4Ⅱ[田]	案	책상 안	5급[木]
遂	드디어수	3급[辶]	淳	순박할순	2人[水]	神	귀신 신	6Ⅱ[示]	謁	뵐 알	3급[言]
垂	드리울수	3Ⅱ[土]	戌	개 술	3급[戈]	伸	펼 신	3급[人]	閼	막을 알	2人[門]
睡	졸음 수	3급[目]	術	재주 술	6Ⅱ[行]	紳	띠[帶] 신	2급[糸]	暗	어두울암	4Ⅱ[日]
隨	따를 수	3Ⅱ[阜]	述	펼 술	3Ⅱ[辶]	辛	매울 신	3급[辛]	巖	바위 암	3Ⅱ[山]
首	머리 수	5Ⅱ[首]	崇	높을 숭	4급[山]	腎	콩팥 신	2급[肉]	癌	암 암	2급[疒]
須	모름지기수	3급[頁]	瑟	큰거문고슬	2地[玉]	身	몸 신	6Ⅱ[身]	鴨	오리 압	2地[鳥]
壽	목숨 수	3Ⅱ[土]	襲	엄습할습	3Ⅱ[衣]	信	믿을 신	6Ⅱ[人]	押	누를 압	3급[手]
水	물 수	8급[水]	習	익힐 습	6급[羽]	愼	삼갈 신	3Ⅱ[心]	壓	누를 압	4Ⅱ[土]
授	줄 수	4Ⅱ[手]	濕	젖을 습	3Ⅱ[水]	新	새 신	6Ⅱ[斤]	仰	우러를앙	3Ⅱ[人]
受	받을 수	4Ⅱ[又]	拾	주울 습	3Ⅱ[手]	晨	새벽 신	3급[日]	央	가운데앙	3Ⅱ[大]
輸	보낼 수	3Ⅱ[車]	昇	오를 승	3Ⅱ[日]	臣	신하 신	5Ⅱ[臣]	殃	재앙 앙	3급[歹]
誰	누구 수	3급[言]	勝	이길 승	6급[力]	實	열매 실	5Ⅱ[宀]	涯	물가 애	3급[水]
雖	비록 수	3급[隹]	承	이을 승	4Ⅱ[手]	失	잃을 실	6급[大]	愛	사랑 애	6급[心]
秀	빼어날수	4급[禾]	僧	중 승	3Ⅱ[人]	室	집 실	8급[宀]	哀	슬플 애	3Ⅱ[口]
數	셈 수	7급[攵]	乘	탈 승	3Ⅱ[丿]	深	깊을 심	4Ⅱ[水]	礙	거리낄애	2급[石]
手	손 수	7Ⅱ[手]	繩	노끈 승	2地[糸]	心	마음 심	7급[心]	艾	쑥 애	2人[艹]
需	쓸일 수	3Ⅱ[雨]	升	되 승	2급[十]	審	살필 심	3Ⅱ[宀]	埃	티끌 애	2人[土]
帥	장수 수	3Ⅱ[巾]	時	때 시	7Ⅱ[日]	瀋	즙낼 심	2地[水]	厄	액 액	3급[厂]
守	지킬 수	4Ⅱ[宀]	侍	모실 시	3Ⅱ[人]	甚	심할 심	3급[甘]	額	이마 액	4급[頁]
獸	짐승 수	3Ⅱ[犬]	施	베풀 시	4Ⅱ[方]	尋	찾을 심	3급[寸]	液	진 액	4Ⅱ[水]
搜	찾을 수	3급[手]	示	보일 시	5급[示]	十	열 십	8급[十]	夜	밤 야	6급[夕]
孰	누구 숙	3급[子]	視	볼 시	4Ⅱ[見]	雙	두 쌍	3Ⅱ[隹]	野	들 야	6급[里]
熟	익을 숙	3Ⅱ[火]	始	비로소시	6Ⅱ[女]	氏	각씨 씨	4급[氏]	耶	어조사야	3급[耳]
叔	아재비숙	4급[又]	市	저자 시	7Ⅱ[巾]	我	나 아	3Ⅱ[戈]	倻	가야 야	2地[人]
淑	맑을 숙	3Ⅱ[水]	矢	화살 시	3급[矢]	雅	맑을 아	3Ⅱ[隹]	惹	이끌 야	2급[心]
肅	엄숙할숙	4급[聿]	詩	시 시	4Ⅱ[言]	亞	버금 아	3Ⅱ[二]	也	이끼 야	3급[乙]
宿	잘 숙	5Ⅱ[宀]	試	시험 시	4Ⅱ[言]	牙	어금니아	3Ⅱ[牙]	若	같을 약	3Ⅱ[艹]
舜	순임금순	2人[舛]	柴	섶 시	2人[木]	芽	싹 아	3Ⅱ[艹]	躍	뛸 약	3급[足]
瞬	눈깜짝할순	3Ⅱ[目]	屍	주검 시	2급[尸]	兒	아이 아	5Ⅱ[儿]	約	맺을 약	5Ⅱ[糸]
巡	돌 순	3Ⅱ[川]	是	이 시	4Ⅱ[日]	阿	언덕 아	3Ⅱ[阜]	藥	약 약	6Ⅱ[艹]
盾	방패 순	2급[目]	湜	물맑을식	2人[水]	餓	주릴 아	3급[食]	弱	약할 약	6Ⅱ[弓]
循	돌 순	3급[彳]	式	법 식	6급[弋]	握	쥘 악	2급[手]	陽	볕 양	6급[阜]
純	순수할순	4Ⅱ[糸]	軾	수레가로나무식	2人[車]	惡	악할 악	5Ⅱ[心]	楊	버들 양	3급[木]
順	순할 순	5Ⅱ[頁]	識	알 식	5급[言]	岳	큰산 악	3급[山]	揚	날릴 양	3Ⅱ[手]

- 230 -

羊 양 양 4Ⅱ[羊]	研 갈 연 4Ⅱ[石]	芮 성 예 2人[艹]	畏 두려워할외 3급[田]
洋 큰바다양 6급[水]	延 늘일 연 4급[廴]	睿 슬기 예 2人[目]	外 바깥 외 8급[夕]
養 기를 양 5Ⅱ[食]	煙 연기 연 4Ⅱ[火]	濊 종족이름예 2地[水]	謠 노래 요 4Ⅱ[言]
樣 모양 양 4급[木]	軟 연할 연 3Ⅱ[車]	傲 거만할오 3급[人]	遙 멀 요 3급[辶]
襄 도울 양 2地[衣]	緣 인연 연 4급[糸]	吳 성 오 2人[口]	搖 흔들 요 3급[手]
壤 흙덩이양 3Ⅱ[土]	宴 잔치 연 3Ⅱ[宀]	誤 그르칠오 4Ⅱ[言]	曜 빛날 요 5급[日]
讓 사양할양 3급[言]	燕 제비 연 3Ⅱ[火]	娛 즐길 오 3급[女]	耀 빛날 요 2人[羽]
孃 아가씨양 2급[女]	演 펼 연 4Ⅱ[水]	烏 까마귀오 3Ⅱ[火]	要 요긴할요 5Ⅱ[襾]
御 거느릴어 3Ⅱ[彳]	妍 고울 연 2人[女]	嗚 슬플 오 3급[口]	腰 허리 요 3급[肉]
魚 고기 어 5급[魚]	衍 넓을 연 2人[行]	五 다섯 오 8급[二]	姚 예쁠 요 2人[女]
漁 고기잡을어 5급[水]	淵 못 연 2人[水]	吾 나 오 3급[口]	妖 요사할요 2급[女]
語 말씀 어 7급[言]	硯 벼루 연 2급[石]	悟 깨달을오 3Ⅱ[心]	堯 요임금요 2人[土]
於 어조사어 3급[方]	悅 기쁠 열 3Ⅱ[心]	梧 오동 오 2급[木]	浴 목욕할욕 5급[水]
抑 누를 억 3Ⅱ[手]	熱 더울 열 5급[火]	午 낮 오 7Ⅱ[十]	辱 욕될 욕 3Ⅱ[辰]
憶 생각할억 3Ⅱ[心]	閱 볼 열 3급[門]	汚 더러울오 3급[水]	慾 욕심 욕 3Ⅱ[心]
億 억 억 5급[人]	閻 마을 염 2人[門]	塢 물가 오 2地[土]	欲 하고자할욕 3Ⅱ[欠]
言 말씀 언 6급[言]	厭 싫어할염 2급[厂]	沃 기름질옥 2地[水]	用 쓸 용 6Ⅱ[用]
焉 어찌 언 3급[火]	染 물들 염 3Ⅱ[木]	玉 구슬 옥 4Ⅱ[玉]	勇 날랠 용 6Ⅱ[力]
彦 선비 언 2人[彡]	炎 불꽃 염 3Ⅱ[火]	鈺 보배 옥 2人[金]	庸 떳떳할용 3급[广]
嚴 엄할 엄 4급[口]	鹽 소금 염 3Ⅱ[鹵]	獄 옥[囚舍] 옥 3Ⅱ[犬]	鏞 쇠북 용 2人[金]
業 업 업 6Ⅱ[木]	葉 잎 엽 5급[艹]	屋 집 옥 5급[尸]	傭 품팔 용 2급[人]
如 같을 여 4Ⅱ[女]	燁 빛날 엽 2人[火]	溫 따뜻할온 6급[水]	容 얼굴 용 4Ⅱ[宀]
予 나 여 3급[亅]	英 꽃부리영 6급[艹]	穩 편안할온 2급[禾]	熔 녹을 용 2급[火]
余 나 여 3급[人]	映 비칠 영 4급[日]	甕 독 옹 2地[瓦]	溶 녹을 용 2人[水]
餘 남을 여 4Ⅱ[食]	暎 비칠 영 2人[日]	雍 화할 옹 2人[隹]	鎔 쇠녹일용 2人[金]
汝 너 여 3급[水]	瑛 옥빛 영 2人[玉]	擁 낄 옹 3급[手]	瑢 패옥소리용 2人[玉]
與 더불 여 4급[臼]	迎 맞을 영 4급[辶]	邕 막힐 옹 2人[邑]	憂 근심 우 3Ⅱ[心]
輿 수레 여 3급[車]	榮 영화 영 4Ⅱ[木]	翁 늙은이옹 3급[羽]	優 넉넉할우 4급[人]
逆 거스릴역 4Ⅱ[辶]	瑩 옥돌 영 2人[玉]	瓦 기와 와 3Ⅱ[瓦]	羽 깃 우 3Ⅱ[羽]
亦 또 역 3Ⅱ[亠]	營 경영할영 4급[火]	臥 누울 와 3급[臣]	尤 더욱 우 3급[尢]
易 바꿀 역 4급[日]	永 길 영 6급[水]	緩 느릴 완 3Ⅱ[糸]	又 또 우 3급[又]
役 부릴 역 3Ⅱ[彳]	詠 읊을 영 3급[言]	完 완전할완 5급[宀]	友 벗 우 5Ⅱ[又]
疫 전염병역 3Ⅱ[疒]	泳 헤엄칠영 3급[水]	莞 빙그레할완 2地[艹]	遇 만날 우 4급[辶]
譯 번역할역 3Ⅱ[言]	影 그림자영 3Ⅱ[彡]	曰 가로 왈 3급[曰]	愚 어리석을우 3Ⅱ[心]
驛 역 역 3Ⅱ[馬]	盈 찰 영 2地[皿]	王 임금 왕 8급[玉]	偶 짝 우 3Ⅱ[人]
域 지경 역 4급[土]	譽 기릴 예 3Ⅱ[言]	往 갈 왕 4Ⅱ[彳]	于 어조사우 3급[二]
然 그럴 연 7급[火]	銳 날카로울예 3급[金]	汪 넓을 왕 2人[水]	宇 집 우 3Ⅱ[宀]
燃 탈 연 4급[火]	豫 미리 예 4급[豕]	旺 왕성할왕 2급[日]	右 오른 우 7Ⅱ[口]
鉛 납 연 4급[金]	藝 재주 예 4Ⅱ[艹]	歪 기울왜(외) 2급[止]	佑 도울 우 2人[人]
沿 물따라갈연 3Ⅱ[水]	預 맡길 예 2급[頁]	倭 왜나라왜 2地[人]	祐 복 우 2人[示]

牛 소 우 5급[牛]	尉 벼슬 위 2급[寸]	尹 성 윤 2人[尸]	夷 오랑캐이 3급[大]
禹 성 우 2人[内]	慰 위로할위 4급[心]	允 맏 윤 2人[儿]	移 옮길 이 4Ⅱ[禾]
郵 우편 우 4급[邑]	魏 성 위 2人[鬼]	鈗 창 윤 2人[金]	已 이미 이 3Ⅱ[己]
雨 비 우 5Ⅱ[雨]	韋 가죽 위 2人[韋]	胤 자손 윤 2人[肉]	異 다를 이 4급[田]
昱 햇빛밝을욱 2人[日]	偉 클 위 5Ⅱ[人]	融 녹을 융 2급[虫]	翊 도울 익 2人[羽]
煜 빛날 욱 2人[火]	衛 지킬 위 4Ⅱ[行]	殷 은나라은 2人[殳]	翼 날개 익 3Ⅱ[羽]
項 삼갈 욱 2人[頁]	緯 씨 위 3급[糸]	誾 향기 은 2人[言]	益 더할 익 4Ⅱ[皿]
郁 성할 욱 2人[邑]	違 어긋날위 3급[辶]	鷹 매 응 2地[鳥]	引 끌 인 4Ⅱ[弓]
旭 아침해욱 2人[日]	圍 에워쌀위 4급[囗]	隱 숨을 은 4급[阜]	仁 어질 인 4급[人]
雲 구름 운 5Ⅱ[雨]	威 위엄 위 4급[女]	銀 은 은 6급[金]	印 도장 인 4Ⅱ[卩]
運 옮길 운 6Ⅱ[辶]	危 위태할위 4급[卩]	垠 지경 은 2人[土]	刃 칼날 인 2급[刀]
韻 운 운 3급[音]	爲 할 위 4급[爪]	恩 은혜 은 4Ⅱ[心]	忍 참을 인 3Ⅱ[心]
云 이를 운 3급[二]	僞 거짓 위 3급[人]	乙 새 을 3Ⅱ[乙]	認 알 인 4Ⅱ[言]
芸 향풀 운 2人[艹]	幽 그윽할유 3Ⅱ[幺]	陰 그늘 음 4Ⅱ[阜]	因 인할 인 5급[囗]
蔚 고을이름울 2地[艹]	由 말미암을유 6급[田]	飮 마실 음 6Ⅱ[食]	姻 혼인 인 3급[女]
鬱 답답할울 2급[鬯]	油 기름 유 6급[水]	音 소리 음 6Ⅱ[音]	寅 범 인 3급[宀]
熊 곰 웅 2地[火]	誘 꾈 유 3Ⅱ[言]	吟 읊을 음 3급[口]	人 사람 인 8급[人]
雄 수컷 웅 5급[隹]	兪 대답할유 2人[入]	淫 음란할음 3Ⅱ[水]	日 날 일 8급[日]
原 언덕 원 5급[厂]	愈 나을 유 3급[心]	邑 고을 읍 7급[邑]	逸 편안할일 3Ⅱ[辶]
源 근원 원 4급[水]	踰 넘을 유 2地[足]	泣 울 읍 3급[水]	一 한 일 8급[一]
願 원할 원 5급[頁]	楡 느릅나무유 2人[木]	凝 엉길 응 3급[冫]	壹 한 일 2급[士]
援 도울 원 4급[手]	遺 남길 유 4급[辶]	應 응할 응 4Ⅱ[心]	鎰 무게이름일 2人[金]
媛 계집 원 2人[女]	裕 넉넉할유 3Ⅱ[衣]	義 옳을 의 4Ⅱ[羊]	佾 줄춤 일 2人[人]
瑗 구슬 원 2人[玉]	遊 놀 유 4급[辶]	議 의논할의 4Ⅱ[言]	壬 북방 임 3Ⅱ[士]
袁 성 원 2人[衣]	酉 닭 유 3급[酉]	儀 거동 의 4급[人]	任 맡길 임 5Ⅱ[人]
遠 멀 원 6급[辶]	悠 멀 유 3급[心]	意 뜻 의 6Ⅱ[心]	妊 아이밸임 2급[女]
園 동산 원 6급[囗]	維 벼리 유 3Ⅱ[糸]	宜 마땅 의 3급[宀]	賃 품삯 임 3Ⅱ[貝]
員 인원 원 4Ⅱ[口]	惟 생각할유 3급[心]	矣 어조사의 3급[矢]	入 들 입 7급[入]
圓 둥글 원 4Ⅱ[囗]	唯 오직 유 3급[口]	衣 옷 의 6급[衣]	子 아들 자 7Ⅱ[子]
怨 원망할원 4급[心]	柔 부드러울유 3Ⅱ[木]	依 의지할의 4급[人]	字 글자 자 7급[子]
苑 나라동산원 2급[艹]	儒 선비 유 4급[人]	疑 의심할의 4급[疋]	者 놈 자 6급[耂]
元 으뜸 원 5Ⅱ[儿]	幼 어릴 유 3Ⅱ[幺]	醫 의원 의 6급[酉]	姿 모양 자 4급[女]
院 집 원 5급[阜]	猶 오히려유 3Ⅱ[犬]	耳 귀 이 5급[耳]	資 재물 자 4급[貝]
越 넘을 월 3Ⅱ[走]	有 있을 유 7급[月]	珥 귀고리이 2人[玉]	恣 방자할자 3급[心]
月 달 월 8급[月]	乳 젖 유 4급[乙]	怡 기쁠 이 2人[心]	諮 물을 자 2급[言]
位 자리 위 5급[人]	庾 곳집 유 2人[广]	貳 두 이 2급[貝]	雌 암컷 자 2급[隹]
委 맡길 위 4급[女]	肉 고기 육 4Ⅱ[肉]	伊 저 이 2地[人]	慈 사랑 자 3Ⅱ[心]
胃 밥통 위 3Ⅱ[肉]	育 기를 육 7급[肉]	二 두 이 8급[二]	滋 불을 자 2人[水]
謂 이를 위 3Ⅱ[言]	閏 윤달 윤 3급[門]	而 말이을이 3급[而]	磁 자석 자 2급[石]
渭 물이름위 2地[水]	潤 불을 윤 3Ⅱ[水]	以 써 이 5Ⅱ[人]	姊 손위누이자 4급[女]

- 232 -

自	스스로 자	7Ⅱ[自]
玆	이 자	3급[玄]
紫	자주빛 자	3Ⅱ[糸]
刺	찌를 자	3Ⅱ[刀]
爵	벼슬 작	3급[爪]
酌	술부을 작	3급[酉]
昨	어제 작	6Ⅱ[日]
作	지을 작	6Ⅱ[人]
殘	남을 잔	4급[歹]
潛	잠길 잠	3Ⅱ[水]
蠶	누에 잠	2급[虫]
暫	잠깐 잠	3Ⅱ[日]
雜	섞일 잡	4급[隹]
壯	장할 장	4급[士]
莊	씩씩할 장	3Ⅱ[艹]
裝	꾸밀 장	4급[衣]
將	장수 장	4Ⅱ[寸]
奬	장려할 장	4급[大]
蔣	성 장	2人[艹]
庄	전장 장	2地[广]
粧	단장할 장	3Ⅱ[米]
墻	담 장	3급[土]
場	마당 장	7Ⅱ[土]
腸	창자 장	4급[肉]
藏	감출 장	3Ⅱ[艹]
臟	오장 장	3Ⅱ[肉]
章	글 장	6급[立]
障	막을 장	4Ⅱ[阜]
獐	노루 장	2人[犬]
璋	홀 장	2人[土]
長	긴 장	8급[長]
張	베풀 장	4급[弓]
帳	장막 장	4급[巾]
掌	손바닥 장	3Ⅱ[手]
丈	어른 장	3Ⅱ[一]
葬	장사지낼 장	3Ⅱ[艹]
再	두 재	5급[冂]
哉	어조사 재	3급[口]
載	실을 재	3Ⅱ[車]
栽	심을 재	3Ⅱ[木]
裁	옷마를 재	3Ⅱ[衣]
在	있을 재	6급[土]
才	재주 재	6Ⅱ[手]
材	재목 재	5Ⅱ[木]
財	재물 재	5Ⅱ[貝]
宰	재상 재	3급[宀]
災	재앙 재	5급[火]
爭	다툴 쟁	5급[爪]
著	나타날 저	3Ⅱ[艹]
低	낮을 저	4Ⅱ[人]
底	밑 저	4급[广]
抵	막을 저	3Ⅱ[手]
貯	쌓을 저	5급[貝]
沮	막을 저	2급[水]
寂	고요할 적	3Ⅱ[宀]
的	과녁 적	5Ⅱ[白]
積	쌓을 적	4급[禾]
績	길쌈 적	4급[糸]
蹟	자취 적	3Ⅱ[足]
跡	발자취 적	3Ⅱ[足]
赤	붉을 적	5급[赤]
敵	대적할 적	4Ⅱ[攵]
摘	딸 적	3Ⅱ[手]
適	맞을 적	4급[辶]
滴	물방울 적	3급[水]
賊	도둑 적	4급[貝]
籍	문서 적	4급[竹]
笛	피리 적	3급[竹]
專	오로지 전	4급[寸]
傳	전할 전	5Ⅱ[人]
轉	구를 전	4급[車]
錢	돈 전	4급[金]
田	밭 전	4Ⅱ[田]
甸	경기 전	2地[田]
電	번개 전	7Ⅱ[雨]
典	법 전	5Ⅱ[八]
戰	싸울 전	6Ⅱ[戈]
前	앞 전	7Ⅱ[刀]
全	온전 전	7Ⅱ[入]
殿	전각 전	3Ⅱ[殳]
展	펼 전	5Ⅱ[尸]
折	꺾을 절	4급[手]
絕	끊을 절	4Ⅱ[糸]
切	끊을절.온통체	5Ⅱ[刀]
節	마디 절	5Ⅱ[竹]
竊	훔칠 절	3급[穴]
占	점령할 점	4급[卜]
店	가게 점	5Ⅱ[广]
點	점 점	4급[黑]
漸	점점 점	3Ⅱ[水]
蝶	나비 접	3급[虫]
接	이을 접	4Ⅱ[手]
整	가지런할 정	4급[攵]
晶	맑을 정	2人[日]
汀	물가 정	2人[水]
鼎	솥 정	2人[鼎]
貞	곧을 정	3Ⅱ[貝]
楨	광나무 정	2人[木]
禎	상서로울 정	2人[示]
偵	염탐할 정	2급[人]
旌	기 정	2地[方]
鄭	나라 정	2人[邑]
呈	드릴 정	2급[口]
程	길 정	4Ⅱ[禾]
淨	깨끗할 정	3Ⅱ[水]
靜	고요할 정	4급[靑]
廷	조정 정	3Ⅱ[廴]
庭	뜰 정	6Ⅱ[广]
珽	옥이름 정	2人[玉]
艇	큰배 정	2급[舟]
情	뜻 정	5Ⅱ[心]
精	정할[潔] 정	4Ⅱ[米]
亭	정자 정	3Ⅱ[亠]
停	머무를 정	5급[人]
丁	장정 정	4급[一]
頂	정수리 정	3Ⅱ[頁]
訂	바로잡을 정	3급[言]
正	바를 정	7Ⅱ[止]
政	정사 정	4Ⅱ[攵]
征	칠 정	3Ⅱ[彳]
井	우물 정	3Ⅱ[二]
定	정할 정	6급[宀]
除	덜 제	4Ⅱ[阜]
齊	가지런할 제	3Ⅱ[齊]
濟	건널 제	4Ⅱ[水]
劑	약제 제	2급[刀]
提	끌 제	4Ⅱ[手]
堤	둑 제	3급[土]
題	제목 제	6Ⅱ[頁]
諸	모두 제	3Ⅱ[言]
弟	아우 제	8급[弓]
第	차례 제	6Ⅱ[竹]
帝	임금 제	4급[巾]
制	절제할 제	4Ⅱ[刀]
製	지을 제	4Ⅱ[衣]
祭	제사 제	4Ⅱ[示]
際	즈음 제	4Ⅱ[阜]
趙	나라 조	2人[走]
釣	낚을 조	2급[金]
措	둘[置] 조	2급[手]
祚	복 조	2人[示]
曹	성 조	2人[曰]
條	가지 조	4급[木]
調	고를 조	5Ⅱ[言]
彫	새길 조	2급[彡]
燥	마를 조	3급[火]
操	잡을 조	5급[手]
照	비칠 조	3Ⅱ[火]
鳥	새 조	4Ⅱ[鳥]
朝	아침 조	6급[月]
潮	조수 조	4급[水]
兆	억조 조	3Ⅱ[儿]
早	이를 조	4Ⅱ[日]
弔	조상할 조	3급[弓]
祖	할아비 조	7급[示]
助	도울 조	4Ⅱ[力]
組	짤 조	4급[糸]
租	조세 조	3Ⅱ[禾]
造	지을 조	4Ⅱ[辶]
族	겨레 족	6급[方]

足 발 족 7Ⅱ[足]	俊 준걸 준 3급[人]	遲 더딜 지 3급[辶]	贊 도울 찬 3Ⅱ[貝]
尊 높을 존 4Ⅱ[寸]	浚 깊게할준 2人[水]	直 곧을 직 7Ⅱ[目]	讚 기릴 찬 4급[言]
存 있을 존 4급[子]	埈 높을 준 2人[土]	稙 올벼 직 2人[禾]	鑽 뚫을 찬 2人[金]
卒 마칠 졸 5Ⅱ[十]	晙 밝을 준 2人[日]	稷 피 직 2人[禾]	餐 밥 찬 2급[食]
拙 졸할 졸 3급[手]	駿 준마 준 2人[馬]	職 직분 직 4Ⅱ[耳]	燦 빛날 찬 2人[火]
宗 마루 종 4Ⅱ[宀]	峻 준엄할준 2人[山]	織 짤 직 4급[糸]	璨 옥빛 찬 2人[玉]
綜 모을 종 2급[糸]	濬 깊을 준 2人[水]	進 나아갈진 4Ⅱ[辶]	瓚 옥잔 찬 2人[玉]
琮 옥홀 종 2人[玉]	准 비준 준 2급[冫]	盡 다할 진 4급[皿]	察 살필 찰 4Ⅱ[宀]
終 마칠 종 5급[糸]	準 준할 준 4Ⅱ[水]	珍 보배 진 4급[玉]	刹 절 찰 2급[刀]
從 좇을 종 4급[彳]	中 가운데중 8급[丨]	診 진찰할진 2급[言]	札 편지 찰 2급[木]
縱 세로 종 3급[糸]	仲 버금 중 3급[人]	辰 별 진 3급[辰]	斬 벨 참 2급[斤]
鍾 쇠북 종 4급[金]	重 무거울중 7급[里]	振 떨칠 진 3Ⅱ[手]	慙 부끄러울참 3급[心]
種 씨 종 5Ⅱ[禾]	衆 무리 중 4Ⅱ[血]	震 우레 진 3Ⅱ[雨]	參 참여할참 5Ⅱ[厶]
左 왼 좌 7Ⅱ[工]	卽 곧 즉 3급[卩]	陳 베풀 진 3Ⅱ[阜]	慘 참혹할참 3급[心]
佐 도울 좌 3급[人]	曾 일찍 증 3급[曰]	陣 진칠 진 4급[阜]	倉 곳집 창 3Ⅱ[人]
坐 앉을 좌 3Ⅱ[土]	增 더할 증 4Ⅱ[土]	眞 참 진 4Ⅱ[目]	創 비롯할창 4Ⅱ[刀]
座 자리 좌 4급[广]	憎 미울 증 3Ⅱ[心]	鎭 진압할진 3Ⅱ[金]	蒼 푸를 창 3Ⅱ[艹]
罪 허물 죄 5급[罒]	贈 줄 증 3급[貝]	津 나루 진 2급[水]	滄 큰바다창 2급[水]
州 고을 주 5Ⅱ[川]	證 증거 증 4급[言]	秦 성 진 2人[禾]	窓 창 창 6Ⅱ[穴]
朱 붉을 주 4급[木]	症 증세 증 3Ⅱ[疒]	晉 진나라진 2人[日]	昌 창성할창 3Ⅱ[日]
珠 구슬 주 3Ⅱ[玉]	蒸 찔 증 3Ⅱ[艹]	塵 티끌 진 2급[土]	唱 부를 창 5급[口]
株 그루 주 3Ⅱ[木]	支 지탱할지 4Ⅱ[支]	質 바탕 질 5Ⅱ[貝]	暢 화창할창 3급[日]
晝 낮 주 6급[日]	枝 가지 지 3Ⅱ[木]	疾 병 질 3Ⅱ[疒]	彰 드러날창 2급[彡]
走 달릴 주 4Ⅱ[走]	持 가질 지 4급[手]	姪 조카 질 3급[女]	敞 시원할창 2地[攵]
洲 물가 주 3Ⅱ[水]	旨 뜻 지 2급[日]	窒 막힐 질 2급[穴]	昶 해길 창 2人[日]
舟 배 주 3급[舟]	脂 기름 지 2급[肉]	秩 차례 질 3Ⅱ[禾]	采 풍채 채 2人[采]
主 주인 주 7급[丶]	指 가리킬지 4Ⅱ[手]	集 모을 집 6Ⅱ[隹]	菜 나물 채 3Ⅱ[艹]
住 살 주 7급[人]	志 뜻 지 4Ⅱ[心]	輯 모을 집 2급[車]	彩 채색 채 3Ⅱ[彡]
注 부을 주 6Ⅱ[水]	誌 기록할지 4급[言]	執 잡을 집 3Ⅱ[土]	採 캘 채 4급[手]
柱 기둥 주 3Ⅱ[木]	地 땅 지 7급[土]	徵 부를 징 3Ⅱ[彳]	埰 사패지채 2人[土]
駐 머무를주 2급[馬]	池 못 지 3Ⅱ[水]	懲 징계할징 3급[心]	蔡 성 채 2人[艹]
疇 이랑 주 2人[田]	知 알 지 5Ⅱ[矢]	且 또 차 3급[一]	債 빚 채 3Ⅱ[人]
鑄 쇠불릴주 3Ⅱ[金]	智 지혜 지 4급[日]	次 버금 차 4Ⅱ[欠]	責 꾸짖을책 5Ⅱ[貝]
酒 술 주 4급[酉]	至 이를 지 4Ⅱ[至]	此 이 차 3Ⅱ[止]	策 꾀 책 3Ⅱ[竹]
奏 아뢸 주 3Ⅱ[大]	紙 종이 지 7급[糸]	差 다를 차 4급[工]	冊 책 책 4급[冂]
宙 집 주 3Ⅱ[宀]	之 갈 지 3Ⅱ[丿]	遮 가릴 차 2급[辶]	處 곳 처 4Ⅱ[虍]
周 두루 주 4급[口]	芝 지초 지 2人[艹]	借 빌릴 차 3Ⅱ[人]	妻 아내 처 3Ⅱ[女]
週 주일 주 5Ⅱ[辶]	止 그칠 지 5급[止]	錯 어긋날착 3Ⅱ[金]	悽 슬퍼할처 2급[心]
竹 대 죽 4Ⅱ[竹]	址 터 지 2人[土]	着 붙을 착 5급[目]	陟 오를 척 2地[阜]
遵 좇을 준 3급[辶]	只 다만 지 3급[口]	捉 잡을 착 3급[手]	隻 외짝 척 2급[隹]

拓	넓힐 척	3Ⅱ[手]	超	뛰어넘을초	3Ⅱ[走]	衷	속마음충	2급[衣]	妥	온당할타	3급[女]
斥	물리칠척	3급[斤]	招	부를 초	4급[手]	沖	화할 충	2급[水]	打	칠 타	5급[手]
尺	자 척	3Ⅱ[尸]	秒	분초 초	3급[禾]	蟲	벌레 충	4Ⅱ[虫]	托	맡길 탁	3급[手]
戚	친척 척	3Ⅱ[戈]	抄	뽑을 초	3급[手]	衝	찌를 충	3Ⅱ[行]	卓	높을 탁	5급[十]
川	내 천	7급[川]	楚	초나라초	2人[木]	充	채울 충	5Ⅱ[儿]	濯	씻을 탁	3급[水]
釧	팔찌 천	2地[金]	礎	주춧돌초	3Ⅱ[石]	忠	충성 충	4Ⅱ[心]	濁	흐릴 탁	3급[水]
泉	샘 천	4급[水]	初	처음 초	5급[刀]	就	나아갈취	4급[尢]	琢	다듬을탁	2급[玉]
遷	옮길 천	3Ⅱ[辶]	草	풀 초	7급[艹]	臭	냄새 취	3급[自]	託	부탁할탁	2급[言]
千	일천 천	7급[十]	促	재촉할촉	3Ⅱ[人]	取	가질 취	4Ⅱ[又]	灘	여울 탄	2地[水]
薦	천거할천	3급[艹]	蜀	나라이름촉	2地[虫]	趣	뜻 취	4급[走]	誕	낳을 탄	3급[言]
踐	밟을 천	3Ⅱ[足]	燭	촛불 촉	3급[火]	聚	모을 취	2人[耳]	炭	숯 탄	5급[火]
淺	얕을 천	3Ⅱ[水]	觸	닿을 촉	3Ⅱ[角]	吹	불 취	3Ⅱ[口]	歎	탄식할탄	4급[欠]
賤	천할 천	3Ⅱ[貝]	寸	마디 촌	8급[寸]	炊	불땔 취	2급[火]	彈	탄알 탄	4급[弓]
天	하늘 천	7급[大]	村	마을 촌	7급[木]	醉	취할 취	3Ⅱ[酉]	脫	벗을 탈	4급[肉]
哲	밝을 철	3Ⅱ[口]	聰	귀밝을총	3급[耳]	側	곁 측	3급[人]	奪	빼앗을탈	3Ⅱ[大]
鐵	쇠 철	5급[金]	總	다 총	4Ⅱ[糸]	測	헤아릴측	4Ⅱ[水]	耽	즐길 탐	2地[耳]
徹	통할 철	3Ⅱ[彳]	銃	총 총	4Ⅱ[金]	層	층 층	4급[尸]	探	찾을 탐	4급[手]
撤	거둘 철	2급[手]	最	가장 최	5급[曰]	峙	언덕 치	2地[山]	貪	탐낼 탐	3급[貝]
澈	맑을 철	2人[水]	崔	높을 최	2人[山]	値	값 치	3Ⅱ[人]	塔	탑 탑	3급[土]
喆	밝을 철	2人[口]	催	재촉할최	3Ⅱ[人]	治	다스릴치	4Ⅱ[水]	湯	끓을 탕	3급[水]
添	더할 첨	3급[水]	推	밀추,밀퇴	4급[手]	置	둘 치	4Ⅱ[罒]	態	모습 태	4Ⅱ[心]
尖	뾰족할첨	3급[小]	抽	뽑을 추	3급[手]	恥	부끄러울치	3Ⅱ[心]	泰	클 태	3Ⅱ[水]
瞻	볼 첨	2人[目]	追	쫓을 추	3Ⅱ[辶]	稚	어릴 치	3Ⅱ[禾]	太	클 태	6급[大]
諜	염탐할첩	2급[言]	醜	추할 추	3급[酉]	雉	꿩 치	2地[隹]	兌	바꿀 태	2人[儿]
妾	첩 첩	3급[女]	秋	가을 추	7급[禾]	齒	이 치	4Ⅱ[齒]	台	별 태	2人[口]
聽	들을 청	4급[耳]	楸	가래나무추	2地[木]	致	이를 치	5급[至]	殆	거의 태	3Ⅱ[歹]
廳	관청 청	4급[广]	趨	달아날추	2급[走]	則	법칙 칙	5급[刀]	怠	게으를태	3급[心]
靑	푸를 청	8급[靑]	鄒	추나라추	2人[邑]	親	친할 친	6급[見]	胎	아이밸태	2급[肉]
淸	맑을 청	6Ⅱ[水]	畜	짐승 축	3Ⅱ[田]	漆	옻 칠	3Ⅱ[水]	颱	태풍 태	2급[風]
請	청할 청	4Ⅱ[言]	蓄	모을 축	4Ⅱ[艹]	七	일곱 칠	8급[一]	擇	가릴 택	4급[手]
晴	갤 청	3급[日]	祝	빌 축	5급[示]	針	바늘 침	4급[金]	澤	못 택	3Ⅱ[水]
遞	갈릴 체	3급[辶]	丑	소 축	3급[一]	沈	잠길 침	3Ⅱ[水]	宅	집 택	5Ⅱ[宀]
滯	막힐 체	3Ⅱ[水]	築	쌓을 축	4Ⅱ[竹]	枕	베개 침	3급[木]	討	칠 토	4급[言]
體	몸 체	6Ⅱ[骨]	縮	줄일 축	4급[糸]	寢	잘 침	4급[宀]	兎	토끼 토	3Ⅱ[儿]
替	바꿀 체	3급[曰]	逐	쫓을 축	3급[辶]	浸	잠길 침	3Ⅱ[水]	土	흙 토	8급[土]
逮	잡을 체	3급[辶]	軸	굴대 축	2급[車]	侵	침노할침	4Ⅱ[人]	吐	토할 토	3급[口]
締	맺을 체	2급[糸]	蹴	찰 축	2급[足]	稱	일컬을칭	4급[禾]	統	거느릴통	4Ⅱ[糸]
肖	닮을 초	3Ⅱ[肉]	春	봄 춘	7급[日]	快	쾌할 쾌	4Ⅱ[心]	通	통할 통	6급[辶]
哨	망볼 초	2급[口]	椿	참죽나무춘	2人[木]	他	다를 타	5급[人]	痛	아플 통	4급[疒]
焦	탈 초	2급[火]	出	날 출	7급[凵]	墮	떨어질타	3급[土]	退	물러날퇴	4Ⅱ[辶]

投	던질 투	4급[手]	飽	배부를포	3급[食]	賀	하례할하	3Ⅱ[貝]	享	누릴 향	3급[亠]
透	사무칠투	3Ⅱ[辶]	抱	안을 포	3급[手]	學	배울 학	8급[子]	香	향기 향	4Ⅱ[香]
鬪	싸움 투	4급[鬥]	胞	세포 포	4급[肉]	鶴	학 학	3Ⅱ[鳥]	向	향할 향	6급[口]
特	특별할특	6급[牛]	鮑	절인물고기포	2地[魚]	虐	모질 학	2급[虍]	虛	빌 허	4Ⅱ[虍]
派	갈래 파	4급[水]	布	베 포	4Ⅱ[巾]	翰	편지 한	2급[羽]	許	허락 허	5급[言]
波	물결 파	4Ⅱ[水]	怖	두려워할포	2급[心]	韓	나라 한	8급[韋]	獻	드릴 헌	3Ⅱ[犬]
破	깨뜨릴파	4Ⅱ[石]	浦	개〔水邊〕포	3Ⅱ[水]	汗	땀 한	3Ⅱ[水]	憲	법 헌	4급[心]
坡	언덕 파	2地[土]	捕	잡을 포	3Ⅱ[手]	旱	가물 한	3급[日]	軒	집 헌	3급[車]
罷	마칠 파	3급[网]	鋪	펼 포	2급[金]	寒	찰 한	5급[宀]	驗	시험할험	4Ⅱ[馬]
播	뿌릴 파	3급[手]	葡	포도 포	2人[艹]	限	한할 한	4Ⅱ[阜]	險	험할 험	4급[阜]
頗	자못 파	3급[頁]	抛	던질 포	2급[手]	恨	한 한	4급[心]	革	가죽 혁	4급[革]
把	잡을 파	3급[手]	暴	사나울폭	4Ⅱ[日]	閑	한가할한	4급[門]	赫	빛날 혁	2人[赤]
阪	언덕 판	2地[阜]	爆	불터질폭	4급[火]	漢	한수 한	7급[水]	爀	불빛 혁	2人[火]
板	널 판	5급[木]	幅	폭 폭	3급[巾]	割	벨 할	3Ⅱ[刀]	玄	검을 현	3Ⅱ[玄]
版	판목 판	3Ⅱ[片]	表	겉 표	6Ⅱ[衣]	咸	다 함	3급[口]	絃	줄 현	3급[糸]
販	팔 판	3급[貝]	票	표 표	4Ⅱ[示]	含	머금을함	3Ⅱ[口]	炫	밝을 현	2人[火]
判	판단할판	4급[刀]	漂	떠다닐표	3급[水]	陷	빠질 함	3Ⅱ[阜]	鉉	솥귀 현	2人[金]
八	여덟 팔	8급[八]	標	표할 표	4급[木]	艦	큰배 함	2급[舟]	弦	시위 현	2급[弓]
貝	조개 패	3급[貝]	杓	북두자루표	2人[木]	陜	땅이름합	2地[阜]	縣	고을 현	3급[糸]
敗	패할 패	5급[攴]	品	물건 품	5Ⅱ[口]	合	합할 합	6급[口]	懸	달〔매달〕현	3Ⅱ[心]
霸	으뜸 패	2급[雨]	風	바람 풍	6Ⅱ[風]	巷	거리 항	3급[己]	顯	나타날현	4급[頁]
彭	성 팽	2人[彡]	楓	단풍 풍	3Ⅱ[木]	港	항구 항	4Ⅱ[水]	現	나타날현	6Ⅱ[玉]
扁	작을 편	2人[戶]	豊	풍년 풍	4Ⅱ[豆]	亢	높을 항	2人[亠]	峴	고개 현	2地[山]
遍	두루 편	3급[辶]	馮	성풍,탈빙	2人[馬]	沆	넓을 항	2人[水]	賢	어질 현	4Ⅱ[貝]
編	엮을 편	3Ⅱ[糸]	皮	가죽 피	3Ⅱ[皮]	抗	겨룰 항	4급[手]	穴	굴 혈	3Ⅱ[穴]
篇	책 편	4급[竹]	被	입을 피	3Ⅱ[衣]	航	배 항	4Ⅱ[舟]	血	피 혈	4Ⅱ[血]
偏	치우칠편	3Ⅱ[人]	彼	저 피	3Ⅱ[彳]	項	항목 항	3Ⅱ[頁]	嫌	싫어할혐	3급[女]
片	조각 편	3Ⅱ[片]	疲	피곤할피	4급[疒]	恒	항상 항	3Ⅱ[心]	脅	위협할협	3Ⅱ[肉]
便	편할 편	7급[人]	避	피할 피	4급[辶]	海	바다 해	7급[水]	協	화할 협	4Ⅱ[十]
平	평평할평	7Ⅱ[干]	畢	마칠 필	3급[田]	奚	어찌 해	3급[大]	峽	골짜기협	2급[山]
評	평할 평	4급[言]	弼	도울 필	2人[弓]	解	풀 해	4Ⅱ[角]	形	모양 형	6Ⅱ[彡]
坪	들 평	2급[土]	必	반드시필	5Ⅱ[心]	害	해할 해	5Ⅱ[宀]	刑	형벌 형	4급[刀]
閉	닫을 폐	4급[門]	泌	스며흐를필	2人[水]	亥	돼지 해	3급[亠]	型	모형 형	2급[土]
蔽	덮을 폐	3급[艹]	筆	붓 필	5Ⅱ[竹]	該	갖출 해	3급[言]	馨	꽃다울형	2人[香]
弊	폐단 폐	3Ⅱ[廾]	匹	짝 필	3급[匚]	核	씨 핵	4급[木]	炯	빛날 형	2人[火]
幣	화폐 폐	3급[巾]	河	물 하	5급[水]	行	다닐 행	6급[行]	邢	성 형	2人[邑]
廢	폐할 폐	3Ⅱ[广]	何	어찌 하	3Ⅱ[人]	幸	다행 행	6Ⅱ[干]	螢	반딧불형	3급[虫]
肺	허파 폐	3Ⅱ[肉]	荷	멜 하	3Ⅱ[艹]	杏	살구 행	2地[木]	瀅	물맑을형	2人[水]
包	쌀〔감쌀〕포	4급[勹]	下	아래 하	7Ⅱ[一]	鄕	시골 향	4Ⅱ[邑]	衡	저울대형	3Ⅱ[行]
砲	대포 포	4Ⅱ[石]	夏	여름 하	7급[夊]	響	울릴 향	3Ⅱ[音]	兄	형 형	8급[儿]

- 236 -

亨 형통할형 3급[亠]	化 될 화 5Ⅱ[匕]	劃 그을 획 3Ⅱ[刀]	噫 한숨쉴희 2급[口]
慧 슬기로울혜 3Ⅱ[心]	花 꽃 화 7급[艹]	獲 얻을 획 3Ⅱ[犬]	希 바랄 희 4Ⅱ[巾]
兮 어조사혜 3급[八]	貨 재물 화 4Ⅱ[貝]	橫 가로 횡 3Ⅱ[木]	稀 드물 희 3Ⅱ[禾]
惠 은혜 혜 4Ⅱ[心]	靴 신 화 2급[革]	效 본받을효 5Ⅱ[攵]	
浩 넓을 호 3Ⅱ[水]	華 빛날 화 4급[艹]	曉 새벽 효 3급[日]	
護 도울 호 4Ⅱ[言]	樺 자작나무화 2地[木]	孝 효도 효 7Ⅱ[子]	
胡 되(오랑캐)호 3Ⅱ[肉]	嬅 탐스러울화 2人[女]	侯 제후 후 3급[人]	
湖 호수 호 5급[水]	話 말씀 화 7Ⅱ[言]	候 기후 후 4급[人]	
虎 범 호 3Ⅱ[虍]	火 불 화 8급[火]	喉 목구멍후 2급[口]	
乎 어조사호 3급[丿]	禍 재앙 화 3Ⅱ[示]	后 임금 후 2人[口]	
呼 부를 호 4Ⅱ[口]	禾 벼 화 3급[禾]	厚 두터울후 4급[厂]	
互 서로 호 3급[二]	和 화할 화 6Ⅱ[口]	後 뒤 후 7Ⅱ[彳]	
號 이름 호 6급[虍]	穫 거둘 확 3급[禾]	熏 불길 훈 2급[火]	
好 좋을 호 4Ⅱ[女]	確 굳을 확 4Ⅱ[石]	勳 공 훈 2급[力]	
戶 집 호 4Ⅱ[戶]	擴 넓힐 확 3급[手]	壎 질나팔훈 2人[土]	
毫 터럭 호 3급[毛]	環 고리 환 4급[玉]	薰 향풀 훈 2人[艹]	
豪 호걸 호 3Ⅱ[豕]	患 근심 환 5급[心]	訓 가르칠훈 6급[言]	
濠 호주 호 2급[水]	歡 기쁠 환 4급[欠]	毁 헐 훼 3급[殳]	
壕 해자 호 2地[土]	還 돌아올환 3Ⅱ[辶]	輝 빛날 휘 3급[車]	
扈 따를 호 2人[戶]	丸 둥글 환 3급[丶]	揮 휘두를휘 4급[手]	
晧 밝을 호 2人[日]	換 바꿀 환 3Ⅱ[手]	徽 아름다울휘 2人[彳]	
皓 흴 호 2人[白]	煥 빛날 환 2人[火]	烋 아름다울휴 2人[火]	
澔 넓을 호 2人[水]	桓 굳셀 환 2人[木]	休 쉴 휴 7급[人]	
祜 복 호 2人[示]	幻 헛보일환 2급[幺]	携 이끌 휴 3급[手]	
昊 하늘 호 2人[日]	滑 미끄러울활 2급[水]	凶 흉할 흉 5Ⅱ[凵]	
鎬 호경 호 2人[金]	活 살 활 7Ⅱ[水]	匈 오랑캐흉 2人[勹]	
或 혹 혹 4급[戈]	荒 거칠 황 3Ⅱ[艹]	胸 가슴 흉 3Ⅱ[肉]	
惑 미혹할혹 3Ⅱ[心]	黃 누를 황 6급[黃]	黑 검을 흑 5급[黑]	
酷 심할 혹 2급[酉]	況 상황 황 4급[水]	欽 공경할흠 2人[欠]	
魂 넋 혼 3Ⅱ[鬼]	皇 임금 황 3Ⅱ[白]	吸 마실 흡 4Ⅱ[口]	
混 섞을 혼 4급[水]	晃 밝을 황 2人[日]	興 일 흥 4Ⅱ[臼]	
昏 어두울혼 3급[日]	滉 깊을 황 2人[水]	喜 기쁠 희 4급[口]	
婚 혼인할혼 4급[女]	廻 돌 회 2급[廴]	憙 기뻐할희 2人[心]	
忽 갑자기홀 3Ⅱ[心]	淮 물이름회 2地[水]	熹 빛날 희 2人[火]	
鴻 기러기홍 3급[鳥]	檜 전나무회 2人[木]	禧 복 희 2人[示]	
洪 넓을 홍 3Ⅱ[水]	悔 뉘우칠회 3Ⅱ[心]	嬉 아름다울희 2人[女]	
紅 붉을 홍 4급[糸]	回 돌아올회 4Ⅱ[口]	戲 놀이 희 3Ⅱ[戈]	
弘 클 홍 3급[弓]	會 모일 회 6Ⅱ[曰]	羲 복희 희 2人[羊]	
泓 물깊을홍 2人[水]	灰 재 회 4급[火]	姬 계집 희 2급[女]	
畫 그림 화 6급[田]	懷 품을 회 3Ⅱ[心]	熙 빛날 희 2人[火]	

8급~2급까지
2,355字 입니다.

시험 대비의 최종점검입니다.
확인 해 보고 부족한 부분은 한번 더 노력합시다.

(1) 배정한자 : 읽기범위 (8級~2級) … 9
　　　　　　 쓰기범위 (8級~3級) … 86
　　　　　　 ▶2급일람표 ………… 35
　　　　　　 ▶독음연습 …………… 105
(2) 일자다음자 …………………………… 95
(3) 반대자 / 113 · 반대어 / 119
　　 유의자 / 125 · 유의어 / 129
(4) 약자 ……………………………… 131
(5) 단어공부[단　문] …………… 136
　　　　　　 [신문사설] …………… 143
　　　　　　 [생활한자] …………… 150
(6) 순우리말 ……………………… 156
(7) 틀리기 쉬운 부수 ……………… 157
(8) 동음이의어와 장단음 ………… 160
(9) 고사성어 ……………………… 171
(10) 뜻풀이와 조어력